首届湖南省基础教育教学改革项目研究（项目编号：Y20230
习作'情思课堂'教学策略研究"成果

U0457594

以情促思，
"习"以为常

小学语文习作课堂教学研究

主　编：李美华　周秋平　曹远席

副主编：朱　丹　李自卫　刘　灿　杨建洪

参　编：黄承意　陈永东　何顺凯　孙小红

　　　　罗玲娜　周乐宏　唐春晖　唐小龙

　　　　张建文　严　玉　邓　冰　邓海丰

　　　　廖唯孜　刘晶晶　夏小艳　徐金玲

　　　　银小凤　李喜武

顾　问：邹金方　赵健军

湖南大学出版社
·长沙·

图书在版编目（CIP）数据

以情促思，"习"以为常：小学语文习作课堂教学研究/李美华，周秋平，曹远席主编. —长沙：湖南大学出版社，2024.6

ISBN 978-7-5667-3464-8

Ⅰ.①以… Ⅱ.①李… ②周… ③曹… Ⅲ.①作文课—课堂教学—教学研究—小学 Ⅳ.①G623.242

中国国家版本馆 CIP 数据核字（2024）第 044774 号

以情促思，"习"以为常——小学语文习作课堂教学研究

YI QING CU SI, "XI" YI WEI CHANG——XIAOXUE YUWEN XIZUO KETANG JIAOXUE YANJIU

主　　编： 李美华　周秋平　曹远席
责任编辑： 方雨轩
印　　装： 长沙市雅捷印务有限公司
开　　本： 710 mm×1000 mm　1/16　　**印　张：** 19.75　**字　数：** 325 千字
版　　次： 2024 年 6 月第 1 版　　　　**印　次：** 2024 年 6 月第 1 次印刷
书　　号： ISBN 978-7-5667-3464-8
定　　价： 68.00 元

出 版 人： 李文邦
出版发行： 湖南大学出版社
社　　址： 湖南·长沙·岳麓山　　　　　　**邮　编：** 410082
电　　话： 0731-88822559（营销部），88821343（编辑室），88821006（出版部）
传　　真： 0731-88822264（总编室）
网　　址： http://press.hnu.edu.cn
电子邮箱： 501267812@qq.com

［主编简介］

李美华，1970 年出生，邵阳市大祥区教育科学研究室小学语文教研员，邵阳市首届名师、湖南省特级教师、正高级教师。先后在邵阳县、邵阳市大祥区从事教育工作 35 年，有坚定的教育信仰和执着的工作精神，快乐研教，成绩突出。2014 年至 2019 年两次参加湖南省"未来教育家"和"未来教育家孵

李美华

化"高端研修班学习，努力提升研究水平。先后两次成功创建"湖南省李美华小学语文名师网络工作室"，自觉带领工作室核心成员、骨干教师积极开展课堂教学研究，多年来致力于小学语文"情思课堂"教学实践，编著出版识字教学成果集《以情促思，"字"得其乐》、教育专著《爱的力量》，努力探寻新时代教育教学的新思路、新途径。

周秋平，中共党员，本科学历，高级教师，历任邵阳市大祥区城南新渡小学校长，邵阳市大祥区第一实验小学校长，邵阳市大祥区华夏方圆学校校长和书记，湖南省小学校长工作研究专业委员会会员，教

周秋平

育部中小学名校长领航工程谢英校长工作室成员。她以执着的精神和对教育的热爱，坚持正确的办学方向，践行以德立校的教育理念，立德为先，全面育人，遵循教育规律，坚持改革创新，将学校建成孩子们健康成长的乐园。多次参加省市区教学比武，主持多个省级课题，数十篇教研论文获国家、省、市级奖励或公开发表。获评邵阳市大祥区"十佳"教师、邵阳市优秀人民教师、邵阳市优秀教育工作者、邵阳市最美德育工作者、校园文化建设先进个人、湖南省骨干教师，全国课程标准实验工作先进个人，多次获区人民政府记功奖励，优秀事迹编入《改革开放 40 周年邵阳优秀女性风采录》。

曹远席

曹远席，湖南省邵阳市大祥区教育科学研究室主任，初中语文教研员，正高级教师，邵阳市语文骨干教师。发表论文 10 余篇，主持省级课题 2 项，主持市级课题 2 项，参与省、市级研究课题 10 项。

序

习作课怎么上？习作该怎么教？

这几年有幸被邀请担任湖南省李美华小学语文名师网络工作室辅导员，我因此有很多机会和年轻的语文老师交流，感觉这是一线语文教师遇到的最大困惑之一。

我是已满 30 年教龄的老教师，但其实在 30 多年前，我也十分困惑。那时的作文，学生要么不写，要么盲目地、随意地写。那时的作文课，老师也只是临时给学生布置一个题目而已。

真正让我静心去琢磨，去摸索，还是近几年的事情。2020 年春，湖南省特级教师、正高级教师李美华老师最初确定将"小学语文习作教学问题与策略案例研究"作为她工作室第二个研修周期的研修主题，并让我担任该课题主持人。根据部编教材习作教学任务群的内容设置，课题组成立了七个研究小组，分别从"写人、记事、状物、写景、写活动、写应用文、写想象文"七个方面开展研究。从此我才真正跟着李美华老师的团队深入接触小学习作教学。针对习作教学中"教"和"学"的问题，各研究小组以习作课堂教学为重点，开展了扎实的案例研究。这本书就是各课题组在实践中形成的典型成果（案例）及感悟的总结。

第一，习作教学需要激发情感和动机。

激发情感和动机是习作教学的突破口。古人语："情动而辞发。"小学生的情感和情绪，既是他们习作的内驱力，也是他们习作的中心思想所在，因此教师要善于从激发情感和情绪入手进行习作训练。同时教师还要创设真实的生活情境，让学生感受到写作的社会需求，激发学生真实的写作动机。本书展示的习作教学案例，都非常重视学生习作情感的激发和习作兴趣的培养，重视让学生体验生活，丰富写作的源头活水；注重因人制宜，点燃学生的写作激情；坚持模仿与创新结合，激发学生放胆写作；重视加强课外阅读，以读促写，读写结合，提升习作质量。

第二，习作教学需要依标据本。

习作教学的依据是课程标准和教材。《义务教育语文课程标准（2022年版）》（简称《课标》）将习作并入"表达与交流"。第一，交流要关注学生的真实生活。关注学生真实生活，有助于帮助学生走出"编"作文的泥潭，把习作引向交流和表达的正道。第二，表达要关注学生的真情实感。习作是为了自我表达和与人交流，以表达真情实感为核心。习作教学在情感的表达方面，需要引导学生真实、真诚地表达感受。第三，习作教学要关注习作过程。中高段的表达与交流强调"观察周围世界，能不拘形式地写下自己的见闻、感受和想象，注意把自己觉得新奇有趣或印象最深、最受感动的内容写清楚"，同时提出了层次性的教学目标："留心观察，学会想象"——"有独特感受和思考"——"语言积累"——"修改习作"——"切磋交流"——"展示和评价成果"。习作教学必须着眼于习作全过程，不仅要关注作品的最终生成，更要关注学生习作的过程。

课题各研究团队针对各自研究的主题，都系统研究了部编教材习作训练的编排特点和教学内容，明确了每一个习作训练课题的习作要求。

第三，习作教学需要建构教学模式。

习作课堂教学模式是根据一定教学思想和在教学理论指导下建立起来的具有一定结构形态的比较稳定的教学策略、思路和操作流程。由于习作教学内容的丰富性，习作教学的操作模式也是丰富多样的。教师在教学实践中应加以总结、提炼科学高效的课堂教学模式。本书中，"写人"小组构建了"融媒趣导—情思'解牛'—尽情写作—放情共改—习作扩展"的教学模式；"写事"小组构建了

"高效片段"教学模式，即"教—习—评—改"的教学模式；"记景"小组构建了"情境激趣—构建支架—交流表达—练笔评价"的教学模式；"状物"小组构建了"先教后学—当堂训练—拓展提高"的教学模式；"写活动"小组构建了"教—习—评—改"高效"情思课堂"的教学模式；"写应用文"小组构建了"创—赏—练—评"的教学策略；"写想象文"小组构建了"激发兴趣—启迪思维—丰富表达"的教学模式。这些教学模式大部分来自教学实践，使实践概括化和集体化，把教学实践上升为理论，从而丰富和发展了作文教学理论；也有些教学模式来自理论思辨，使某种教育思想或教育理论具体化，从而保证理论对实践的指导作用。

第四，习作教学需要评价促进。

提高习作教学效益必须发挥好评价的促进作用。在评价方式上要重视习作教学过程性评价。本书所收集的经典案例的共同特点，就是借助观课量表（或评价量表）对习作教学过程中各个环节的师生表现进行了有效评价。老师们在研究实践中研制的科学、适用的习作教学评价观课评议表，有力促进了习作课堂教学的高效运行。

第五，习作教学需要奉献激情。

上好一节习作课，需要教师有良好的素养；需要深研课标、教材；需要寻找高效的师生互动设计；需要广泛搜集资料，或许只为找到一段感人的视频或者一曲醉人的音乐。学生的习作完成后，教师还要带领学生自评互评，需要提出既有指导意义，又有鼓励的评改意见。面对工作，我们需要热情似火；面对学生，我们需要春风化雨，润物无声。唯有如此付出以后，学生才有可能豁然开朗、怦然心动；才有可能心潮澎湃、激情涌动；才有可能思接千载，视通万里，文思泉涌，下笔有神。

在本书付梓之际，我有很多感谢的话，而这绝不是客套话。

感谢李美华老师领衔的名师团队三年的辛勤付出！李美华老师带领着七个研究小组，一百多名骨干和青年教师，锚定目标，坚持实践，磨课研课，毫不懈怠，推广成果，成效显著。

感谢邵阳市教育科学研究院邹金方副院长、赵奔灵副院长、赵健军主任的精心指导！

感谢邵阳市大祥区教育局黄承意局长、何顺凯副局长、陈永东副局长、孙小红副局长、总督学罗玲娜等局领导的大力支持！

感谢湖南大学出版社的编辑工作者，为本书的策划出版热情付出，倾力打造一本语文教师喜爱的习作教学工具书。

曹远席

2023 年 10 月 30 日

老师、徐金玲老师分别到邵阳市北塔区、邵东市、邵阳县送教。再次是七个课题组的绽放，七个课题组在经过一系列的活动后都顺利提交了邵阳市"十三五"规划课题结题材料，全部结题并获得邵阳市第六届基础教育成果奖。各组教师收获了教学奖、论文奖、辅导奖，很多老师都发表了文章，辅导的学生作文见报见刊。最后，在开展线下活动的同时，线上活动也是竞相开放，工作室平台上展示了骨干教师、青年教师的优质课、精品课，老师们积极参加话题研讨，认真填写成长档案，积水成河，点点痕迹连接成具有个性特点的成长轨迹，沿着轨迹探寻成长路径，从而达到自主成长、课研常态化的研修目的。

因为全体成员的共同努力，在第二个周期研修即将接近尾声时，2022年工作室第二次成功创建湖南省名师网络工作室，2023年在首届湖南省基础教育教学改革项目申报中五个项目成功立项。展望未来，我们已经构思好了工作室第三个周期的研修主题——以情促思，"读"具匠心。工作室核心成员徐金玲老师主持的"阅读教学情景设计策略研究"已立项湖南省规划课题，相信我们会有更多教师，会在更多、更大的平台绽放，发出独具魅力的教育光彩……

李美华

2023 年 9 月 30 日

目次
CONTENTS

第一章　小学语文写人习作教学研究

 研究任务及团队分工

研究任务："多元情境"与"以情促思"在小学语文写人习作教学问题与策略案例研究中的应用。

研究团队及任务分工（表1-1）：

表1-1　写人习作教学研究团队及任务分工

主要研究人员姓名	单位	学历	职务和职称	研究角色
李创业	邵阳市大祥区华夏方圆学校	本科	书记，高级教师	教学指导
张红梅	邵阳市大祥区华夏方圆学校	本科	高级教师	教学指导
任娟	邵阳市大祥区城南新渡小学	本科	一级教师	教学指导
毛国花	邵阳市大祥区华夏方圆学校	本科	一级教师	教学指导
曾丽华	邵阳市大祥区华夏方圆学校	本科	一级教师	教学指导
覃红梅	邵阳市大祥区华夏方圆学校	本科	高级教师	课堂实践
徐金玲	邵阳市大祥区华夏方圆学校	本科	一级教师	主持人，课堂实践
吴菊艳	邵阳市大祥区华夏方圆学校	本科	高级教师	课堂实践
黄敏轩	邵阳市北塔区状元小学	本科	一级教师	课堂实践
游艳梅	邵阳市北塔区状元小学	本科	一级教师	课堂实践
曾静	邵阳市大祥区华夏方圆学校	本科	二级教师	课堂实践
缪练茹	邵阳市大祥区板桥燕子学校	本科	二级教师	课堂实践
朱曼莎	邵阳市大祥区华夏方圆学校	本科	一级教师	课堂实践
杨佩佩	邵阳市大祥区华夏方圆学校	本科	一级教师	课堂实践
谢文倩	邵阳市大祥区华夏方圆学校	本科	二级教师	课堂实践

研究概述*

该课题基于小学习作教学现状，探讨如何构建有效的写人习作教学课堂，最终实现提升小学生习作能力的目的。课题历时 3 年。从前期调查，到教师学习历经求真，到"情思课堂"理念的确定与案例设计，再研再实践，整个小学阶段写人习作的教学内容序列逐渐清晰化。研究发现围绕"多元情境"和"以情促思"而展开的写人习作指导的策略能够激发学生习作兴趣，学生的习作能力和语文素养得到了极大的提高，最终也实现了教师教学能力的大幅提升。

一、问诊课堂，发现问题

课题组于 2020 年 7 月在本区域展开了写人习作教学调研。调研中我们发现教学中存在以下问题：

（1）当前小学语文写人习作教学中，教师课堂教学指导方法简单化。

（2）学生们的写人作文构架大都一个模式。笔下的人物都是一个样貌，人物的特点也是千篇一律，学生的观察、思考、表达和创造的能力受到了很大的束缚。

（3）写人习作教学呈现"一团混沌"的状态。

教师们知道这样教学不好，但不清楚哪里不好；想改变，却没有好的办法；感觉教学效果不佳，又不知道怎么提高。

二、溯本求源，历经求真

新课程改革给小学语文教学带来了新的理念，让很多教师对作文教学产生了新的认识，国内外的许多教育工作者、教育学家多年来在理论与实践两方面做了大量的研究与探索。

（1）对习作教学本质的研究。王崧舟老师在观课评课中说道："好的习作课是知识逻辑和心理逻辑的统一。"他认为："生活犹如源泉，写作犹如溪水，源泉丰盛而

＊ 此文章为邵阳市教育科学"十三五"规划课题"小学语文习作'人物刻画'问题与策略案例研究"（课题批准号：SYGH20119）和首届湖南省基础教育教学改革研究项目课题"'多元情境''以情促思'在小学语文任务习作教学中的案例研究"（项目编号：Y20230491）的研究成果。

不枯竭，溪水自然活泼流个不停。"人物习作应该让学生能"我手写我心"，能写出生活中不同的、鲜活的人物来。

（2）对习作教学过程的研究。吴忠豪站在国际视野从课程层面，提出小学语文教学首要任务是要培养孩子的表达能力，作文练习方式不限于作文课范围，要在其语言课、阅读课里也安排大量时间进行作文练习。学生平时要多阅读，多进行语言文字的积累。

（3）对习作教学模式及其教学内容的研究。瑞士心理学家皮亚杰最早提出建构主义。建构主义理论坚持从内因和外因相互作用的观点来研究儿童的认知发展。建构主义教学模式概括为"以学生为中心，利用情境、协作、会话等学习环境要素充分发挥学生的主动性、积极性和首创精神，最终达到使学生有效地实现对当前所学知识意义建构的目的"。

（4）李吉林老师的"情境教学"和孙双金老师的"情智课堂"的观点。他们认为"情"的范围很广泛，比如课前的教学情怀、师生情感，课中的情景创设、情境发生，课后的情绪管理、教学反思，等等；"思"的定义为学生的思维、心思、心智、才思等等。

以上这些理论成果在实践中已经取得了比较明显的效果，但是，具体应用到写人习作研究这一细支，还存在很多亟待解决的问题，值得好好深入研究。

三、深耕细耘，寻求策略

在各专家的引领和帮助下，我们课题组科学采用学习文献资料法、教学课堂实践法、案例研究法、经验总结法等，紧紧围绕课题的三大核心研究目标，扎扎实实地完成了四大方面的研究内容：

（1）线上线下，直击写人习作教学根本问题。研究一开始，我们深入写人习作课堂：每人一堂写人习作调研课，每人一篇写人习作下水文，每堂课一次写人习作现场问卷调查；同时利用"问卷星""班级小管家"等网络小程序，在研究人员非所教班级、年级，以及家长群中，调查分析写人习作教学过程中的所思所惑。

（2）强基固本，抓实写人习作教学教研物本。整个课题研究阶段，我们认真学习《课标》中写人习作的目标、要求、方法，钻研小学阶段教材中的写人习作单元、写人课文的训练内容，学习人物习作教学的课时要点、学段要求，做到心中有

"本"。我们有时线上学习，有时集中讨论，有时通过写读书笔记、心得体会，撰写论文等各种沉浸式学习方式，提高自身对教材的把握能力。

（3）且教且思，形成优秀写人习作教学案例。在本次课题研究中，我们始终以写人习作课堂教学为中心，采用"一课三人行"的方式，进行三轮研课、磨课、上课、刍课、塑课。我们在课堂中收集典型案例，分析平时人物习作教学中存在的弊端，形成解决问题的策略方案，改进教育教学方法，提高课堂指导效率。

（4）研以研道，落地写人习作教学教研成果。教而不研则浅，研而不教则空。我们在课题研究过程中，时刻注意教研相融，教研相促。通过研究和实践，进一步促进教师养成发现问题—思索问题—解决问题的教学思维习惯，对于小学写人习作教学所存在的问题进行分析、解决并案例化、策略化，以此提升教育教学教研能力。

四、教研相长，初显成效

经过大家的不懈努力，课题研究主要取得了以下成果：

（1）梳理教材，纵向归纳小学阶段写人习作的要点和内容序列体系。明确了写人习作的核心点就是要体现特点，写人习作要求要体现循序渐进的发展递增性。

（2）三轮研究随教随调典型案例，教师们强化了问题导向研究意识，初步探索出了写人作文教研教改的有效路径。

①"疑问"引路：在课题研究准备阶段，师生调查了写人习作教学中存在的真实具体情况到底是什么，要解决什么问题，可以采取什么样的方式方法……第一次"疑问"，为我们的研究、实践指明了方向。

②"追问"琢路：有问必有回响。第一轮"一课三人行"实践完成以后，我们对课题开始阶段的问题进行了"追问"：实践完成以后，写人习作教学结果怎么样？我的问题解决方案是否有效？接下来的"教学问题"要怎么解决？

③"试问"筑路：有实践必有反思。第二轮"一课三人行"实践完成以后，再次调查并对写人习作初步完成的课堂建构提出大胆"试问"：支架式写人习作课堂所存在的构篇不足的问题，是否可以试试另一种角度、另一种思维、另一种办法……在问题导向下运用多维思维继续补充现有研究成果。

④"反问"延路：虽然课题进入结束阶段，但是研究不止。课题总结，课题成果推广中，我们仍然可以保持典型案例研究精神，促进课题生发。在整个课题研究

过程中，问题意识一直和实践过程相辅相生，促进本次课题的圆满完成，也成为所有课题教师的一笔终生财富。

（3）集思广益，探索出了写人习作教学观课评议表（表1-2、表1-3）。

表1-2　小学语文写人作文"情思课堂"观课评议表一

观察视角：激趣、启思、促写

课题：　　　年级：　　　授课人：　　　单位：　　　观课人：　　　时间：

教学环节	观察点（教师"情"）	教学手段	教学内容	学生答问		教师理答		有效性	记录提问	简议
				参与度	准确度	方式	内容			
课堂导入	情境支架激趣生情									
新知学习	图示支架识情启思									
练评结合	语例支架丰富表达									

表1-3　小学语文写人作文"情思课堂"观课评议表二

观察视角：畅言、促思、乐写

课题：　　　年级：　　　授课人：　　　单位：　　　观课人：　　　时间：

教学环节	观察点（学生"思"）	学生发言（人数）（以画"正"统计）			参与活动的学生分布（按全班、组别、座位记录）	学生质疑问难次数	学生座位分布图
		主动	点名	消极			
情境导入	自主生情通畅表达						
多元支架	识情启思言之合理						
练评结合	以情促思写出新意						

（4）落实课堂环节，构建了写人习作"情思"课堂基本教学模式：

多元情境融合创新，促进老师教得有效。以"情"促"思"，助力学生学有所得。

①创设导入情境，让学习发生在场。（利用视频再现、图片音乐展示、角色小游戏等手段，引领学生进入"人"境。）

②利用演绎情境，让体验联结人物写作方法。（为教学创设一个情境，让学生参与其中。在课堂中融入文段法、对比法、归纳法……支架有力，教得明白。）

③打开对话情境，让思维碰撞发光。（开展现场辩论或跨时空对话等，实现对人物、特点的再认识。）

④对接生活情境，让体验真切在线。（迁移真实生活场景，带领学生细致体验生活，观察、认识人物。）

通过案例研究，初步构建了"融媒趣导—情思'解牛'—尽情写作—放情共改—习作扩展"的写人作文教学情思课堂的初步框架和有效课堂模式。

融媒趣导，激"情"引入。"好的开始是成功的一半。"在导入环节，教师利用信息技术，将图片，视频剪辑等相关素材整合，创设能激发学生真实情感的相关情境，让学生在具体的情境中获得有趣、有效的兴趣激发，并带着这份兴致进入学习。如"人物描写一组"中，教师运用的是"以疑激趣"猜谜导入，课件出示谜语让学生能够快速锁定关键字词，去匹配相应的人物形象，同时加深对人物特点的认识。《我的"自画像"》一课中，教师"以境激趣"，利用猪八戒吃西瓜的视频片段导入，极大地激发了学生的学习兴趣，创设了轻松愉快的学习氛围。

"情思引路"，写作"庖丁解牛"。在上《我和____过一天》一课时，教师播放《黑猫警长》的视频，使情境再现，在活泼有趣的氛围之中，学生很容易就感受到了人物的神勇英武，比较轻松地掌握了通过动作、语言塑造人物形象的技巧；在《有你，真好》一课中，教师利用一些感人的图片立马就将学生领入"情思"之中，激发了学生的回忆和情感共鸣，课堂交谈之中，把心理、神态描写的法宝收入囊中；在《漫画老师》一课中，有关傅园慧的视频与图片给课堂创设了轻松、活跃而有趣的学习"情"境，师生讨论，让学生在共屏对比的画面中轻易就能"思"出人物的典型特点。调动学生的感官，让学生被触动，真思考，也让情思写人习作课堂达到事半功倍的效果。

兴致写作，"思"下生"情"。学生在有效的情境中获得真实的情感体验，促发思维，产生情感共鸣，从而激发表达欲望，写出包含"情思"的作文。以四年级下册《我的"自画像"》为例，笔者抓住要点，在课堂教学环节中把一条线索：猜猜"我"，聚焦"我"，凸显"我"，完善"我"，形成梯状发展线索，步步为营地实现对学生的帮、扶、导。在各个活动完成之后，让孩子当堂完成片段写作。这样，孩子的写作兴趣高，畏难情绪小，情思达到高点，效果也很好。

放飞"情思"，你评我改。利用展示台直观地为学生呈现作文片段，告别了过往只是教师念、学生听的模式，充分调动了学生的视觉、听觉等多种感觉，让学生注意力更集中，可以有更充足的时间对文段进行思考、修改。在习作课《我的自画像》中，教师充分利用了实物展台来展示学生作品，学生的参与热情更高了。

习作扩展，"情思"绵绵。一般而言，仅仅靠几堂写人作文课来完成整个小学阶段写人题材习作的学习是不够的。因此，一些课后布置是很有必要的，例如：

①训练点可以和生活观察相结合，形成一个小练笔。

②可以在课内完成之后，把周记或日记之类的相结合，形成一个系列，让孩子们在一个阶段重点学习后完成一种类型的巩固练习。

③扩宽作品展示途径，激励孩子保持写作热情，如作文手抄报、作文小刊、班级栏目展示、投稿报刊等。

五、研究扎实，成效明显

（1）课题激发了教师对写人习作教学的兴趣，极大地促进了教师教学理念的更新和对教学方法的探究、掌握和运用。教师的教学教研水平得到了极大的提高。论文、案例、课例等在省、市、区获奖达 30 次。

（2）本课题完全突出了学生的主体地位，极大地激发了学生对写人习作学习的兴趣和对于写人作文基本方法的掌握和运用，极大地提高了学生写人习作水平的提高。学生发表在各类报刊上的作品 20 余篇。

（3）本课题教学资源开发取得显著成绩，分享交流媒介推广效益明显。

本课题教学精品课、示范课发表在湖南省"互联网+教育"大平台；课例在贝壳网湖南省集体大赛中获一、二等奖；主持人在长沙湘郡集团湘郡铭志学校教师论坛中对"写人习作"做嘉宾点评；参加邵阳市北塔、大祥两区联合成果交流研讨；"爱上邵阳""今日头条"等媒体报道了本习作研讨活动。

（作者：刘灿　徐金玲）

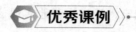 **优秀课例**

1　猜猜他是谁

邵阳市北塔区状元小学　黄敏轩

[教学目标]

（1）消除学生习作起步时的紧张心理，体会习作乐趣，激发习作兴趣。

（2）掌握习作的基本格式，能用一两段话写出同学的一两个特点。

[教学重难点]

（1）掌握习作格式，激发习作兴趣。

（2）抓住人物的一两个特点进行描写。

[教学分析]

《课标》对第二学段学生在表达与交流的中制定了这样的目标："乐于用口头、书面的方式与人交流沟通，愿意与他人分享……能不拘形式地写下自己的见闻、感受和想象……"我认为乐于表达、分享、记录是建立在快乐和自信的基础之上。《猜猜他是谁》作为本教材的第一次习作练习，如何降低孩子对于写作的畏难和抵触情绪，激发写作兴趣，树立写作自信，是我在本次习作教学中需要思考、解决的主要问题。

[教学过程]

一、当侦探，来破案

师：同学们，动画片《摩尔庄园》都看过吗？上课之前老师带你们一起回顾一

个精彩的片段。（播放视频）

师：摩尔庄园里的摹乐乐在听到有人呼叫"救命"的时候会晕倒，然后会变身成乐乐侠帮助别人。今天我们要玩一个侦探游戏，这个游戏就跟乐乐侠有关系。

师：（简单介绍游戏要求）老师会把故事的剧本讲给同学们听，你们一定要认真倾听，然后根据线索进行推理，寻找真相。

介绍故事背景：周末的晚上，和平广场在举行一场盛大的烟花秀，这是一年一度人们最期待的盛典，于是人们从四面八方汇聚此。一个小女孩也拿着心爱的棒棒糖蹦蹦跳跳地来到了人群中，可是因为拥挤，她手里的糖果被人碰到，掉在了地上。

师：这个时候你会怎么做？这个时候我们千万不能弯腰去捡，这是非常危险的举动。

可是小女孩却下意识地停下了脚步，弯腰试图将糖果捡起来，危险在这一刻发生了。她被人绊倒了，不知情的人们却还在继续往前走着，随着绊倒的人越来越多，小女孩的情况十分危险，她拼命地挣扎大叫了起来——"救命啊!!"急切的"救命"声传到了一个人的耳朵里，他体内的正义基因开始启动，变身成了乐乐侠。他冲进人堆救了摔倒的女孩，有惊无险地化解了一场危机。但是乐乐侠在解除危机后就消失了。

听：这就是我们今天的任务——寻找乐乐侠。

设计意图　导入环节，疑问引路。首先用观看动画片段的方式，吸引学生的注意力，侦探推理破案的游戏增加了本堂课的趣味性，调动学生参与活动的积极性，也为接下来的教学环节做铺垫。

二、善推理，抓特点

（一）推理引路，感受特点

师：现场的目击者为我们提供了一些线索，帮助我们来寻找乐乐侠。

1. 出示线索

①现场遗失的校服。②模糊的外形。③面罩外的眼睛。④乐乐侠说了一句话。

2. 推理环节

（1）现场遗失的校服。

用放大镜看，衣服上有学校和班级的信息，原来乐乐侠就是我们班的同学。

（2）模糊的外形。

个子不高不矮，短短的头发，说明是个男孩。

（3）面罩外的眼睛。

眼睛看起来不大，甚至还有一点肿肿的，排除大眼睛的同学。

（4）乐乐侠说了一句话。

他冲出去的时候大喊了一句话，那应该是他的口头禅。

（二）拼图游戏，体验特点

揭示真相：乐乐侠原来是他！

讨论：推理成功的关键是什么？（抓住人物的特点）

师：乐乐侠乐于助人的品质值得大家学习，我们要将他介绍给更多的人认识。作为他的同学，你会怎么介绍他呢？

实践：小组合作，写同学。

（1）讨论：从哪些方面来介绍他？

可以从外貌、性格、爱好、品质等方面来介绍。

（2）合作：先试着从他的外貌、性格、爱好这三个方面来写一写，小组抽签，每个小组只写抽到的那一个特点，有不了解的地方还可以向乐乐侠求助。

（3）检验：写完以后将人物特点像拼拼图一样拼起来，可以进行分段，并且在每个段落前空两格，再请一位神秘的嘉宾老师来猜一猜，看看他/她能不能猜到是谁。

设计意图 用推理的方式一层一层地追问揭示，写人要抓住特点进行描写。为降低当堂写作的难度，我采用了人物外形的片段写作，既要有大致的外形，又要有细节的刻画。让学生参与情境中，体验联结人物写作方法。

三、例文后置，对比修改

默读自己的作品，看看语句是否通顺。有不通顺的地方，或者标点符号不恰当的地方，尝试自己修改。

对比教师下水文，谈发现。

例句：

（1）他的眼睛很小，但是眼头却很圆，眼尾又尖又细，就像一只鼓着圆肚子的小蝌蚪，笑起来简直眯成了一道缝。

（2）他的眉毛又粗又杂，可别小看了这两条眉毛，他的喜怒哀乐都能通过这两条乌黑的眉毛来表达。当他高兴的时候，眉毛弯弯就像两条毛茸茸的小虫子；生气的时候，眉毛会随着眼睛上下"舞动"，一会皱成一座小山峰，一会眉尾向上飞起像极了一把倒悬的剑。

（3）他的头发很短而且特别粗、特别硬，看起来就像只刺猬。不管风怎么吹，他的头发定是屹立不倒，像牙刷毛一样立着。

总结：同学们可以观察人物的外在特征，写出他与众不同的外貌，运用比喻、夸张等修辞手法让他形象更加鲜明。也可以讲述一件大家都知道是他做的让人印象深刻的事情，让我们确定要猜的这个人就是他。

设计意图　写作训练需要落实，但是一堂课的时间有限，所以我选择了深入训练外貌描写。通过让学生阅读老师的下水文，迁移真实生活场景，为学生做出了良好的示范，带领学生细致体验生活，观察、认识人物，也为学生课后对人物其他方面展开描写打下基础，呈现出教师由"扶"到"放"的过程。

四、编儿歌，做总结

> 写人物，有妙招，
> 外貌特征很重要。
> 抓品质，察爱好，
> 特点一定要明了。

11

设计意图　利用儿歌朗朗上口的特点，加深学生对本次习作的印象。

[板书设计]

> 猜猜他是谁
>
> 外形　　　　　　　　　性格
>
> 　　　　　特点
>
> 爱好　　　　　　　　　品质

[教学后记]

本课搭建了好几个游戏支架，游戏与游戏之间环环相扣，教学在游戏中进行，保证了学生的学习兴趣和参与度。从实践中感受到，写熟悉的同学需要抓住他/她的特点来进行描写。片段的写作降低了难度，避免学生因为畏难而敷衍了事。神秘嘉宾的出现更是掀起了不小的高潮，进一步强调写人需要抓特点。教师的范文后置，深入训练了人物的外貌描写，为学生课后对人物爱好、品质等方面展开描写打下了基础。

2　身边那些有特点的人

邵阳市大祥区华夏方圆学校　曾静

[教学目标]

（1）引导学生留心观察身边的人，注意特点鲜明的人，学会通过观察、交往等多种方法了解人物的特点。

（2）引导学生借助一件生动的事，用支架的方式写出事情的过程，引导学生写出表现人物特点的这件事。

（3）在习作训练中培养学生说真话表真情的表达习惯。

[教学重点]

（1）留心观察身边的人，观察他们的日常生活，了解人物生活习性。

（2）学会抓住人物特点，准确真实地描写人物形象。

[教学难点]

引导学生借助一件生动的事，用支架的方式导出事情的过程，引导学生写出表现人物特点的这件事。

[教学分析]

《身边那些有特点的人》是部编版小学语文三年级下册第六单元的习作内容。本单元的习作要求是"写一个身边的人，尝试写出他的特点"。教材先是呈现了一系列的词语，这些词语鲜明地揭示了人物的特点。为了拓宽学生写作的思路，教材还设计了两个泡泡，引导学生围绕"想到了谁"和"为什么会想到他"两个问题进行讨论，让学生通过一件事或一系列行为表现人物特点。最后，要求学生在找出表现人物特点的事情之后，用上表现人物特点的词语给习作取个合适的题目，准确地表达人物特点。

[教学过程]

一、猜谜导入

师：今天老师请来了羊村的几位小伙伴，我们来看看是谁？（播放视频）

师：这些小羊都很可爱，你最喜欢哪只小羊？

生：喜羊羊/暖羊羊。

师：为什么？

生：它很聪明/它很可爱。

师：是啊，小羊们都太可爱了，每一只都很特别。我们通过介绍角色的性格、品质、爱好，使人们印象深刻，这些就是角色特点。

设计意图　疑问引路，通过视频角色，创设情境，把角色特点引导出来，使学生兴趣浓厚地投入到习作学习中去。

二、寻找有特点的人

（一）法宝一——抓特点想一想

师：那我们身边有哪些有特点的人呢？今天我们就来聊一聊。（板书课题）

师：为了帮助你们完成写作，我可以告诉你们三个法宝，能帮助获得线索，你们想不想知道？

师：气球里有很多词语，这些词语很有意思，请同学们来读一读。

师：看到这些词语，你会想到谁？

生：看到幽默大王，我想到了我的同桌。

师：为什么会想到他？

生：他总是说一些比较幽默的话，把我们逗笑。

师：老师在下课的时候，也发现了一位同学很有意思，我们一起来看看。（出示学生图片）

师：老师想用一个词语来形容他，谁来帮帮我？

生："小书虫"。

师：为什么你觉得他是"小书虫"？

生：因为他吃饭的时候都在看书。

师：是啊，喜欢看书的人叫"书虫"，喜欢昆虫的就叫"昆虫迷"，那么喜欢踢球的叫？

生："球迷"。

师：孩子们，一下子我就知道怎么给别人取外号了，老师这里还有很多外号。在我们身边有很多人，例如最爱我们的爸爸妈妈，陪伴我们成长的老师、同学。你想给别人取个什么外号呢？同桌之间互相说一说，然后把你取的外号写在习作单的第一行。

设计意图　学生对于人物特点的理解大多集中在兴趣爱好上，例如爱读书、爱跳舞、爱下棋等等。课堂上出示表现多种人物特点的关键词，让学生说一说这些词可以用来形容身边哪些人。引导学生积累、创造更多表现人物特点的词语，体验联结人物写作方法。

（二）法宝二——用事情写清楚

师：我们已经给身边的人取了外号，那我们怎样才能把人物特点写清楚呢？请出我们的第二个法宝。

师：我想问问你们给谁取了什么外号？

14

生：我觉得我的同桌是个热心肠。

师：能和我说说为什么吗？

生：她特别喜欢帮助别人。

师：那你还记得哪一件事让你觉得她热心肠吗？

生：有一次，我的笔忘记带了，是她借给了我。

师：孩子们真是善于发现身边那些小事。今天教室里发生了一件事情，我们一起来看看怎么了？我想请一个同学读一读。

师：这里发生了一件怎样的事呢？请一位同学用"先……然后……最后……"说一段话。

生：先是（我们）放学回家——然后（同桌）看书入迷——最后（我）大声喊他。

师：如果我想用一个词语来形容这位同桌，谁来帮帮我？

生："小书虫"。

师：你是从哪些地方看出他的"小书虫"？

生：眼睛一眨不眨……

师：原来这就是"小书虫"啊！原来我们可以通过人物的语言、动作、神态生动形象地表现人物特点。

师：孩子们，通过你们刚才认真仔细地描述，一个爱看书的同学就这样来到我们身边，我们身边不仅有"小书虫"，还有很爱帮助别人的热心肠，做菜很厉害的"厨神"妈妈……你能用同样的方法，用一件事来说一说身边有特点的人吗？请同学们拿出你们的习作单，完成习作框架图。

设计意图　对三年级学生来说，知道写什么比怎么写更重要。用框架图让学生的思维不过于跳跃，用"先……然后……最后……"让学生知道在选材上如何把一件事说具体，训练学生有序表达的同时帮助学生做好习作前的素材准备。

（三）法宝三——勤动笔练一练

师：都说"不动笔墨不读书"，为了顺利地完成习作，老师必须得请出第三个法宝了。

师：请同学们读一读习作要求。（学生齐读）刚刚我们已经写好了习作框架，相信同学们能独立完成习作，请同学们拿出习作单，完成今天的习作。

三、互相交流，修改习作

师：同学们，完整地写一件事表现人物特点只能得四颗星哦。只有把人物的语言动作等生动形象地写出来，才能得五颗星。接下来，请一位同学读一读自己的习作。你能给他几颗星？

评价标准	星级
写身边的人，用一件事写特点	
把这件事写得详细具体	
语句通顺，把人物特点写得生动形象	

生：五颗星，他运用了人物的语言、动作描写。

生：四颗星，他没有把事情写得很生动。

师：同学们，好文章是改出来的，我们有不足的地方现在还可以及时修改。老师也写了一位同学，大家猜猜老师写的是哪位同学，你怎么知道的？

老师下水文：

记得有一次，已经放学了，同学们都收拾好书包回家了，可我的同桌还待在座位上看书。只见他一只手扶着书，一只手撑着下巴，眉头紧锁，嘴巴紧抿，似乎正为书中的情节困扰。他的眼睛一眨不眨的，好像生怕错过了什么，那严肃认真的神情真让我佩服。等我扫完地，发现他还没走，于是，我轻声地对他说："回家吃饭吧，时间很晚了。"可谁知，他没有一点反应。无奈之下，我只得拍拍他的肩膀大声说："老师来啦！"这下，他终于回了神，转过头一脸茫然地看着我。

师：同学们给老师打几颗星？为什么？

课堂总结：细致观察生活，对身边人物的关注会让我们成为生活中的"有心人"。下课后，可以将你的习作分享给其他同学！

设计意图 在习作中明确提出具体的要求，明确写作方法，紧扣中心任务。习作过程中一方面让学生认真写、大胆评，激励学生乐于分享自己的作品；另一方面，通过阅读老师的下水文，丰富生活场景，为学生做出了良好的示范，带领学生细致体验生活，进一步认识人物的特点。

[**板书设计**]

身边那些有特点的人

用一件事写"小书虫" ⎰ 先（我）放学回家
　　　　　　　　　　⎱ 然后（同桌）看书入迷
　　　　　　　　　　　最后（我）大声喊他

[**教学后记**]

上学期通过写"猜猜他是谁"明确了写人作文的写作要求，对于写人的文章，孩子们并不陌生。关键是抓住人物特点，这有一定的难度，所以本次课的主要目的是让学生了解特点、观察特点、写出特点。

首先，我用视频导入的方式激发学生兴趣，草原里的每一只羊都极具特点，让学生了解特点，知道从哪方面去观察人物特点。在发现人物特点这个环节，我充分发挥学生的主动性，让学生思考"看到这些词语，你想到了谁"和"你还知道哪些有特点的词语"，充分让生活和作文联系起来。

其次，用具体的事情表现人物特点，这是难点，也是本次习作要突破的点。我选择用支架的方式，通过这件事"先发生……再发生……最后发生……"的发展顺序，组织学生写出事情经过。

本次习作完成之后，出示习作评改要求，鼓励学生把自己的习作与他人分享，通过互评的方式，让学生发现他人的长处和不足，让学生在写作中有所突破。

3 我和____过一天

邵阳市北塔区状元小学 游艳梅

[教学目标]

（1）选择自己喜欢的人物形象，大胆想象，创编自己心中的故事。

（2）能结合人物特点，学会捕捉、切换画面，把事情写具体。

[教学重点]

抓住人物特点，大胆想象，创编故事。

[教学难点]

学会捕捉、切换画面，把人物特点写生动。

[教学分析]

《我和____过一天》是部编版小学语文四年级上册第四单元的习作。本单元的课文是神话故事，给予了学生一定的想象基础，与之前的想象作文不同的是，本次习作得选择一个虚拟人物，根据他的特点设置场景和事件。所以学生首先得抓住人物特点，再根据人物特点想象可能发生的事情，这不是天马行空的想象，而是像风筝一样，是有一根线牵引着的。细节描写对四年级学生来说是有难度的，但故事的生动需要细节的支撑，因此，如何指导学生抓细节体现人物特点也是本课需要解决的问题。

[教学过程]

一、耳聪目明认一认

师：同学们好！今天我们将和叮当、铃铛小朋友一起来学习四年级上册第四单元的习作：《我和____过一天》。老师请来了几个神秘嘉宾，快来看看他们是谁吧！（出示图片：孙悟空、哪吒、白雪公主、嫦娥等）

师：他们都是经典故事中的人物，像这样的人物还有很多，你喜欢谁？为什么呢？我们来听听叮当和铃铛是怎么说的。

叮当：我喜欢哪吒，因为他本领高强。

铃铛：我喜欢白雪公主，因为她美丽善良。

设计意图 以学生喜闻乐见、耳熟能详的动画人物导入，能够最大限度地调动学生学习积极性和兴趣。以"为什么呢"启思，给予学生表达自己观点的机会，同时也是在引导学生说出人物的特点，深化学生心中对人物特点的概念，为下面抓住人物特点设置情境做好铺垫。

二、明确要求

师：现在，如果你能选择其中一个人物和他过一天，你会选择谁？去哪里？干什么呢？请看这张学习单，快用关键词填一填吧。

我和___过一天	
和谁？	
去哪？	
干什么？	

师：我们看到叮当选择的是孙悟空，和他去太空、旅游。铃铛选择的是卖火柴的小女孩，到自己家，和自己的家人一起过年。（出示学生填写的学习单）

师：他们为什么这样填呢？你来猜猜看！

师：孙悟空可以腾云驾雾，对他来说去太空旅游太小菜一碟了。卖火柴的小女孩很可怜，在新年前夜被冻死了。如果来铃铛家过年，这样的悲剧就不会发生。再来看看其他同学的大胆设想。这个同学说要和哪吒，去海底龙宫，探险；这位同学说要请哆啦 A 梦，去非洲，用魔法盒降雨。大家的想象非常精彩！

小结：可见，想象不是凭空产生的，而是要结合人物的特点来创造。我们可以去他的世界，也可以请他来到我们的世界，或者一起去到陌生的世界。

设计意图 以图表的方式简单明了地帮助学生梳理设置故事情境的思路，启发学生思考，进一步明确故事的设置与人物特点的关系，搭建故事的初步框架。

三、方法指导

（一）捕捉画面

（1）师：那么怎样把我们想干的事情写具体呢？老师来教大家两个小妙招：第一个是捕捉画面。看到这组句子，你觉得哪一句画面描写得更清楚？为什么？

①我要大圣给我抓娃娃。

②我欣喜若狂，心想：今天一定要逮住这个机会让大圣帮我实现一个愿望。于是，我把他领到一个娃娃机前，指着操纵杆对他说："大圣，都说你神通广大，现在你能替我抓一个娃娃吗？"

师：当然是第二句。第一句没有写清楚"我"为什么要大圣给"我"抓娃娃，也没有写"我"是怎么对他说的。第二句抓住了人物的神态（欣喜若狂）、心理活动还有人物动作（领、指着）和语言把画面描写得清楚而生动。

（2）师：你能把下面的句子变成更清楚的画面吗？想一想大圣听了"我"的话还会有哪些不同的行为反应呢？

（3）点评。

我们来看这位同学写的——"听了我的话，大圣挠挠头，嘿嘿一笑道：'看俺老孙的！'他伸手就拔了一根毫毛，吹了口气。"

这句话不仅抓住了人物典型动作——挠、笑、拔、吹，还有人物典型语言"看俺老孙的"，把一个无所不能的孙悟空写活了。

小结：现在你知道怎样捕捉画面了吗？就是要抓住人物做了什么，说了什么，有什么样的表情和想法等细节进行描写。

（4）小练笔：观看《黑猫警长》片段。

师：下面请看一段视频，你能捕捉到黑猫警长怎样的画面呢？

师：回顾一下，刚才黑猫警长是怎样出现的，他又做了些什么？（引出关键词：一跃而下、跳、抓、转、甩、拉等）

师：现在你能从中选择一些提示语，结合自己的观察，把刚才的画面写下来吗？

展示评价片段：这位同学抓住人物动作、语言描写，黑猫警长霸气威武的画面就出现在我们面前。

设计意图　想要故事有血有肉、生动可感，就得有细节的描写。但细节描写对四年级学生来说是一个难点，所以在这个环节提供学生以范例支撑，学习具体的方法再加以练习巩固，为后面的自主写作打下基础。

（二）切换画面

师：捕捉画面之后，画面不可能一成不变，是吧？这就需要第二个小妙招：切换画面。快速浏览这段文字，一起来找一找：它写了几个画面？

我带着大圣来到天河城，大圣看得眼花缭乱。我把他领到一个娃娃机前，指着操纵杆对他说："大圣，都说你神通广大，现在你能替我抓一个娃娃吗？"大圣挠挠头，嘿嘿一笑道："看俺老孙的！"他拔了一根毫毛，吹了口气。奇迹发生了：娃娃机的操纵杆自动转了起来，铁钩张开了，轻而易举就抓到了一个娃娃。这一切就像变魔术一般，看得我目瞪口呆，差点惊掉了下巴。

师："我"带着大圣来到天河城，是第一个画面。大圣看得眼花缭乱是的第二个画面。接下来你能用老师这样的方法来标注其他的画面吗？

师：我们来核对一下，第三个画面又是写"我"……第四个画面是大圣挠挠头……第五个画面是娃娃机的操纵杆……第六个画面是这一切就像变魔术一般，看得"我"……

师：看到这些画面的排列，你发现了什么吗？情境中的人物画面交替进行，这就是第二个小妙招：切换画面。

师：我们来看第五个画面有什么不同？娃娃机的操纵杆自动转了起来，铁钩张开了，轻而易举就抓到了一个娃娃。这句不再是写"我"和大圣，而是写娃娃机。这就是跟人物相关联的场景描写。我们在切换画面时，不仅要关注人物画面，还要关注场景画面。

师：今天学习的小妙招你记住了吗？想把事情写具体，首先要学会抓住人物的动作、语言、神态等（捕捉画面）；还要学会既关注人物画面，又关注场景画面来切换画面。

设计意图　故事的引人入胜不仅在细节，还要有波澜。切换画面就能避免故事平淡无奇，激发学生的想象去创设不同的情境，让人物形象更加立体，故事更加迷人。

四、小练笔

请你参照这个评价标准把自己的作品改一改吧。下节课我们再见。现在请你用这样的方法，把你最想做的事情写一个小片段吧。

评价标准	星级
人物特点鲜明	★★★★★
想象大胆	★★★★★
画面清楚	★★★★★
切换画面	★★★★★

设计意图 光说不练假把式。给予学生一定的时间练笔能巩固今天所学方法，给学生展示自我的机会，让激发出来的"情"能够发乎纸上，使文章缘情而发，因情而作。点评范例和评价标准给予了学生一定的参考和支撑，让他们不至于茫然，同时也是进一步强化今天习作的重难点和注意事项，达到改评巩固提升的作用。

[板书设计]

我和＿＿＿过一天

和谁：　人物特点鲜明

去哪：　想象大胆

干什么：　画面清楚

[教学后记]

学而不止，思而后精

这次的想象习作预想的是学生能够根据一个动画人物的特点将故事中人物的表现写具体。为了帮助学生充分了解人物特点，我设置了两个环节，前面自由讨论自己喜爱的人物的环节，给予了自由表达和范例相结合的方式，在明确要求的时候结合了人物特点来设置故事情境。这样下来学生似乎很容易就掌握了怎样抓人物特点，达到了预期的目标。

在抓人物细节描写的过程中，考虑到这个环节是难点，我用时是比较多的，有对比句式的评价分析，还有视频动画的观察表达及小练笔，学生掌握得很不错。在小练笔之前播放的视频也是学生熟悉的，学生观看认真。但视频播放的速度比较快，需要在短时间内抓住人物的细节还是挺困难的，多数学生回忆得并不够完整，练笔不够理想。如果教师在前期能将视频速度处理慢一些效果应该会更好。后面教师提示有点多，单纯以文字的方式不能持续吸引学生，如果能够图文并茂，以思维导图或者其他条形图的方式展示动词，也许更有助于学生回忆和记住刚才的视频故事。画面的切换是故事生动迷人的重要法宝，否则，很有可能导致故事呆板无趣。这里内容太多，导致课堂上太赶，没有足够的时间供学生感受和分析，教师缺乏对过渡语的引导，导致学生在后续的习作中过渡生硬甚至出现前后段脱节的现象。

总体看来，这节课比较成功的地方是学生能够抓住人物特点去设计故事情境，尝试着在情境中去描写人物的细节，让故事具有画面感。不足的是课堂节奏太赶，学生情感激发、自由表达不够充分。

4　小小"动物园"

邵阳市资江学校　张欣

[教学目标]

（1）借助思维导图，能从外貌、喜好、性格等不同角度去思考，找出家人与动物的相似点。

（2）能抓住家人与动物的一个或多个相似点并举出例子，给每个家人写一段话，写出家人的特点。

[教学重难点]

能抓住家人与动物的一个或多个相似点并举出例子，给每个家人写一段，写出家人的特点。

[教学分析]

《小小"动物园"》是部编版小学语文四年级上册第二单元的习作。本次习作要求学生写家里的人，通过把家人想象成某种动物，写出家人最突出、最明显的特点。

这是在三年级下册第六单元习作《身边那些有特点的人》基础上的提升。教材中第一部分由一段文字和一幅图画组成，以朋友间对话的方式，把自己的家比作动物园，将家人变成了各具特点的动物，以新鲜别致的比喻，激发学生的写作兴趣。通过描述人的外貌、特长、性格，可以帮助学生从不同角度打开写作思路。图画部分以直观形象的方式，提示学生把家人比作动物时要合理，可以把外貌、喜好、性格结合起来，综合表现人物特点。教材中第二部分和第三部分分别对习作内容和交流修改提出了建议。提示学生写清楚家人与哪种动物相似，什么地方相似，以及自己生活在"动物园"里的感受。要求学生将习作读给同桌听，看看语句是否通顺；读给家人听，看看写得像不像。本次习作旨在引导学生运用规范的语言进行表达，验证是否准确表现了人物特点，也促进了学生与家人的情感交流。

[教学过程]

一、绘本导入，激发兴趣

欣赏绘本故事《我家是动物园》。

师：祥太一家真有趣，有身材高大的长颈鹿爷爷，有善于变化爱改变造型的狐狸奶奶，有总是竖起耳朵听别人讲话的白兔妹妹。祥太为什么把自己当作小猴子？把爸爸当作大狮子？

师：把自己的家人想象成一个个动物，真有趣。今天，就让我们一起走进习作小小"动物园"（板书课题），像祥太一样，给别人介绍一下这个特别的"动物园"吧！

师：这里的"动物园"带双引号，我们知道它不是指真正的动物园，那是指什么呢？

师：这小小"动物园"指的是家，在这个家里住着各种各样像动物的家人，真有趣！

设计意图 用生动有趣的绘本故事导入，初步引导学生发现故事中人物与动物的相似点，激发学生的写作兴趣和表达欲望，进而由他及我，为积极迁移到自己家的"动物园"做铺垫。

二、借助思维导图，理清思路

（1）师：读一读习作导语，这几个同学为什么也说自己的家人像动物？听完他们的描述后，你的脑海中浮现了怎样的画面？

师：我们从小明、小红、小兰的语言中知道小明爸爸的外貌、小红姐姐的特长、小兰爷爷的神态分别和熊、鱼、老虎有相似之处，所以他们说自己的家人像动物。

（2）推理游戏，找准特点。课件出示：我的妈妈有波浪卷的头发，像一只绵羊。她平常很温和，可当我做错事的时候，她就可凶了，恶狠狠的，像只母老虎。她特别喜欢吃素，平常在饭桌上专挑青菜吃，很少吃肉。

师：这位同学的妈妈既像绵羊，又像只母老虎。这样看起来，妈妈的特点既不鲜明，也不集中。怎么办呢？我想把妈妈的特点集中在一种动物身上，你觉得妈妈更像绵羊多一点，还是母老虎多点呢？下面让我们根据文段玩一个推理游戏。

师生合作贴板书：

妈妈	外貌	波浪卷	绵羊
	性格	温和	绵羊
		恶狠狠	母老虎
	爱好	吃素、少吃肉	绵羊

师：通过上面的推理游戏，我们现在知道妈妈更像什么动物呢？

师：通过这种推理的方法，我们就能找到家人更像哪种动物，把家人的特点找得更准确。

（3）尝试填写思维导图。

师：你家的动物园是什么样的呢？赶紧想一想，来填一填思维导图吧。（出示思维导图）

	家人	动物	什么地方像
小小 "动物园"	_____	_____	_____
	_____	_____	_____

设计意图 这一环节不仅明确了习作要求，而且引导学生寻找了家人和动物之间的相似点，在寻找相似点时从多角度去观察。

三、例文导航，抓特点

1. 阅读以下例文，对比发现

（1）我的爸爸胖胖的，憨憨的，像一只熊。

（2）我的爸爸胖胖的，憨憨的，像一只熊。晚饭后，我们一家人在小区散步时，爸爸总是挺着圆圆的肚子，慢吞吞地走着，每走一步，他的肚子就会很有节奏地抖动一下。过不了多久，他就掉队了。连散步都跟不上队伍的"熊爸爸"呀，真的该减肥了。

2. 阅读以下例文，对比发现

（1）我的妈妈很能干，就像一头牛。

（2）我的妈妈很能干，就像一头牛。她十分强壮，就像牛一样结实。她总是说我们做得不好，什么事情都抢着做。厨房里，总有她穿着围裙做饭的身影；阳台上，她正在晾晒刚洗的衣服；客厅里，她弯腰手握拖把打扫卫生；楼道上，还能看到她扛着沉重的大米爬上五楼……妈妈不喜欢吃肉，总喜欢吃素菜，真可谓"吃的是草，产出来的是奶"。妈妈真是一头名副其实的老黄牛，我和爸爸常常自愧不如。

引导学生对比阅读，交流讨论。小结：抓住多个相似点，举出例子，能让小小"动物园"更吸引人。

3. 片段示范，举事例

师：同学们，接下来我们一起合作完成一个片段。

出示：我家有个猪爸爸……

师：猪爸爸的外貌是怎样的？（指名学生说）

师：猪爸爸可能爱干什么？

生：爱睡懒觉，懒惰。

师：懒惰有什么具体表现？爱睡懒觉有什么表现？（出示爸爸和猪照片）

师：猪睡觉有怎样的行为或者会发出什么声音呢？（出示猪的打呼声）

师：老师结合了大家的意见，写出了这样的文段，请同学们自由读一读。

爸爸是一头大懒猪，白白胖胖的。有个圆滚滚的大肚子（外貌）。平时，他不大爱运动，倒喜欢睡懒觉（爱好）。一天，我和妈妈回到家，发现爸爸不见了。我一打开卧室的门，"呼噜呼噜……"的鼾声震耳欲聋，原来爸爸正在呼呼大睡呢！我们回到家，他一点也没发觉，一直到傍晚时分叫他吃饭，他还迷迷糊糊的（举事例说明爱睡懒觉）。看看他那个样子，就是做事没什么主见的。每次我们家要商讨一些事情，需要做重要决定的时候，我的猪爸爸总是点头说："你们讲的建议都不错，我没意见，我都听你妈妈跟你的。"有时候我跟妈妈都拿他没办法（性情）。

设计意图　本环节重在学法、得法、用法。"教"的意味就在方法的传授上。结合单元写作要点，鼓励学生选取适合"课堂写作"的实用方法，从而用法大胆写。通过例文，学生轻松地习得抓住人物的特点并找相似点，通过具体事例描写人物，这样习作就更具体形象生动了。

四、大胆尝试，融情感

运用学到的方法，选择家中的成员，尝试写上一段。

（1）学生练习，教师巡视，个别指导。

（2）自己对照表格评一评。（出示表格）

评价标准	
像不像（人与动物有相似点）	
哪里像（抓住了一个或多个相似点）	
感受（可写对每个人的感受，也可以写整体感受）	

（3）读给同桌听一听，互相评一评、改一改。

师：同学们，这单元习作要求我们不止写一个人，也可以按照我们今天的方法来写其他家庭成员，利用推理法找准家人的动物特点，用举事例写具体以及把人当动物写得生动有趣。

设计意图　合作写片段重视教给学生思维的方法，自己写片段重在激活个体的写作运思。这就使得教学从指向结果转为指向过程。

师：小小"动物园"里总是充满了欢声笑语，生活在这里，我感到无比幸福！我们一家都是可爱又有趣的"动物"，是不是很有意思呢？

[板书设计]

小小"动物园"

抓特点

举事例

融情感

[教学后记]

学生对朝夕相处的家人是非常熟悉的，但家里的每个人都有什么特点？他们和哪种动物比较像？这就需要他们好好地想一想。本次写作指导我以此作为突破口，引导学生从平常的物件、话语中去感受亲人的爱和精神世界。

整堂课的学习氛围很融洽，孩子们都很乐意分享自己的想法，我感受到了孩子们的惊喜和快乐，也因此受到感染和鼓舞。在表达交流环节，孩子们产生了乐趣和共鸣。学生通过了解每位家人并且将其与动物做对比，包括对比性格、脾气和爱好等个性品质，并尝试运用对比的写作方法，仔细观察，学会通过细节和事例把人物特点写具体。

5 我的"自画像"

邵阳市大祥区华夏方圆学校 朱曼莎

[教学目标]

（1）积累描写人物特点的词语。

（2）根据人物特点选择合适的一件事例，并把事例写清楚。

（3）训练学生运用动作描写、语言描写、神态描写等方法把事情写清楚。

（4）培养学生欣赏、评价、修改习作的能力。

[教学重点]

根据人物特点选择合适的一件事例，并把事例写清楚。

[教学难点]

训练学生运用动作描写、语言描写、神态描写等方法把事情写清楚。

[教学分析]

本次习作是部编版小学语文四年级下册第七单元习作的教学内容，是在口语交际"自我介绍"的基础上进行的习作练习。本习作主要引导学生抓住突出特点，按照一定顺序，运用典型事例，通过描写人物的动作、语言、神态、心理，将人物写具体。学生通过对比片段，对比句子，感悟写作方法和技巧，进而完成习作。

[教学过程]

一、典型形象，激情导入

（1）《猪八戒偷西瓜》视频导入。

师：视频里讲了一个什么故事？猪八戒的特点是什么？每个人都是独一无二的，今天我们要用文字把自己最独特的一面介绍给大家。

（2）板书：我的"自画像"。学生齐读课题。

二、抓住特点，积累素材

师：说到人物的特点，老师给你们带来了一些词语。

指名读、齐读：

小馋猫	书迷	棋迷
爱哭	胆小	幽默
勤劳	孝顺	乐于助人

师：这里的每个词语都表现了人物的一个特点，从老师的分类中你又有什么发现？

生：特点有三种类型。

师：我们可以从爱好、性格、品质等作为切入点来介绍人物的特点。

师：除了这些还知道哪些表示特点的词语？

师：哪个词语最符合你的特点呢？哪一个事例最能体现你这一特点？请和组内的伙伴交流交流。（完成习作单任务一）

指名回答，老师相机评点。

总结：孩子们性格不同，兴趣爱好也非常广泛，课余生活也是丰富多彩。

设计意图　积累细节描写的优美词语，给学生的习作中添加亮点，让学生能灵活运用好词。

三、情思引路，归纳写法

师：老师想起之前教过的学生，有一次让他们习作，要求是通过一件具体的事例表现自己的特点，课堂上有个同学"三下五除二"就写好啦，可是却得了低分，想看看吗？

片段一：

我属牛，本应有像牛一样的气势，可我却十分胆小。记得有一次，我和爸爸去爬山，两座石壁之间有一个索桥相连，索桥不长也不高，可我怎么都不敢过去，最后还是爸爸把我背过去的。

师：我们来给他提建议吧。

综合同学们的意见，修改了习作。

片段二：

我属牛，本应有像牛一样的气势，可我却十分胆小。记得有一次，我和爸爸去爬山，两座石壁之间有一个索桥相连，索桥不长也不高，还能清楚地看到小河底下的石头。看着大家兴奋地过桥，我的心怦怦直跳，仿佛有小兔子在心中蹦来蹦去，总觉得自己会掉下去。于是我结结巴巴地对爸爸说："你、你过去吧。我、我害怕！"爸爸鼓励我勇敢些，想拉着我往前走。我噘着嘴，紧紧地拉着爸爸不松开，脚下没有向前移动半步。爸爸只好背着我过索桥。过索桥时，我紧张地闭着眼，手心直冒汗。索桥轻轻晃动起来，我紧张地大叫，眼泪不争气地流了下来。爸爸皱了皱眉说："胆子可真小！"

（1）师：哪个片段更能体现人物特点，为什么？

生：第二个片段更好，它通过语言、动作、神态的描写表现出"我"的胆小。

总结：除了语言描写，动作描写、神态描写也可以帮助我们表现一个人物的特点。

（2）出示例句，学生比较。

①猪八戒到河边喝水。

②猪八戒急急忙忙跑到河边，也不管水黑不黑、脏不脏，趴下身子，撅起屁股，张大嘴巴，咕噜咕噜地喝起来。

师：哪句好？为什么？（学生试着用动作描写说一说猪八戒偷西瓜的过程）

指名回答，师相机点评。

师：试着用动作描写来说说自己的特点。（指名回答，师点评）

设计意图　针对学习需要，引导学生关注文本里的动作描写、神态描写、语言描写，让学生领悟合适的细节描写有助于我们写清楚人物特点。

四、兴致写作，笔下生情

（1）出示习作要求，学生在学习单上完成片段练习，师相机指导。

（2）指名展示。

（3）小结：课堂的时间总是太短暂。课后请以小组为单位，互相修改、评价。

设计意图　依托学生优秀作品，师生共同欣赏、点评习作片段，调动学生学习的主动性，培养学生欣赏、评价、修改习作的能力。

五、总结

这节课我们学习了如何通过一件具体的事例介绍自己的特点，只要孩子们留心观察，运用同样的方法我们还可以介绍其他你身边熟悉的人。

[**板书设计**]

我的"自画像"

语言描写

动作描写

人物特点

神态描写

心理描写

[教学后记]

本次是一篇写人习作，是在学完第七单元写人单元后进行的习作。我将本节课的教学重点定为根据自己的特点选择合适的一件事例，并把事例写清楚。教学难点定为训练学生在叙事时能运用动作描写、语言描写、神态描写等方法把自己的特点写清楚，尤其是能运用动作描写体现出人物的特点。

在课上通过一个猪八戒偷西瓜的视频，激发学生的兴趣，同时让学生感知猪八戒的性格特点。接着出示表示特点的词语，让学生知道特点包括哪些方面，能以哪几个方面为切入点介绍自己的特点，并让学生扩充表示特点的词语。然后定事例，让学生知道选用恰当的材料来体现自己的特点。如果在这一环节加入对人物外貌描写的适当指导，学生掌握的知识点会更全面。

两则片段是针对学习需要，重点引导学生关注片段里的动作、神态、语言描写，心理描写让学生领悟合适的细节描写有助于我们写清楚人物特点。

两个句子进行对比，则是重点指导学生动作描写，不仅要写出人物做了什么，更要写出人物是怎样做的。最后一步习作环节，交流评价。本环节先让学生当堂练笔，老师相机指导，最后依托学生优秀作品，全班欣赏、点评习作片段，调动学生学习的主动性。

6 "漫画"老师

邵阳市大祥区华夏方圆学校　杨佩佩

邵阳市大祥区三八亭小学　王莉军

[教学目标]

（1）能抓住人物的主要特点，用一两件具体事例描写自己的老师。

（2）掌握自我评估与同伴互评技巧。

[教学重难点]

（1）能抓住人物的主要特点，用一两件具体事例描写自己的老师。

（2）运用漫画式夸张手法，描写富有个性的教师形象。

[教学分析]

本次习作为部编版小学语文五年级上册内容，要求结合具体事例写出人物的特点，既要写出老师外貌、性格、爱好等方面的特别之处，还要结合一两件最能突出其特点的事例，具体生动地刻画一位独具特色的老师形象。教材中第一部分激发学生习作兴趣，明确习作内容。以学生熟悉的漫画引入，意在说明本次写作的重点是让学生从自己的视角出发，选择一位喜欢的老师进行写作，像漫画表现人物一样，突出老师外貌、性格、喜好等方面，或某一方面的特点。教材中第二部分提出本次习作的具体要求——用文字给可爱的老师"画像"，特别强调选择一两件能突出老师某一方面的特点的事情来写，这是这次习作的重点。教材中第三部分写完后读给你写的老师听，问问他/她有什么意见或建议，强调完成习作后的分享交流。

[教学过程]

一、"漫画"激趣

教师板书课题："漫画"老师

师：（出示课件）同学们看过人物漫画吗？我们先来欣赏几幅漫画，说说这些漫画有什么特点。谁能跟大家分享一下人物漫画最吸引人的地方是什么？

学生各抒己见。

小结：漫画人物特点特别突出，配上独特的画风和夸张的情节，往往能给我们留下深刻的印象。下面我们看这几幅关于老师的漫画，对应读一读描写三位老师的句子。

学生欣赏漫画图片，读句子。

师：仔细观察，你会发现我们身边的每一位老师都有自己的特点。你了解哪位老师？他/她有怎样的特点？（展示班里几位老师的照片）

学生交流所观察的老师特点。

师：今天我们就来用文字给老师"画漫画"。

设计意图　从漫画插图入手，欣赏漫画插图，交流老师的特点，能激发学生的学习兴趣，提高学生的参与度。

二、指导审题，理解"漫画"

师：读一读课本第 28 页的文字，说一说：本次习作的内容是什么？这次习作应该在什么上下功夫？应该从哪些方面突出老师的特点呢？怎样理解漫画呢？

预设 1：本次习作要选择一位熟悉的老师作为写作对象，把老师用文字"画"出来。

预设 2：这次习作要在突出老师的特点和具体事件上下功夫。

预设 3：应该从外貌、衣着、性格、喜好等方面突出老师的特点。

预设 4：要突出特点，普通的地方可以忽略，要把体现特点的地方浓墨重彩地描绘、刻画，这样会使老师的特点更加突出，使人印象深刻，也符合了"漫画"这个主题。

小结：要突出某位老师的特点，不但要抓住能够突出其特点的细节进行描写，更要选取能突出其特点的典型事例来写，用漫画夸张的手法表现人物特点。

设计意图 通过审题，让学生能了解此次习作的写作意图，明确写作方向。

三、拓展思路，选择事例

1.（出示课件）借助导图，指导选材

整理思路：先要确定写哪一位老师，并想想这位老师的突出特点是什么。

2. 引导学生回忆：有没有什么典型事例可以表达该老师的这些特点

小组里交流分享，推荐代表发言。

预设 1：语文杨老师，她的特点是"麻辣"。具体事例：杨老师外表温柔漂亮，实际上对学生非常严格。

预设 2：数学李老师，他的特点是风趣幽默，被称为"故事大王"。具体事例：李老师总是把枯燥的数学题编成有趣的故事讲给我们听。

总结：你们能够抓住老师的特点，并能用具体事例突出这个特点。

设计意图 借助书中的材料，抓住写作要点，联系生活实际，在交流分享中拓宽写作思路，从书本走向熟悉的人物。

四、多向互动，学习习作技法

（1）写人物突出的特点，离不开合适的具体事例。让我们来学习课文的写法。

（出示课件）

《将相和》以秦、赵两国的矛盾为背景，通过"完璧归赵""渑池会面""负荆请罪"三个小故事，表现了人物突出的特点。如：选取大将军廉颇负荆请罪的典型事例，表现了他勇于改错的特点；选取蔺相如完璧归赵的事情，表现了他智勇双全、不畏强暴的特点。

教师引导：人物的言谈举止与其性格息息相关。通过语言描写、动作描写、心理描写、神态描写等刻画人物形象，可以把人物"画"得具体、生动。

（2）怎么通过细节"画"特点？

示例1：我们在山下买登山用的青竹杖，遇到一个挑山工，矮个子，脸黑生生的，眉毛很浓，四十来岁，敞开的白土布褂子中间露出鲜红的背心。（《挑山工》）

（3）利用夸张达到"漫画"效果。（出示课件）

示例1：教科学课的雷鸣老师，也就是轰隆隆老师，讲课的声音很大，一层楼都听得见。（《轰隆隆老师》）

示例2："丁零零……"上课铃响了，王老师板着铁青的脸走进教室，把教科书和作业本重重地往讲桌上一摔，说："这次有很多同学的……"（《生气的王老师》）

小结：这两段描写用漫画夸张的手法表现了雷老师的声音大和王老师生气了，刻画的人物形象鲜明又生动有趣。

（4）小组合作交流学习习作技法。

①你打算写哪位老师？

②如果写语文杨老师，杨老师有什么主要特征？

③如何用漫画的夸张、幽默的方法来描写杨老师的"麻辣"？

④你打算拟个什么题目？

五、片段练习，星级评价

（1）在学习完选材方法和写作技法后，我们一起写写自己喜欢的老师。可以直接用习作题目，如《"漫画"老师》，也可以结合老师的特点拟题，如《我的"麻辣"老师》《可爱的"动物园"》。

（2）学生习作，老师巡视指导。

（3）同桌之间互相评价。

评价内容	自评	生评	师评
写出老师的鲜明特点			
选取恰当的事例			
把事例写具体			
用夸张的手法			

（4）集体评价《我的"麻辣"老师》片段：杨老师外表温柔，实际上非常严格。有一次，我因为贪玩没有完成作业，杨老师发现了，一把抓住我摁在腋下，她右手高高举起教鞭，要给我来一顿"竹笋炒肉"，可没想到教鞭落在我屁股上一点也不痛，教鞭举得高，落得轻，我感到一阵温暖。

（5）总结：这节课我们抓住老师的特点，把老师写得可爱又有趣，同时把自己的情感融到习作中，给老师"画"了一幅"漫画"，写出了和老师之间的感人故事。课后可以把习作交给这位老师看看，听听老师的评价。

[板书设计]

"漫画"老师

选择人物

选取事例

描写特点

漫画的手法

[教学后记]

反思整个教学过程，成功之处在于：在指导写作方法的教学中，我引导学生抓住老师的特点去描写，同时引导学生通过具体事件使老师的形象更加丰满，还让学生在写作过程中融入自己的真情实感。

教学中还存在一些不足之处。比如，我只是让小部分学生汇报了自己的交流成果，相当一部分学生只是被动听课，参与度不高。在今后的教学中，我要尽量让每个学生都参与到教学中，让所有学生都成为学习真正的主人。

7　形形色色的人

邵阳市大祥区华夏方圆学校　徐金玲

［教学目标］

（1）能选择典型事例表现人物某一方面的特点。

（2）能结合例文和批注分析例文，总结描写人物的方法，学会运用多种方法表现人物形象。

（3）运用动作描写、语言描写、神态描写、心理描写以及描写周围人的反应等多种方法，突出人物特点。

［教学重难点］

引导学生如何挑选典型事例，通过典型事例突出人物具体的特点。

［教学分析］

本次习作是部编版小学语文五年级下册第五单元的内容。在写作知识方面，学生通过前面几年的学习，已经学会了一定的观察方法，对写人这一题材的习作相对熟悉，对人物描写的基本方法也比较清楚。结合本习作单元"大千世界，人物众生相"的主题课文和例文的示范及对写人作文基本方法的总结作用，根据"一课一得"的课堂理念，本堂课的教学知识目标可定为充分发挥例文的引导作用，综合各种写人习作描写方法，学习写人作文中的技巧——选择典型事例表现人物某一方面的特点。

在生活积累经验方面，学生已经有了比较多的生活经历，对生活中的人，如警察叔叔、卖饼的阿姨、小区的爷爷奶奶等并不陌生。学生可以从形形色色的人当中，寻找熟悉的人、印象深刻的人作为本次作文的对象，采用一定的方法，写出人物的个性和特点。

［**教学过程**］

一、融媒猜谜，激"情"引题

（1）播放生活视频，引导学生看视频后结合自己的生活回答：你在视频中或生活中看到些什么样的人？

（2）学生发言，其他学生进行讨论，也可以做补充发言。

预设1：我在视频中看到，上学路上，在马路边执勤的交警叔叔。

预设2：我早晨乘车看到公交车的公交司机。

预设3：我进入学校，看到了学校门口送孩子上学的爷爷奶奶、门卫阿姨、同学们等等。

（3）师：从交流中可以看出，同学们善于注意身边的人。这些人呀，每一个都有自己与众不同的特点。今天，我们就来学习用典型事例突出人物特点。说到事例，首先，我们一起来玩一个"看事例，猜人物"的游戏。（出示多媒体，根据动画事例猜人物）

小结：同学们刚才一猜就中，是因为在这些事例中，孙悟空神通广大，廉颇知错就改，诸葛亮神机妙算，武松勇猛过人的性格、品质得到了淋漓尽致的体现，给我们留下了深刻的印象。所以说，写人离不开写事。我们要突出人物的特点，离不开典型事例。那么什么叫作典型事例呢？我们该如何选取呢？

设计意图 通过信息技术，以镜头的形式聚焦某个生活片段，让学生体验平时视角下的生活全景，在激趣的同时，留给学生更多观察生活、回忆生活的空间、时间，从而促发回忆自己真实生活中各种各样的情感体验，引入"形形色色的人"和事例的初体印象。

二、"情思"引路，搭建支架

（一）习作单元"引一引"，回忆、归纳典型事例

（1）师：我们先来回顾这个单元的课文，作者通过哪些事例来写这些人物呢？（出示课件：本习作单元人物与内容梳理表）通过回顾，同学们一定会发现，原来，人物的特点都是经过具体事例表现出来的，那么这些事例用得合适吗？

预设1：嘎子在面对胖墩劲儿大的时候，一点也不慌张，还想出了使绊子的法子，突出了他机灵的特点。

预设2：雯雯担任"邮递员"，坚持要把报刊送到大家手里才放心的事例，让我们一下子感受到了她诚实守信的特点。

预设3：以严监生这个人物为例，书本里没有写他平日里是怎样小气的，偏偏选取在临死之前这个时候他还在意多燃的一茎灯草。我们不难想到平日里，他又是怎样的算计。这个事例写出了他十足的吝啬鬼形象。

（2）讨论后，教师总结：这些人物故事中所取的事例都特别好。

原来这样具有代表性和强大说服力的事例，就是典型事例，它对突出人物的特点具有以一当十的作用。

（二）作文审题"辩一辩"，筛选典型事例

师：有个小同学想写叔叔记忆力超群这个特点。他记下了叔叔的四件事，哪些事情才能算得上典型事例？请小组之间辩一辩。

事例一：他读完一本故事书，能把所有细节都记住。

事例二：他记住了我昨天说过的一句话。

事例三：他能记住我的生日。

事例四：那幅地图他只看了一遍，就能一点不差地画下来。

预设1：在第一件事情当中，我们多数人读完一本书，一般只能记住故事的大概内容。而他能记住所有的细节，这太能说明他的记忆力超群了，这肯定能做典型事例。

预设2：他能记住我昨天说过的一句话，这也说明他的记忆力很好呀。

预设3：我觉得这不能算作是一个典型事例。你昨天说过的话，我也能记住一句。一般的人，隔天说过的话，都能记住一部分，这能说明他记性好，但是不能说明记忆力超群呀。

师：分析得太好了！同学们，你们都会了吗？生活中发生的那么多事情，我们在写作之前呀，要依据人物的特点筛选出典型事例来。下面请你们打开作业单，完成作业单。

展台展示作业单，小组交流，代表发言，师生评议。

设计意图 充分发挥本习作单元的功能，由习作例文引入，让学生充分回忆熟悉的内容，从情感认知上易于接受，在活动互相交流中，引发学生"认一认"的思维活动，归纳、聚焦典型事例。开展活动"辩一辩"。在各抒己见中畅所欲言，学生表达自己的"情知"。在相互交流中产生思考的火花，思维的碰撞。情感活动与思维活动的统一，情思交融的悟境，让学习者在强烈的情感、思维发展场域的学习体验与感悟中对典型事例越辩越明。

（三）以思促行"树一树"，写清典型事例

师：其实，同学们已经了解了通过细致的人物描写能突出人物的特点。那就让我们运用之前的所有的方法，再来读习作例文，选择给你印象最深的人物，小组内交流一下：他们的特点是通过怎样的方法表现出来的呢？

讨论交流学习：在本单元课文学习中，你了解了哪些描写人物的方法？

小组交流，小组长整理小组同学的发言。

小组派代表做汇报发言，师生评议，教师相机引导。

预设 1：描写人物的方法有很多，比如动作描写、语言描写、外貌描写等等。

预设 2：不同的人物形象可以选择不同的描写方法，比如《摔跤》主要是需要动作描写，那么就把人物的动作写具体。

预设 3：在写人的时候，还可以选择侧面烘托，人物的形象会更饱满。

师生一起归纳总结，完成 PPT"写人习作树"。

小结：抓住众人各具特色的外貌、神态动作和心理，正面描写和侧面烘托相结合，通过事例，特别能写出人物的典型特点。

设计意图 开展活动"树一树"，整合新学习的典型事例和以往的写人写作技巧，整体循序渐进，从无到有，从点到面，为学生搭建清楚的习作的思维脉络。出示多媒体动画树，以思促行，完成"写作树"，最后一环为后面写作做好铺垫。

三、创设情境，"思"下生"情"，兴致写作

1. 明确习作要求

（1）播放生活视频，要求选择一个人，把他的特点写具体。

（2）选取典型事例表现他的特点。

（3）习作过程中运用本单元学过的描写人物的方法，把人的特点写具体。

2. 出示作业单

学生独立完成习作，教师巡视，个别指导，提醒学生用上本单元学过的描写人物的方法。

四、放飞"情思"，互评共改

出示习作自评互评表。

评价项目	内容	描写	基础
评价要求	人物特点清晰　事例典型	描写方法突出特点	无错字　语句通顺
自评	优良　合格　须努力	优良　合格　须努力	优良　合格　须努力
互评	优良　合格　须努力	优良　合格　须努力	优良　合格　须努力
互评意见			

（1）习作完成后自己阅读并修改，保证句子通顺，没有错别字。

（2）出示教师巡视时发现的典型学生习作。

学生自由阅读。

自由发言，进行评议，发现亮点，提倡借鉴。发现问题，提出建议。

设计意图　说十遍，不如让学生看一遍。视觉可见的评价表，让评价标准一目了然，让学生很轻松地掌握了评价的方向，也给自己以后写作文，提供了很好的思维支架。利用展台，为学生构建一个情境交流的平台，通过"听、读、说"的锻炼，培养学生"好文章都是改出来"的意识，培养学生修改作文的能力和耐心，促进学生推词敲句的思维能力发展。

五、课后誊写习作，花样展示

小结：今天我们通过选取典型事例，运用本单元学习到的写作方法，把一个又一个鲜活的人物呈现在每一个人的面前。希望在今后的习作中，同学们能够继续坚持，让形形色色的人，让生活在我们的笔下熠熠生辉。

（1）布置作业：请同学们根据交流情况再次修改自己的习作。修改完成后，把自己的习作认真誊抄。

（2）优秀文章"专栏展示"。

（3）课后小练笔。

设计意图 一堂作文课，对于作文教学来说，只是一个小句号。关注生活，表达真情实感是作文教学的远方。因此，课后的再次练习也很重要。通过各种途径，开拓学生作品的展示平台，对于激发学生的写作热情有着巨大的积极作用。多肯定，多赞赏，促进学生的写人习作"情思"生发。

[板书设计]

形形色色的人

选取典型事例

把事例写具体

[教学后记]

激情入境，以情促思

教学手段上，充分运用多媒体，利用大家熟知的人物形象和典型事例，充分激发学生的学习兴趣，引入课题，以减少学生的畏难情绪。

在教学过程中，（1）搭建支架，让学生在思考中认识什么叫典型事例。（2）组织辩论活动，筛选典型事例。（3）总结归纳，写清典型事例。（4）搭建评价标准，在讨论交流中，培养了学生修改作文的能力，提高学生推词敲句的能力。教师自己的思路清楚，以期让学生学得明白。

整堂课采用"融媒趣引—支架援助—活动探究—片段习作—评改交流"的课堂思路，紧紧围绕"以情促思"的策略，以语用典型事例为中心，恰当运用多媒体突破难点重点，尊重学生的自主感受，突出学生的主体地位，从"听、说、读、写、思"各个维度进行训练，以期达到提高学生的思维能力、表达能力、语言运用能力、创新能力的目的。课堂效果挺好的，学生对于典型事例掌握得非常好，但是仍不可避免地存在着如下不足：①对作文教学中的情感认识不够全面，只注意到静态的和显性的情感，以后还要扩大课堂关注面，留意课堂里的动态和隐性的情感。②在实施过程中，关注了学生的情感体验。在引导过程中，当出现冷场时，可以更多地发挥教师在情感应用中的主导作用，以"情"引"情"，是教学机智，也是"共情促情促思"的教学好办法。

8　笔尖流出的故事

邵阳市资江学校　李姗鸽
邵阳市大祥区华夏方圆学校　谢文倩

[教学目标]

（1）通过比较和迁移阅读，体会环境描写在烘托氛围和表现人物形象的重要作用。

（2）创编出合理、有新意、有波折的故事情节，并能将故事写具体，写精彩。

（3）能赏析小说中的环境描写，激发学生对阅读小说的阅读兴趣。

[教学重难点]

（1）引导学生通过环境描写表现人物形象，推进情节的发展。

（2）培养学生描写环境表现人物的能力。

[教学分析]

本次习作是部编版小学语文六年级上册第四单元的习作主题，要求学生创编生活故事。不同于平时的纪实作文，学生可以不拘泥于亲眼看到、亲耳听到、亲身经历的事情，利用生活中的素材，展开合理的虚构想象，让故事情节变得更加吸引人。本次习作编排的内容分成了四个部分，第一部分是对本单元三篇课文的回顾，强调小说的文体特征，小说源于生活又高于生活，提醒学生注意创编故事不同于纪实作文，要敢于发挥想象虚构。第二部分是习作内容，编排了三组环境和人物，要求学生选择一组或自己创设一组，展开想象创编故事。这三组环境设定分别为丁香满园的校园、黄昏街头和月下乡村，人物形象也以少年为主，贴近学生已有的认知经验。第三部分是习作要求。故事创编要围绕主要人物展开，情节要完整、吸引人，这是本次习作的重点。在达到前两个要求的基础上，可以尝试运用环境描写或心理描写，突出人物形象。第四部分是习作后的交流。教材建议的交流方式是召开故事会，让学生说说自己最喜欢的故事，达到互学互鉴目的。

六年级的学生已经能留心观察，把生活中发生的事情转化为习作素材，文从字顺地把一件事情写清楚、写完整；在叙事中，能够有意识地运用多种表现手法，表达自己的真情实感。创编生活故事，虽然强调要想象，却不同于纯粹的虚构，这类故事也要有生活的影子，才显得真实。但由于学生缺乏对故事主题开掘的实践，不善设定关键事件中人物的冲突，导致了故事情节平白直叙，人物形象变得单薄、呆板。因此，在教学中要有意识利用课文典型范例，唤醒、整合学生已有的经验图式，尝试运用，引导学生有意识地借助情节设计来凸显人物的形象。另外，也可以鼓励学生通过环境衬托来表现人物形象，以此让创编的生活故事更具有活力。

[教学过程]

一、情境导入，复习小说要素

（1）莫言名言导入，引入新课。

师：同学们，请看，我们的课堂来了一位尊贵的客人——莫言。

师：莫言曾说过，"我是一个讲故事的人，因为讲故事，我获得了诺贝尔文学奖。今后的岁月里，我将继续讲我的故事"。

师：莫言觉得写作和讲故事一样好玩，今天我们也来玩转创编故事。

（2）复习小说的三个特点（形象、情节、环境）。

设计意图　名言导入，让学生明白原来写作是一件好玩而寻常的事情，不畏惧。再通过回顾课文，确定小说的要素，为下文快速构思故事打下基础。

二、确定要素，构思故事

（1）回顾课文，探究写作密码一：曲折的情节设计。

师：上课之前，我做了一个小调查，发现很多同学读小说首先会被曲折的故事情节所吸引，你呢？嗯，其实我也是，比如，《桥》的情节就深深地吸引我。

出示课件：

突遇山洪—慌忙逃生—依次过桥—怒斥插队—桥塌殉职—祭奠英灵（出人意料的结局），给人留下深刻的印象。

（2）学习自己设计故事情节。

师：因为有了这跌宕起伏的情节设计，所以更能抓住读者的心，让人欲罢不能。现在我也带来了三个题材，请大家从中选出一组或者自己创设一组题材，展开想象，设计故事的发展过程，先看他们怎么说。（出示课件）

材料一：

环境：开满丁香花的校园

人物：淘气包张明

雷厉风行的班长王寒冰

充满活力的年轻班主任李军

材料二：

环境：冬日黄昏时车来人往的街头

人物：充满爱心的少年陆天

志愿者徐明

材料三：

环境：月光下的村庄

人物：铁蛋

铁蛋远道而来的表哥

师：赶快拿出笔，为你的故事设计一个扣人心弦的情节。注意开头结尾要写清楚。画出情节发展图。

设计意图 采用情景引导和情节链支架，层层辅助，引导学会在情节构思中设置冲突与解决冲突，使情节曲折，故事可读性强。

（3）回顾课文，探究写作密码二：特定的环境描写。

师：好的故事除了情节吸引我们，其实还有……

出示图片，引导学生读课文的环境描写。

黎明的时候，雨突然大了。像泼。像倒。

山洪咆哮着，像一群受惊的野马，从山谷里狂奔而来，势不可当。（《桥》）

屋外寒风呼啸，汹涌澎湃的海浪拍击着海岸，溅起一阵阵浪花。海上正起着风暴，外面又黑又冷，这间渔家的小屋里却温暖而舒适。（《穷人》）

师：从刚才的文字中，你发现了它们有什么共同点吗？

生：都是环境描写。

师：特定的环境能一下子把我们带入故事的情景中。

带领学生了解什么是特定的环境。

师：读《桥》的环境描写你有什么感受？

生：形势危急、洪水汹涌。

听：故事《桥》为什么一定要发生在洪水泛滥的环境下？

生：环境描写可以是故事发生的原因。

师：读《穷人》的环境描写你又有什么感受？

生：屋外恶劣、屋内温馨。

师：《穷人》的故事为什么一定要发生在贫穷的渔夫家庭？

生：环境描写可以烘托出人物的性格和品格。

设计意图　借用已学的单元组课文典型范例，唤醒、整合学生已有的表达经验，了解环境描写不是随便写写，而是作家精心雕琢而成，并通过读，得出读后感受，领悟特定环境的特点。

（4）再回顾课文，探究环境描写的作用。

师：一个精彩的故事，环境描写很重要，它不仅可以出现在文章的开头，它在故事的描写过程中也处处可以出现，并有着举足轻重的作用，让我们再来读《桥》。

①师生配乐合作读：

黎明的时候，雨突然大了。像泼。像倒。

山洪咆哮着，像一群受惊的野马，从山谷里狂奔而来，势不可当。

（突遇山洪）

近一米高的洪水已经在路面上跳舞了。

（慌乱逃命）

水渐渐蹿上来，放肆地舔着人们的腰。

（怒斥插队）

木桥开始发抖，开始痛苦地呻吟。

一片白茫茫的世界。（桥塌殉职）

②师：读完后，你发现了什么？

预设：随着洪水越来越汹涌，现场的情况越来越危急，故事发展越来越扣人心弦。是的，环境描写与故事情节还能互相推进，紧紧抓住读者的心。

③了解环境描写的作用。

读到这，我们不禁要感慨：环境描写的作用可真大呀！其实，环境描写的作用还不止这些呢！请看微课。

出示课件：环境描写的作用。引导学生体会环境描写的作用。

设计意图　以课文作为支架，让学生在复习回忆中悟得环境描写的作用，从而产生学习兴趣，为下面的由学到用打下铺垫。再通过课件，用简洁明了的方式解说了环境描写的作用，浅显易懂。

（5）探索写作密码三：运用恰当的修辞把环境写生动。

师：作家用简短的几句话竟把当时的危急表现得淋漓尽致，你发现他的写作秘方了吗？他用了什么方法把环境写得如此生动？

带领学生体会恰当使用修辞手法（比喻、夸张、对比等）的好处。

师：用上恰当的修辞手法，可以让表达更生动，让环境描写发挥最大的作用。

设计意图　在欣赏中习得方法，层层辅助，步步推进，引导学生学会怎么样把环境描写写生动，写具体。

（6）小练笔，为自己的故事设定环境。

师：通过学习，我们发现原来故事的环境真的不是随便写的，而是作家认真构思、精心雕琢的。现在我们回到自己的故事中，想想：你会让你的故事发生在什么样特定的环境中？请先写出几个关键词，再细致描写。

出示习作题材，学生看视频，思考环境特点的关键词，下笔写片段。

师：既然想好了，还等什么？赶快拿起笔让你的笔尖流淌出你想要说的话吧！你想你创造一个怎样曲折的故事？你最想让你的故事发生在什么样的特定环境中？想一想，请写出来。

设计意图　提供多种要素组合供学生选择，利于展示学生的表达个性。图片与视频的加入，为学生的习作提供"拐杖"，让描写更有画面感。

三、总结写法，创作文章

师：同学们，写故事的密码你知道了吗？那就是曲折的情节设计、特定的环境描写和鲜明的人物形象，这时再加上人物的心理活动等细节描写会让你故事中的人物形象更深入人心。有了这些法宝，我相信大家的作文一定会非常成功，赶快让你的笔尖流淌出属于你的精彩故事吧！记得和我分享哦！

设计意图　总结写法，让本课所得更深入脑海。老师的期待会是学生习作的动力，倡导学生课后积极地去完成作文。

[板书设计]

笔尖流出的故事

故事 ——　曲折的情节
特定的环境
鲜明的人物

[教学后记]

语文课是一门听、说、读、写的课程，在语文学习中，写作是重中之重。现阶段，许多学生一提起写作文就眉头紧皱，不知道要如何下笔，也不知道要怎么样利用文字表达自己的想法。形成这种现象的原因一方面是学生的语文功底不扎实，脑海中没有积累写作素材，另一方面则是教师在习作教学中方法单一、老套，不适用于新课程理念下的习作要求，也不符合小朋友的认知规律。为了消除学生对于习作的畏难情绪，激发孩子写作兴趣，我做了以下创新：

1. 通过师生合作朗读让学生体会环境描写的作用

在习作教学中，有些人会认为习作教学不是阅读课，不需要朗读，但是我觉得，习作教学应该以阅读为基础，以课文为基点。所以在教学时，我紧扣课本，与学生入情入境地朗读，让学生切切实实地感受到他们所读的环境描写与我所读的情节发展有着紧密相连的关系，环境描写能推动情节的发展。

2. 插入微课解说环境描写的作用

教学时我根据作文要求，把特定环境描写的作用运用动画方式编辑录制成微课展现在学生面前，既强化作文材料的感性，又激发学生学习兴趣，还启发学生思维，提高信息输入效率，减少中间环节，以声、形拨动学生心弦。

3. 运用视频、音乐等多媒体渲染氛围，拉近学生与生活的距离

教学中运用多媒体教学给学生提供大量的视觉感受，能使学生简便、快捷地感知情境，身临其境，进入由形象、色彩、声音等混合构成的氛围，很好地拉近了学生与生活的距离，使教学过程情境化、趣味化、形象化，让学生写景不再干巴巴。

9　心愿

邵阳市大祥区城南新渡小学　　任娟

[**教学目标**]

（1）能选择适合的材料与方式表达自己的心愿。

（2）能运用修改符号自主修改习作。

[**教学重难点**]

（1）能选择适合的材料与方式表达自己的心愿。

（2）能根据评改要求，运用修改符号修改自己的习作。

[**教学分析**]

《心愿》是部编版小学语文六年级下册第四单元的习作。在之前六年级上册第二单元习作《多彩的活动》中，教材曾提出过"选择合适的内容"这一习作要求，本单元进一步要求——"选择适合的方式"。在教学中，可依据"与人交流或自我表达的需要"，选择适合的方式，如：渴望表达情感——创作诗歌；想要倾吐心声——写书信或日记；需要阐述整理——记叙故事。也可依据"自己擅长的方面"，选择适合的方式，如：擅长想象创编——创编故事，擅长叙述描写——记叙事情；擅长写景抒情——创作诗歌、散文；擅长分析论述——写倡议书、论文。

"心愿"命题范围广、可以选择的材料多，而学生的认知是有限的，不可能把习

作提示中的材料全部写进去。学生首先要善于选择自己最熟悉、最有话语权的材料来写，这样才能写出最真实的情感来，才能选择好适合自己的表达方式，如记叙故事、写信或者写日记、创作诗歌等。

[教学过程]

一、创设情境，诉说心愿

1. 创设导入情境

播放歌曲《妈妈的吻》。

2. 引导学生诉说心愿

歌曲中唱的心愿是"再还妈妈一个吻"，那你的心愿是什么呢？

3. 引导学生书写心愿

我想每个同学都有很多心愿，现在请大家写下你最想实现的心愿，注意使用简练的语言表达。

我的心愿

1. _____

2. _____

3. _____

4. 学生汇报交流

学生根据所写的心愿进行交流，并梳理最有代表性的个人心愿。

设计意图 教师创设交流情境，让学生进入一个适宜敞开心扉、表达心愿的氛围，让他们无拘无束地表达自己的心愿。在此基础上书写心愿，是为了帮助学生打开思路，选择最熟悉的材料。

二、参考教材，丰富心愿

我们的心愿可以根据对象不同可分成对自己、对别人、对社会三类。

师：读一读教材中的心愿，想想你的心愿属于哪一类？

师：同学们心底埋藏着这么多美好的心愿，你写出来的就是最想和别人交流的、最想实现的心愿。小组同学互相说说自己为什么最想表达这个心愿？

小结，归纳"心愿"选择的标准：最想和别人交流的、材料最丰富的、最想实现的。

设计意图 本环节采用教材图示呈现的方式，旨在丰富学生的写作素材，拓宽学生的思路。组织学生交流归纳，选择最值得写的材料，则是为了帮助学生提高筛选材料的能力。

三、选择材料，表达心愿

1. 出示习作提示

> 习作提示
>
> 　选择最想和别人交流的心愿来写。
>
> 　写之前想一想选择什么材料能够更好地表达你的心愿。
>
> 　根据想表达的内容，选择适合的表达方式，如写叙事文、写信、写日记、创作诗歌、写倡议书等。

2. 出示案例，请学生自主思考

案例文本：我的心愿是当一名医生，去救死扶伤。因为我曾看到一个场景，这使从医的种子在我心中悄然种下。

在一栋居民楼前，我听见楼道里传出一阵撕心裂肺的哭喊声，是那般悲伤、凄凉，像是发生了什么不幸的事情。这一来，引来不少人围观，那些人了解了情况，亦是有些焦急。我打听到原来是一位老人心脏病突发，而他的家属则在失声痛哭。随着围观的人越来越多，哭声亦是愈发令人揪心，那声音越喊，越显得无助，也令众人更加焦急。这时，不知谁大喊："救护车来了！"人们纷纷将目光投了过去。只见几位身披白色大衣的医生快步走来，那洁白的大衣，在人群中显得格外耀眼。他们如同从天而降的天使，将人们从水深火热之中救出。他们的到来，使无助的人们重新充满希望……

之前的疫情中，"白衣天使"们也勇敢地冲到了第一线，在任何有病人的地方，都总会有他们的身影。那些身影如同铁一般的墙壁，保护着每一个人的健康，而自己却牺牲了休息时间，这是多么伟大啊。我知道，医生这一行业，是十分辛苦的，无论春夏秋冬，都要起早贪黑，有时一天可能只休息得三四个小时。除此之外，还要经过大量的努力去学习，这甚至更加艰难。可是，我并未因此而放弃，而是依旧在朝着这个目标前进着，永不停止。

我希望我的这个心愿可以伴随着我的学习，在人生中走下去。相信总有一天，我的心愿会到达彼岸。

3. 思考以下问题

（1）作者表达的心愿是什么？

（2）作者为什么有了这个心愿？

（3）作者是怎样达成心愿的？

学生自主讨论交流。

4. 小结，指导写作方法

师：我们在表达心愿时，可以从产生心愿的原因和达成心愿的办法等方面来选择材料。

5. 我们该如何表达心愿呢？学生自主习作

设计意图　本环节通过案例示范，让学生明白选择什么材料能够更好地表达自己的心愿。

四、交流表达，展示心愿

1. 巡视指导，出示习作

教师巡视并展示不同的《心愿》，启发思考：这两位同学分别选用了什么方式来表达自己的心愿？

习作一：

2023 年 4 月 22 日　晴　星期六

我的心愿是让自己的肚子小下去。今天，我早晨 6 点就起床，下楼，围着小花园和停车场跑了 3 圈，跑得浑身湿淋淋的，才上楼洗澡。中午吃饭时，我看着那美食嘴直馋，但是不敢多吃。晚饭前还独自在小操场上锻炼，跑跑跳跳，蹦蹦走走，出了一身汗后才休息。睡觉前一称，瘦了一斤。我要继续努力。

习作二：

我有一个小小的心愿。

春天阳光明媚时，

爸爸能陪我一起踢足球；

夏天太阳照耀时，

爸爸能陪我到河边钓鱼；

秋天瓜果飘香时，

爸爸能陪我到果园里摘水果；

冬天雪花飞舞时，

爸爸能与我一起堆雪人。

小组讨论：同样写心愿，为什么选择不同的方式进行表达？

引导学生进一步讨论：第一篇习作是否可以改写记叙文，第二篇习作是否可以改成写书信？

2. 评价修改习作

（1）学生自主认真读自己的习作，根据自己所要表达的心愿及表达对象，想一想选择什么样的表达方式最合适，并说明理由。根据评价标准，使用修改符号修改习作。

评价标准		修改前	修改后
语句是否通顺、流畅	全文流畅（★★★★★）		
	1～2 处不通顺（★★★★）		
	3 处以上不通顺（★★★）		
意思表达是否清楚、明白	全文表达清楚（★★★★★）		
	1～2 处欠清楚（★★★★）		
	3 处以上欠清楚（★★★）		
老师或同学修改建议			

（2）以小组为单位进行交流、评价。

3. 小结

我们在写心愿的时候，一定要学会根据想要表达的内容和表达的对象，选择适合的方式进行表达。

教学策略：本环节让学生根据自己所要表达的内容选择自己最擅长的文体来写。同时，文体一定要鲜明，给学生自由选择的机会。通过习作自评、互评、修改、展示等环节，让学生自主交流自己的心愿，旨在肯定学生能根据表达的内容，选择适合的表达方式。

[**板书设计**]

心愿
我的心愿：对自己、对别人、对社会

[**教学后记**]

字达文义　直抒心意

《心愿》是部编版小学语文六年级下册第四单元的习作，这篇习作在"选择合适的内容"习作要求上，更进一步提出"选择适合的方式"。在教学中，我从创设情境、诉说心愿开始打开学生心扉，拓宽学生思路，给学生一个畅所欲言的氛围，让他们无拘无束地表达自己的心愿。《心愿》是一个范围很广、材料很多的习作命题，学生如何从众多的材料中选择一个自己最想交流、内容最丰富、最能实现的心愿，并用适合的方式将自己的心愿写下来，这个是本节课的重点。我从习作范文入手，让学生从范文中了解心愿的构思方法，例如我们可以写产生心愿的原因和达成心愿的办法。通过写日记和创编诗歌的形式，让学生明白表达方式可以多种多样。我们在进行表达时，可以根据选择的内容和对象来确定表达方式。在学生自主习作和互评修改环节，我让学生试着运用学习过的修改符号进行自主修改，并在小组内互相读一读，自我评一评，让学生主动交流自己的心愿，让学生感受到交流后的乐趣，培养学生积极向上的健康心理。

第二章　小学语文记事作文教学研究

研究任务及团队分工

研究任务：小学语文习作"写一件事"教学问题与策略案例研究。

研究团队及任务分工（表2-1）：

表2-1　记事作文教学研究团队及任务分工

主要研究人员姓名	单位	学历	职务和职称	研究角色
邓海丰	邵阳市大祥区滑石小学	本科	高级教师	主持人，课堂实践
朱丹	邵阳市大祥区滑石小学	本科	一级教师	教学指导，课堂实践
吴佳蓉	邵阳市大祥区滑石小学	本科	一级教师	课堂实践
伍佳珏	邵阳市大祥区滑石小学	本科	二级教师	课堂实践
林叶芳	邵阳市大祥区滑石小学	本科	高级教师	课堂实践
吕泽娟	邵阳市大祥区滑石小学	本科	一级教师	课堂实践
张梦君	湖南师大附中星城实验第一小学	本科	二级教师	课堂实践
李丽慧	邵阳市大祥区滑石小学	本科	一级教师	课堂实践
林玥菡	邵阳市大祥区百春园小学	本科	二级教师	课堂实践
刘赟	邵阳市大祥区滑石小学	本科	二级教师	课堂实践
尹颖芝	邵阳市大祥区樟树小学	本科	二级教师	课堂实践
张乃月	邵阳市大祥区樟树小学	本科	一级教师	课堂实践
阮玲娟	邵阳市大祥区滑石小学	本科	高级教师	课堂实践
姚秋云	邵阳市大祥区滑石小学	本科	一级教师	课堂实践
李姗鸽	邵阳市资江学校	本科	一级教师	课堂实践

📖 研究概述*

　　现代社会要求公民具备良好的人文素养和科学素养，具备包括阅读理解与表达交流在内的多方面的基本能力。习作能力是学生必备的一项基本技能，是语文综合素养的全面反映和直观体现。《课标》明确规定：小学生要能不拘形式地写下自己的见闻、感受和想象。习作教学任务群中，"写一件事"在小学阶段尤为重要。为更好研究这类习作教学，课题组成员首先问诊课堂，发现很多学生存在"无米下锅""表达困难""老生常谈"等问题，很多教师的习作指导面临"无章可循""面面俱到""重习作轻评改""收效甚微"等问题。

　　针对这一现状，课题组一方面从学情入手，研究习作指导方法，解决学生学的问题；另一方面从教情入手，研究实操性强的教学模式，解决教师教的问题。具体实施中，首先认真研读部编教材，梳理小学阶段写事作文教学内容（表2-2）。

表2-2　部编版教材写事习作单元列表

序号	单元	写事习作课题	备注
1	三年级上册第八单元	那次玩得真高兴	学写一件简单的事，按顺序把玩的过程写清楚
2	三年级下册第二单元	看图画，写一写	把图画的内容写清楚，看到的、想到的写清楚
3	三年级下册第四单元	我做了一项小实验	观察事物的变化，把实验的过程写清楚
4	四年级上册第五单元	生活万花筒	写一件事，把一件事情写清楚
5	四年级上册第六单元	记一次游戏	把游戏过程写清楚，还可以写写自己当时的心情

　　* 此文章为邵阳市规划课题"小学语文习作'写一件事'教学与策略案例研究"（课题批准号：SYGH20120）和首届湖南省基础教育教学改革研究项目课题"小学语文'写事作文'问题与策略案例研究"（项目编号：Y20230489）的研究成果。

续表

序号	单元	写事习作课题	备注
6	四年级上册第八单元	我的心儿怦怦跳	写一件事，写清楚事情的经过，能写出自己的感受
7	四年级下册第六单元	我学会了_____	按一定的顺序把事情的过程写清楚
8	五年级下册第一单元	那一刻，我长大了	把一件事的重点部分写具体
9	六年级上册第二单元	多彩的活动	尝试用点面结合的方法写一次活动
10	六年级上册第三单元	_____让生活更美好	写生活体验，试着表达自己的看法
11	六年级上册第四单元	笔尖流出的故事	从不同方面或选取不同事例，表达中心意思
12	六年级上册第七单元	我的拿手好戏	写自己的拿手好戏，把重点部分写具体
13	六年级下册第一单元	家乡的风俗	习作时，注意抓住重点，写出特点
14	六年级下册第三单元	让真情自然流露	习作时，选择合适的内容写出真情实感

梳理的同时，思考如何利用这些课例开展好写事作文教学研究，课题组成员研读了许多理论书籍，用理论指导研课磨课，探寻教学策略，提高教学效果。

一、研究习作教学指导方法

刘勰在《文心雕龙·物色》中提出：“情以物迁，辞以情发。”这就是说“物”动而“情”生，“情”发以辞现。刘勰提出的“物—情—文”的转化过程，就是“物—意—文”的转化过程，而“情”与“意”就是写作者的心理体验，也就是创作之源。因此，教师教学存在的意义就在于搭建“支架”，辅助这样的转化过程顺利畅达，也只有化难为易才会迎来乐于动笔的可喜效果。我们设计观课评议表（表2-3），以情促思，激发学生的表达欲望，提高习作教学指导的实效性。

表2-3　小学语文"写事类习作"观课评议表

教学环节	教师（情）	学生（思）	策略实效	教学建议
激趣导入	情境引导	自主生情		
审题选材	确定题材	明确要求		
习作指导	写作提示	打开思路		
片段练写	范文引路	应用迁移		
习作评改	星级评定	评改交流		

　　教师在教学过程中首先借助信息化教学手段，通过语言、图片、影像、音乐等情境支架激趣导入，帮助学生进入相应的情境，唤起学生的情感体验。然后教师通过引导语、问题等向导支架帮助学生审题选材，明确要求，接着教师通过写作提示、教材情境图等构思支架打开学生的思路。接下来采用典型片段、精彩范文等例文支架启发学生归纳写作方法，梳理出写作小妙招以后再提供关键字词、重点句型、优美词语等语言支架降低学生的表达难度，最后出示星级评定标准等评价支架，帮助学生自主修改，优化完善习作成果，顺利实现从"情"到"文"的转化。

　　例如课题组朱丹老师在执教五年级下册第四单元《他____了》时，一开始就播放了动画片《大耳朵图图》中图图妈妈生气的场景，熟悉的人物形象和生活化的情境一下子就把学生带入到情境中，观看过程中甚至有小朋友不由自主地捂住耳朵，自己也仿佛被图图妈妈的"河东狮吼"震到了。紧接着朱老师定格图图妈妈生气的画面，引导学生思考：图图妈妈怎么了？你怎么知道她生气了？学生有视频做基础，有画面做指南，有生活经验做补充，思路完全打开了，迫不及待地各抒己见。朱老师根据学生的发言及时板书关键词语"牙齿咬紧、手握拳头、声音很大、眉毛倒竖、全身冒火"并深入启发学生探究图图妈妈生气的原因。然后朱老师顺着同学们的发言说："我把你们分享的内容写了下来，全文没有一个'气'字，却又让人处处感受到图图妈妈很生气。"这一处语言支架再次勾起了学生探寻写作技巧的兴趣。朱老师马上顺水推舟，提炼写法：描写人物抓动作，神态描写要细微，语言描写不可少，表情达意全靠它。然后再出示单元课文中类似的写法加以巩固，顺利帮助学生应用迁移，教学效果明显。所以，教师利用信息化教学手段创设情境，以情促思，充分运用多种支架降低表达难度，能帮助学生解决不想写、没的写、不会写的问题。

二、研究习作教学模式

王瑶在开展完整与不完整范文对小学生记叙文写作的促进作用实验与分析中，根据小学生记叙文写作的评价指标评定被测试的前、后两篇作文的成绩，计算出各分项的得分和总和。实验结果表明：与控制组相比，实验组的记叙文写作成绩均有不同程度的提高。实验结果证明：例文介入，有效促进了写作水平提升。我们构建"支架式"情思习作教学模式，按照"激趣导入—审题选材—习作指导—片段练写—习作评改"的流程精心设计教学环节，充分发挥重点词句、语段和范文支架的作用，让不同层次的学生都能顺着梯子向上爬，提高学生的习作自信心和习作水平。从我们的观课评议表中可以看出，我们的课堂模式主要运用范文引路这一策略通过片段练写来突破习作话题的重难点。教师根据中段写清楚、高段写具体、写出真情实感的大目标确定好一至两个课时目标，准确抛瞄，灵活运用情境支架、向导支架、构思支架、例文支架组织教学。例文支架是支架式习作教学模式中突破重难点的关键，它直接展示了类似的话题应该怎样写。因此，教师精心挑选单元课文的典型片段或者优秀作文作为范文，找不到特别合适的就写下水文做范文。从课堂效果和学生反馈来看，教师撰写的下水文属于量身定做型，往往集中体现了突破习作重点的诀窍，因而最容易帮助学生实现应用迁移。例如邓海丰老师在指导学生上五年级下册《我的拿手好戏》就自己写下水文给学生引路：

我捧起了一个碧绿的西瓜，上下左右翻看——它呈椭圆形，形体均匀，顶端的瓜蒂略微凹了进去，就像人的肚挤眼，再用手摸一摸，线条柔和，就像平滑的鹅卵石。我用左手托起它，右手轻轻拍打瓜肚，一阵清脆的"砰砰"声传入耳中。我胸有成竹地说："没错，就买这个，一定是熟的！""有这么多个头大的西瓜你怎么不挑？爷爷说，个头大的西瓜基本都是熟的！"女儿首先质疑，先生也一脸疑惑。火车不是推的，牛皮不是吹的，不让你们看到真相，岂不糟蹋了我"挑瓜圣手"的美誉？我拿起水果刀，手起刀落，西瓜被分成几块。啊，黑籽红瓤，一股清甜扑鼻而来。女儿迫不及待地拿起一块啃起来。"真是一个好瓜。好甜呀！"女儿啧啧称赞。"挑瓜圣手真是名不虚传！"先生也跟着赞叹起来！

邓老师首先确定了"抓人物动作、语言、心理、神态展示好戏的自豪感"这一目标，然后引导学生自己写拿手好戏的法宝：动作娴熟、语言自信、心理镇定。再加上挑西瓜这一拿手好戏很接地气，很多学生原本就有这方面的经验，所以兴趣浓，效果好。很多学生在自己的作文中写出了从侧面烘托的生活化语言，诸如"你能捉到鱼？即使捉到了怕也是条瞎眼睛鱼吧。"真正做到"我手写我心"。因此，支架式情思习作课堂模式能帮助老师解决教学目标不明、教学形式单一的问题。

三、研究写事习作教学的本质

王崧舟老师在观课评课中说道："好的习作课是知识逻辑和心理逻辑的统一。"他认为"生活犹如源泉，写作犹如溪水；源泉丰盛而不枯竭，溪水自然活泼流个不停"。我们认为教师如果能寻找来自生活当中的素材，让习作回归学生常态的生活，就更真实灵动了。因此，教师在进行习作指导时要引导学生联系生活取材，联系生活表达，只有这样，学生才能写出真情实感。吴佳蓉老师在执教六年级上册《有你，真好》时，设计了一个这样的环节：

同学们，生活中，总有一些人，一些事会让我们心存感念，会让我们心潮澎湃，你认为怎样的人会给你带来"有你，真好"的感觉呢？请你把他名字放入"×××有你，真好！"这句话中，大声并饱含深情地读出来。接下来请回忆往事，完成习作任务单（表2-4）。

表 2-4 习作任务单

我想对_____说："有你，真好！"
让我感受到_____"真好"的事情有：
1.
2.
3.
……

这一环节吴老师就指导学生联系生活实际选择自己感恩的人，在学生喊出"×××，有你，真好！"的同时，其实往事就一幕幕浮现在眼前了，接着完成学习单仍然是在引导学生回忆那些感人的事，挖掘习作的源泉。朱丹老师执教《他____了》时进行启发式提问："你怎么知道图图妈妈生气了？"同样是在引导学生联系实际生活

观察人物的表情，想象人物的语言和心理，还原人盛怒之下的真实状态。邓海丰执教《我的拿手好戏》以挑西瓜为例，写出自己挑瓜时的绝对自信还是在启发学生选择生活技能、才艺、运动等最擅长的来写属于自己的拿手好戏。其实，不关是在习作教学中我们要鼓励学生从生活中选材，写出生活气息，平时，我们也可以随时观察生活，抓住契机，运用小练笔来帮助学生积累素材，提高写作水平。邓海丰老师执教课文《观潮》时，突然窗外天色变暗，风雨大作，学生个个引颈张望，心思完全不能集中到学习上。见此情景，邓老师当机立断，组织学生到走廊上看雨，提示学生注意观察雨的样子，倾听雨的声音，欣赏雨中的景致，然后模仿课文的表达方法写一个看雨片段。学生个个兴致盎然，边看边交流，写完片段后又即兴进行分享点评。学生热切的反应和富有灵气的作品真正印证了习作即生活，生活是习作的源头活水。

课题组在湖南省李美华网络名师工作室的引领下，扎实有效地落实各项研究工作，取得较为理想的研究成果。我们构建了写事习作"支架式"情思课堂模式，形成了 5 个经典课例在区域内展示。其中，课例《有你，真好》在永州市永郡实验学校进行示范展示，《我的拿手好戏》在邵阳市双清区石齐学校进行示范展示，均获得一致好评。我们录制了 15 节写事精品课上传至工作室平台共享，撰写了 10 个写事课例收录入优秀课例集。同时，课题主持人邓海丰所著文章《在练笔中找到写作的源头活水》发表于《湖南教育》，朱丹老师的《写一件事》获全国优秀设计二等奖，阮玲娟、张乃月在"一师一优课、一课一名师"活动中获得部优奖，张梦君老师在湖南省在线集体备课大赛中荣获一等奖。吴佳蓉老师录制的精品课"有你，真好"荣获一等奖，并在湖南省"互联网+教育"大平台上展播。课题组相关论文、优秀设计、精品课、录像课获区、市、省级奖共计 35 项，辅导学生 28 人次在市级报刊发表文章，2 人次获省级奖。

（作者：李自卫 邓海丰）

 **优秀课例**

1 那次玩得真高兴

邵阳市大祥区滑石小学　唐盛

[教学目标]

（1）能通过"放电影"的方式回忆事情，用几句话简单地写一次玩的过程，表达出当时快乐的心情。

（2）能通过读的方式和同学交流习作，使用学过的修改符号修改习作。

（3）能正确使用标点符号写一段话。

[教学重难点]

能通过"放电影"的方式回忆事情，用几句话简单地写一次玩的过程，表达出当时快乐的心情。

[教学分析]

本次习作是部编教材三年级上册第八单元教学内容。本单元的习作话题是"那次玩得真高兴"，这是小学阶段第一次安排写一件事，要求把玩的过程写下来，并表达出当时快乐的心情。本次习作写亲身经历的一件事的过程，使学生能不拘形式地写下真实的经历和感受。第一部分以问题激趣，引出本次习作的话题；第二部分布置了本次习作的任务；第三部分提供了交流和评价的建议。

三年级学生的作文刚刚起步，由于缺乏生活经验和习作经验，会对习作有畏难情绪。习作课的教学重点应放在帮助学生打开习作思路上，选择自己印象最深的有趣的经历，把事情说清楚，在说的基础上，让学生大胆尝试习作，帮助学生树立对习作的信心。

[教学过程]

一、创设情境，导入习作

师：小朋友，一提起玩，我想你们此时的心情一定是非常高兴的。你看！图中小朋友也经历了一些玩得高兴的事呢！

课件出示课本插图，老师随机介绍相关内容。

师：今天，让我们带着高兴的心情来进入我们的习作课——《那次玩得真高兴》。

设计意图 中年级学生在习作练习时要与学生的生活紧密结合，学生写身边的事，写自己的话，利用教材提供的图片素材，帮助学生打开思路，为学生的表达创设情境，激发表达欲望。

二、确定对象，明确要求

师：刚刚听了这么多高兴的事，你在生活中一定也有玩得高兴的事，哪一次是玩得特别开心、印象特别深刻的呢？（指名回答）

课件出示习作要求。

师：回忆一下，你当时是怎么玩的？把你玩的过程像放电影一样在脑海中回想一遍，然后写下来。写的时候要注意正确使用标点符号。

引导学生进行"电影回放"，提示回忆要求：

（1）是什么时候的事？

（2）在哪儿玩？

（3）和谁一起玩？

（4）玩耍的过程是怎样的？

（5）哪个环节最开心？

师：同桌互说高兴的事，注意把玩的过程说清楚，听的同学有不明白的地方可以追问。

三、范例引路，指导学生写清玩的过程

1. 课件出示片段一

今年暑假，爸爸妈妈带我到将军关玩漂流。在景区里，我们先按照指示穿上救生衣，戴上安全帽，接着跨进橡皮艇，然后我们顺着水流来到了入口。"哇！真是人山人海啊！"我不禁吃惊地喊起来。我们的小艇顺流而下，最刺激的开始了，只听"嗖"的一声，我们的小艇像离弦的箭一样飞快地滑下去。

引导学生发现小作者在片段中用上了"先……接着……然后……"这些表示顺序的连接词，让事情叙述有顺序。

2. 课件出示片段二

比赛开始了，我弯下腰，拿起一团雪球，把它捏成球形，对准一个伙伴，"嗖"的一声，我的雪球砸中了一个"敌人"。"耶！"我兴奋地欢呼起来。接着，对方也开始对我们进行攻击了。满天的雪球像一个个垒球朝我们扔来，我们左躲右闪。忽然，有个人在背后攻击我了，说时迟，那时快，我刚好转过身来，那个雪球猛地向我脸上一砸，弄得我脸上全是雪，活像一个圣诞老人。

引导学生发现这段话中小作者运用了动作描写、语言描写和比喻的修辞手法，来让打雪仗的过程更清楚，让人感受到他打雪仗时的高兴心情。

3. 教师小结

想让你的文章更吸引人，可以运用平时积累的一些表示好心情的词语。课件出示锦囊妙计：眉开眼笑、心花怒放、哈哈大笑、手舞足蹈、欢呼雀跃、欣喜若狂。

设计意图 本次习作是学生第一次学习写事，写清楚一件事的经过对学生而言存在困难，所以把玩的过程写清楚是本次习作的重点和难点。教学中，我利用了放电影的回忆方法以及范例引路的习作方法，让习作的过程变得可视、可触，借助连接语，让学生的表达更有序，帮助学生形成习作的能力。

四、自主习作，在修改中提升情感

1. 快乐习作

快把你最高兴的那次玩耍写下来吧！要把玩的过程运用以上习作方法写清楚，

正确使用标点符号。

2. 交流习作，同桌互改

同桌互读已写习作，看看他/她把玩的过程说明白了吗？

如有不明白，可运用修改符号一起修改习作。如果你能感受到开心，请用笔勾画出来；没有感受到开心，请他/她加入一些开心的内容。

3. 再读自己的习作，可继续修改

此环节引导学生修改习作中写得不清楚的地方，同时也引导学生梳理内容，提升情感。

五、课堂总结，布置作业

如果将快乐分享给别人，我们就会收获更多的快乐。下节课把修改后的习作读给你的伙伴听吧！

[板书设计]

那次玩得真高兴

记叙有序连接语：先……接着……然后……

内容必须要具体：动作、语言、神态、心理活动

[教学后记]

1. 多媒体应用，激发学生学习兴趣

对于三年级习作教学来说，激发孩子们的习作兴趣尤为重要。课堂上，为激发学生的学习兴趣，我通过多媒体来创设情境带动学生参与到教学活动中，从而使习作课堂变得有趣起来。学生在特定的情境中能更好地将习作主题和生活联系起来。

2. 丰富选材，教会写法

素材是习作的前提，学生习作的材料大部分来源于生活，本次习作话题也和生活联系紧密。教学中，我让学生采用"放电影"的方式回顾经历的高兴事，重点让学生把一件高兴的事的经历写清楚，运用一些写法将高兴的心情表达出来，从而完

成习作目标。

3. 不足

因本次习作为第一次写事的作文，部分学生在写事情的经过上表述不是特别清楚，尤其是如何突出高兴的心情这一点，得在今后教学工作中加强引导。

2 我的心儿怦怦跳

邵阳市大祥区滑石小学 刘赟

[教学目标]

（1）能选一件令自己的心儿怦怦跳的事，讲清楚事情的经过，讲出当时的感受。

（2）能聚焦心儿怦怦跳的时刻，从多个角度，借助教材提供的词语和自己积累的词语，把感受写清楚。

[教学重点]

本次习作是以生活中让自己的心儿怦怦跳的一件事为内容写一篇作文。要求写清楚事情的经过和当时的感受。教学重点是从丰富多彩的记忆中选择一件亲身经历的事情来写，写清楚内心感受。

[教学难点]

从多个角度，借助教材提供的词语和自己积累的词语，把感受写清楚。

[教学分析]

本次习作是部编版教材四年级上册第八单元的教学内容，本次习作的话题是"我的心儿怦怦跳"，要求学生以生活中让自己心儿怦怦跳的一件事为内容写一篇作文，写清楚事情的经过和当时的感受。第一部分通过回忆和交流，唤醒学生的记忆，激发学生的表达欲望。第二部分对比习作五和习作八，巩固写清楚事情经过的方法。第三部分通过参考课文，让学生学会如何表现心情。

四年级的学生有一定的写作基础，并且在习作五中已经学过如何写清楚事情经过。但这一次习作，在写清事情经过的基础上，还要有真实感受，这有一定难度。我在引导学生回忆、选材、表达的基础上，参考学过的课文《牛和鹅》《西门豹》，学会通过动作、语言、神态描写表现心情，并出示一些表现心情的词语，这样学生就能轻松地写好这次作文。

[**教学过程**]

一、情景导入，启发思维

播放视频："心跳"的事件组合。

师：同学们，看了这些场景，你有什么感受？

师：是的，或是因为紧张，或是因为害怕，或是因为激动，这些场景、这些事儿让我们的心儿怦怦跳。有没有同学想起有哪一件事情也曾让你的心怦怦跳？请和同桌交流。

二、范文引路，多角度体验感受

解读教材事例：指生读事例。出示课本中"参加百米比赛""登上领奖台""参加班干部竞选"等事例。

师：通过学习，我们明白了所写的这件事可以是多人或个人，可以是同事不同感。

老师讲述以前自己参加比赛的事情：老师参加工作那年，学校举行演讲比赛，老师代表年级组演讲。走上发言席那会儿，心里怦怦跳，双腿不停颤抖。随后我深呼一口气，放松心情，心里只想着发言稿，心态逐渐平和。

随机采访学生："我"想到了哪些？"我"的心里是怎样怦怦跳的？此时，"我"的身体有什么变化？

启发：你经历过紧张的事情吗？（相机让学生从喜怒哀乐等方面说自己经历过的事情）

追问：让我们心儿怦怦跳的事情很多，你最想分享哪件事？同桌之间小声交流10秒钟，在习作单上写下要分享的那件事情的题目。

[设计意图]　为优化教学目标，首先让学生感受从多个角度把心儿怦怦跳的过程写出来。课堂提问重实效，先示范哪些事情让你的心儿怦怦跳，当时心情变化怎样，再追问，让学生思维顺着这些问题展开来。

三、比较单元习作，聚焦"最心跳"

记事的文章我们在习作五时就写过，比较辨析习作五和习作八的写作要求比较（见前文"部编版教材写事习作单元列表"）。

你认为习作八的重点应在哪里下功夫？

小结：本次习作是在习作五基础上的进一步发展，既巩固"写清楚事情的经过"的方法，又将"写清楚当时的感受"作为新的训练点，不断提升把事情写清楚的能力。

师：哪位同学愿意来讲一件让自己的心儿怦怦跳的某一件事？

根据学生讲述某事情，老师引导同学边听边从"事情发展"和"心情变化"方面画图，由老师板书曲线图。

聚焦"怦怦跳"。采访讲述的同学：这件事中什么地方让你的心儿怦怦跳？为什么？相机从上面两个方面提炼心儿最怦怦跳的关键词语。（板书在波峰所在位置）

请学生参照板书自主填写情感图表，老师巡视，个别指导。

设计意图 关注学生发展，创新教学形式。我通过画心情变化曲线图，让学生更直观、更准确地把握好心情变化过程。

四、自主习作，评改结合

（1）刚才我们理出了框架图，给我们的习作提供了一个支架。现在我们要把"怦怦跳"的地方写成一段具体、生动的话，把事情讲清楚，把心情写清楚。

应该怎么写呢？看看学过的课文给我们什么启示？

课件出示《牛和鹅》中通过动作、神态、语言等表现心情的句段。

课件出示《西门豹》中有关通过神态表现心情的句段。

学生自主写作，老师巡视指导。

（2）小组之间互相读习作，找出问题，互相修改。

修改方法：读习作—找问题—改清楚。（板书）

（3）师生共同修改，挑选出不同层次的学生习作数篇进行投影评改。

（4）小结：从"外表有变化、内心会起伏、他人在影响"这三个角度思考，每个角度写两三句话，组合起来，就可以把"怦怦跳"的感受写得真实、具体。

五、布置作业

这节课我们完成了"怦怦跳"部分的写作和修改，下节课请同学们再次对照思维图表，在主体段落的基础上，写其他感觉心跳的地方，增添事情的起因和结尾，完成整篇作文。

[板书设计]

> **我的心儿怦怦跳**
>
> 外表有变化
>
> 内心会起伏
>
> 他人在影响

[教学后记]

本单元的语文要素是"写一件事，并写出自己的感受"，学生需要回忆生活经历，选取一件感受强烈的事，捕捉心跳最厉害的时刻，写清楚事情的经过和当时的感受，用上积累的写心情的词语，使文章语言变得更生动，内容变得更丰富。在授课时，学生回忆自己的生活经历，很难捕捉到心跳最厉害的时刻，为此我引导学生绘制"心跳曲线图"，梳理事情的起因、经过、结果。在写法上，我引导学生选材，并参考课文中的写法，写完后对比同学的写法等多种形式来教学。

不足之处：

作文评改中发现很多孩子的作文侧重讲述事情经过，细节描写不够，重点不突出，也没有体现出心情的变化，内心感受单一。在之后的教学中，我应该引导学生关注当时的语音、动作、神态、心理等细节描写，并关注周围人的反应。

3　我学会了____

邵阳市大祥区滑石小学　陈诗雨

[**教学目标**]

（1）能按学习的顺序把自己学做事情的过程写清楚。

（2）能写出学习过程中遇到困难或者有趣的经历，把心情变化写下来。

[**教学重点**]

写出学习过程中遇到困难或者有趣的经历。

[**教学难点**]

能按学习的顺序把自己学做事情的过程写清楚。

[**教学分析**]

本次习作话题《我学会了____》是部编版教材四年级下册第六单元的半命题习作。这一单元语文要素中指向习作的是"学习把握长文章的主要内容，按一定顺序把事情的过程写清楚"，贴近学生生活，能够促进学生认识自我、感受成长。教材围绕"成长"这一主题，编排了精读课文《文言文二则》《小英雄雨来（节选）》，略读课文《我们家的男子汉》《芦花鞋》，展示了不同时代少年儿童成长的故事。四年级的学生已经有了一定的习作基础，但作文基本功还不够扎实。因此，本课教学将围绕单元习作要素"学习把握长文章的主要内容，按一定顺序把事情的过程写清楚"展开设计，紧紧依托教材，在自由表达的过程中，指导学生提高表达能力和评价能力。

[**教学过程**]

一、情境引路，激活记忆

师：我们正在慢慢长大，成长的经历丰富多彩。孩子们，什么是长大呀？

生：自己能独立做某件事。

师：能独立做事，多了不起啊！我们长大的过程就是学习本领的过程。在你成长的过程中，学会了什么本领？

学生自由说，再出示成长图片：弹钢琴、拍照片、阅读书籍、植树、钓鱼。

集体交流：首先说说关于才艺方面的本领，再交流自己在爱好和生活方面还学会了哪些本领。

设计意图　开头以回忆引发思考，以图片再现生活，从不同角度提供示例。这些示例源于生活，涉及的范围较广，有学习方面，有生活方面，有爱好方面，有技能方面，能够唤醒学生对生活的体验，提示学生选择习作素材，知道写什么。

二、明确主题，选定实例

师：你学会的事情中，哪一件让你最有成就感，感到最愉快？为什么呢？

学生选材，把题目补充完整。

预设：我学会了洗碗。

师：同学们都找到了写作内容，那么该怎么写呢？

出示书上的问题：

（1）你是怎样一步步学会做这件事的？

（2）学习过程中遇到了哪些困难？是怎么克服的？

（3）有哪些有趣的经历？心情有哪些变化？

从这些问题中，你能找到解决问题的方法吗？

生："你是怎样一步步学会做这件事的"这个问题，告诉我们要一步一步按照顺序写清楚。

师：对，学习是一个过程，那怎样把学习做这件事的过程写清楚呢？最近陈老师也学会了一样本领，请你看看图片猜一猜。

生：是钓鱼！

师：对了！你知道陈老师是怎么钓鱼的吗？

生：第一步准备渔具和鱼饵，第二步投放饵料，第三步调整浮漂，第四步等待鱼咬钩，第五步收线提竿。

师：原来钓鱼有这些步骤。你能不能像陈老师这样，写出你是如何做好事情的。先用简练的语言写出自己做这件事的过程，试一试。

师：语言要简练。你写完了，请你读一下。

预设：我学会了洗碗，第一步是用湿纸巾擦拭干净，第二步把碗泡在热水中，第三步往水中加碱洗干净，第四步再用热水冲洗，第五步晾干入柜。

师：不错，每一步都说到位了。同学们，我们在学习本领的过程遇到过困难吗？

师：会遇到什么困难呢？你又是怎么克服困难的？同桌同学互相说说。（板书：克服困难）

学生代表分享克服困难的过程。

师：在你们的分享中，老师能体会到在这个过程中你们的心情变化。（板书：心情变化）

师：遇到困难并不可怕，只要我们敢于面对困难，不仅能体会到其中的快乐，而且还会增添一段有趣的成长经历。（板书：有趣经历）

三、范文引路，聚焦困难

师：你们知道陈老师学习钓鱼遇到的最大困难是什么吗？

学生自由猜测，师生互相探讨钓鱼的乐趣。

师：呵呵，可能长时间待着不动对孩子们来说很难熬，但是我比较有耐心，所以这一步对我来说没有挑战性。投放鱼饵，虽然根据不同鱼类选择不同的饵料有点复杂，但其实完成这个也不难。于我而言，最难的是收线提竿。看见鱼钩下垂，把鱼拉上来可真是件难事。我尝试了多次，才侥幸成功。这步对我来说，是最具有挑战性的！那么，陈老师是怎么学习收线提竿的呢，我把这个经历写了一个片段。（出示老师的习作片段）

忽然，浮漂"嗖"一下沉入水底，动了，鱼线也被拉得直直的。"咬钩了，咬钩了！"我兴奋地站起来，一把提起鱼竿。咦，鱼呢？"你呀，太急！要等鱼咬稳了再提。"旁边的外公笑着对我说。唉，到手的鱼跑了！只得再来一次。"钓鱼最忌心急，少安毋躁！"外公看出了我的心思，让我平复心情，紧盯着浮漂。动了！动了！这一次，我听外公的话，让鱼咬一会儿钩，看准时机再提竿。鱼儿企图挣脱鱼钩，一直跳个不停。我又喜又慌，握着鱼竿的手都抖了。"不着急，让它再挣扎一会儿。"外公在一旁提醒。我按照外公说的抓稳鱼竿，跟着鱼儿的节奏陪它挣扎。渐渐地，鱼儿折腾的劲儿越来越小了，估计它已经筋疲力尽了。"快速收线提竿！"接到命令，我迅速收线、提竿。哇，真是一条大鱼！

师：陈老师挑战钓鱼挑战了几次？

生：两次。第一次鱼线被拉得直直的，失败了。第二次学会让鱼咬一会钩，看准时机再提鱼竿。

生：还写出了心情的变化：一开始鱼咬钩了，非常兴奋；鱼跑了，垂头丧气；成功了，非常高兴。

师：谢谢同学们说清楚了我的钓鱼过程和我的心情变化。学习本领的过程是非常曲折的，但在外公指导下，我的心情平静了，动作改进了，最后成功了。学习的结果是令人欣慰的。

设计意图　呈现了本次习作的具体内容和要求。先引导学生回忆自己学会做的事情，从中选择一件最有成就感的事情作为本次习作的内容，再以问题的方式对"怎么写"提出具体的指导和建议，如，按顺序把学习的过程写清楚，把遇到的困难或有趣的经历作为重点写，还可以写写心情和感受。学生在此之前学过怎么把一件事情写清楚、把活动的过程写清楚、写出自己的感受，本次习作要求学生对前面学过的习作方法进行综合运用，既要按一定的顺序写，又要把事情的过程写清楚，还要写出学做这件事情的体会。

四、尝试写作，评价分享

师：请同学们在之前写步骤的基础上，选择最有挑战性的那一步写清楚。

师：请一位同学来读读习作要求。

（1）按顺序把学习过程写清楚。

（2）把最有趣的或印象最深刻的内容写具体。

（3）书写工整。

（4）写完后读一读，修改不通顺的地方。

学生自主完成"最有趣的或印象最深刻"的习作片段。

师：好文章，是改出来的。请用学过的修改符号，给自己的文章升升级。你可以用波浪线画出自己最满意的句子或段落；圈出错的标点并改正；不会写的字查字典，写准确。

师：下面我们进行伙伴互评，同桌同学互换作文纸，分享最有趣的过程。你能根据习作要求，给同伴的习作星级评定吗？并说出理由。

评价内容	星级评定	评价理由
步骤清楚		
遇到困难		
克服困难		
心情变化		

预设1：给五颗星，写出了洗碗看起来容易做起来难的真实体验。只是在解决困难时，没有写清楚第一步为什么要用湿巾纸把碗擦拭干净。

预设2：给六颗星，写出了自己学做饭的心情变化，从"失望"到"伤心"，然后"鼓起勇气"，最后学会了，感到"非常开心"。把怎么向妈妈请教，怎么学会各功能键的作用等做饭的步骤写得很清楚。

师：同学们，从学到会，就是成长。下节课根据选定的题目，加上文章开头和结尾，形成一篇完整的习作。也希望同学们在今后的生活中能勤用笔记录下自己成长的每一步。

设计意图 《课标》提出，要"重视引导学生在自我修改和相互修改的过程中提高写作能力"。部编教材在各年级的习作教学板块非常重视对修改做出具体的要求。本次习作在教材第三部分提出了修改习作的要求：一是自我修改，通过朗读自己的习作，修改不通顺的地方；二是相互评改，主要围绕是否按一定顺序写、是否把过程写清楚进行评价。对学生而言，互评是需要指导和方法的。教师在指导过程中很有层次性：第一步，早在前面教师朗读自己的下水文后，就引导学生根据习作要求进行评价，为后面学生的互评做好铺垫；第二步，根据习作要求制定星级评价标准，对学生如何评价提出了要求；第三步，给予学生充分的互评时间进行阅读和思考，给同伴星级评价增加了评价的趣味性。

[板书设计]

我学会了钓鱼

准备渔具和鱼饵

投放饵料

调整浮漂

等待鱼咬钩

收线提竿

克服困难　　心情变化　　有趣经历

[教学后记]

　　《我学会了____》是四年级下册第六单元的一篇半命题习作。"我学会了"是限定的内容，学会做什么事情是不限定的，学生可根据自己的实际情况填写。话题贴近学生的生活，契合本单元"成长"的主题，学会做事是一个人成长的重要表现。教学中，我首先以教材中的示例为引子，启迪学生联系自己的生活感受，激发表达兴趣；然后指导学生围绕自己学会的事情分享克服困难的体验，一步步写清楚由学到会的过程，以及在此过程中自己心情的变化，并根据教材提出的习作建议丰富习作内容；完稿后，组织学生自我修改、相互修改，完善习作内容。

4　我想对您说

湖南师大附中星城实验第一小学　张梦君

邵阳市大祥区滑石小学　吕泽娟

[教学目标]

　　（1）给父母、朋友或为社会做出贡献的人写一封信，能用恰当的语言表达自己的看法和感受。

　　（2）能够借助具体难忘的事例表达自己的真实情感。

　　（3）学习抓住重点场景描写的方法，注重细节中表达真情。

[教学重点]

能用恰当的语言表达自己看法和感受。

[教学难点]

在习作中抓住难忘的场景进行描写，细节中表达真挚情感。

[教学分析]

本次习作训练是部编版小学语文五年级上册第六单元的教学内容。本单元的语文要素之一是体会作者描写的场景、细节中蕴含的感情，习作要求是学会用恰当的语言表达自己的看法和感受。

本次习作话题是"我想对您说"，习作对象包括爸妈、同学等。教材中第一部分以倾诉心声为切入点，让学生选择倾诉对象，写下自己的心里话。第二部分从倾诉对象和倾诉内容两个方面对学生做出提示：一是可以从不同的角度向身边亲近的人倾诉心声；二是对为社会做出贡献的人表达感谢和敬佩之情。第三部分明确了本次习作的要求：以书信的方式来写，并根据习作对象进行习作表达。小气泡的内容则为学生的习作打开思路，即通过列举事例来将信的内容写具体。

在三年级上册第七单元习作《我有一个想法》和五年级上册第六单元《慈母情深》《父爱之舟》中，学生已经学习了从课文中体会作者描写的场景、细节中蕴含的感情。五年级的大部分学生基本上具备将一件事情写清楚的能力，但是要用恰当的语言表达自己的真情实感，对他们来说有一定难度，所以教师要通过创设情境，打开学生的思路。

[教学过程]

一、创设情境，引出主题

视频导入，学生观看视频《我想对您说》。视频内容为父母细心照顾孩子的点滴，和好朋友玩耍时的欢乐以及医护人员不分昼夜抗击疫情的场景……

引导：生活中当我们心情有波折时会想找人倾诉，比如考试失利时寻求爸妈的安慰，父母不支持自己学跳舞时向好朋友诉苦，烈日下看见环卫工人打扫街道时自己内心的感慨……今天就让我们遵从内心，把我们心里想说的话都说出来。（板书：

我想对您说）

设计意图　通过观看《我想对您说》的视频，唤醒学生的生活体验，引出习作主题。回忆往事，激发学生内心情感，从而让他们想表达、真表达。

二、根据提示，明确要求

师：本次习作有哪些具体要求呢？（指名读习作要求）

课件出示教材习作提示。

指名学生汇报。

重点解读为社会做出贡献的人：

几十年如一日的华坪女高校长张桂梅，坚韧勇敢、抗疫逆行的医护人员，匡扶正义、为民服务的人民警察，有教无类、诲人不倦的教师，等等，他们都是为社会做出贡献的人。

师：你心中有没有要倾诉的对象和主题呢？根据下表选做出选择或补充。

我想对您说					
倾诉对象		主要事件		目的	
话题选择	回忆难忘经历，表达爱与感激				
	关心他们的状态，真诚提出建议				
	发表不同的看法，争取理解支持				

师：基于你的交流目的与内容，你认为该从哪些方面构思呢？

交流总结：

描述事实（具体）—提出建议（真诚）—表达感受（恰当）。

设计意图　借助教材上的资料，帮助学生明确习作对象。若学生倾诉对象是身边的亲人，引导学生回忆生活中看起来很平常却触动到自己的一些生活片段；若选择的倾诉对象是对社会做出贡献的人，则可引导查阅人物事迹的相关资料，丰富情感体验。最后，借助表格，帮助学生打开思路，选好话题。

三、利用支架，形成提纲

1. 选定素材，确定中心话题

（1）回忆和父母或好朋友之间难忘的事。（从不同事或不同方面，具体、重点写一个）

我最想表达的是什么	事件

（2）提出自己的看法或建议。

我最想跟父母或好朋友提的看法/建议	理由

（3）对为社会做出贡献的人表达敬佩和感激。

我最想对谁表达敬意	场景

2. 选择场景，恰当表达感情

指名学生说说印象最深刻的场景和从中体会到的情感。

预设：

上个月的一天，我做完作业，看见地板上有一层灰，就拿起拖把学着您的样子拖地。拖把好重啊！拖完地，我累得气喘吁吁，但是看着干净的地板，想到您回家能多休息一会儿，我又觉得浑身都是劲了。没想到，您回家后却说："你才多大啊！

以后，拖地这样的活儿还是留给妈妈做吧！"我听了，本来仰得高高的头顿时垂了下来。唉，妈妈，您能不说我小吗？

关键场景：唉，妈妈，您能不说我小吗？

情感：我的失落。

设计意图 借助学习单，帮助学生梳理习作素材。选定素材后再指导习作方法，引发学生更多的思考，为学生开始习作提供内容支架。

四、范文引路，学习方法

1. 出示范文

师：同学们，今天的习作话题也触动了老师的心，老师写下了一段想对奶奶说的话。（出示范文）

朦胧中透过老宅的木格子窗，我看到您就坐在里屋的餐桌旁，手里捏着花卷。普普通通的一块面团，经您的巧手这么一捏，就出现了各式各样的小动物，什么小猪啦，小鸭子啦，小鸡啦……您知道吗？小时候，每到过年时，我最开心的就是和爸爸妈妈去您家的那几天。贴对联、挂灯笼、做年夜饭……厨房里烧火做饭，雾气腾腾的样子，让我感觉到仿佛置身仙境一般的快乐。当然最开心的，还是您拉着我的手说："来，看奶奶给你准备了点儿啥？"打开柜子的一刹那，我总会被眼前的鲜艳好看的新衣服所吸引住，衣服底下还放着您给的压岁钱红包呢，那是您精心为我准备的新年礼物呀！

写法小结：借助特定场景，表达对奶奶的怀念之情。

2. 细节描写，打动人心

出示课文《慈母情深》片段，指导学生体会作者的表达并总结习作方法——细节描写，以情动人。

习作中如果能生动细致的描绘生活中细微而又具体的典型情节，就一定能打动读者。

3. 片段练习

写对父母或好朋友、为社会做出贡献的人之间印象最深刻的那一幕场景，表达你们之间的深厚感情。也可以沟通想法，提出建议，诉说烦恼，表达感激之情等，请以"记得那天（次）……"开头。

五、习作点评，自主修改

评价内容		自评或互评
1. 借助生活中的事例来表达感情		
2. 借助场景描写和细节描写来表达感情	细化动作，延长过程	
	定格镜头，画其神韵	
3. 用恰当的语言表达自己的看法和感受	有理有据，真情表达	

（1）学生根据评价标准，自主完善习作片段。

（2）师：同学们，经过刚才的片段练写，这封信的主干已经完成了。下节课我们加上对写信人的问候和祝福，并以书信的形式呈现，收信人就能听到你的倾诉啦。

【设计意图】 有例文、有导向，学生对习作构思有了清晰的认识。同时引导学生选择生活中真实的故事，酝酿真实的情感。只有这样才能打动读者。片段练习，达到学以致用，在运用中又巩固了习作方法。星级评价，让学生点评时言之有物，进而完善习作。

[板书设计]

我想对您说

描述事实（具体）

提出建议（真诚）

表达感受（恰当）

[教学后记]

（1）在这节习作教学中，通过创设情境，调动学生的情感体验，拉近了学生与习作的距离。接着组织学生交流，梳理习作素材，搭建习作支架，学会在具体事例融入自己的情感。同时，提供例文，引导学生选择生活中真实的故事，抓住重点场景进行细节刻画，酝酿真实的情感，这样更能打动人心。

（2）在教学中，我鼓励学生分享自己的习作片段，学生在点评别人作品时能借助评价标准，言之有物。此外，在自评时也能对自己的作品做出修改，不断完善。

（3）不足之处：习作过程中，学生虽然能选择具体的事例来表达情感，但部分学生对细节的刻画不够生动。其次，学生在习作点评时，我虽然给予了学生适度的鼓励，但应该体现出梯度，让学生能精准、务实地点评。

5　他＿＿＿了

邵阳市大祥区滑石小学　朱丹

[教学目标]

（1）重点审明题意，将题目补充完整，把事情的前因后果写具体。

（2）难点重点刻画人物的语言、动作、神态等，体现人物的内心活动。

[教学分析]

《他＿＿＿了》是部编教材五年级下册第四单元的习作训练内容。这个单元的目标是尝试运用动作、语言、神态描写，来表现人物内心。本单元课文《军神》《青山处处埋忠骨》给学生们提供了很好的学习范本，学生们不难发现原来内心情绪的变化可以通过外在表现表露出来，所以才会有"察言观色"这个成语。结合本学段的作文总要求，写事不再仅仅是把事情写清楚，写具体，更重要的是通过文字表达情感。写作中人物情绪的表现往往最能体现学生的写作水平，我们经常可以看到学生非常直白的表达方式，如"我真是太高兴了！"。很明显，读者是无法感同身受。所以这节课我将引导学生们创设情境，从细微处入手，来学习对人物情绪的表达。

[教学过程]

一、导入

猜测老师内心情绪，并说出理由。

师：孩子们，你们猜猜老师现在的心情是怎样的？

二、出示课题

人们的内心世界往往通过他/她的外在表现表露出来，今天我们的习作就是：《他____了》。

三、观看视频

（1）接下来观看一段动画视频，这个动画片大家都很熟悉，就是《大耳朵图图》。仔细看，想一想图图的妈妈怎么了？（播放视频）

（2）大家异口同声地回答：妈妈生气了。

师：你们是怎么知道的？

预设：因为人在生气时，他的外在表现是和平时是不一样的

（3）我们来把图图妈妈当时生气的图画定格，说说你看到了什么？

设计意图 兴趣永远是最好的老师。播放动画视频，投其所好，激发学生兴趣，这是习作课上我们首先要关注的内容。

四、引导学生关注人物的动作、神态、语言

师：牙齿咬得紧紧的。如果你此时离图图妈妈很近，你还会听到什么声音？谁来模仿一下粗重的喘气声。

师：手握紧拳头。你知道为什么人在生气时会握紧拳头吗？如果此时妈妈没有压抑住怒火，她会怎么样？

师：全身都在冒火，这是什么火？这可比熊熊大火还要厉害，所以我们有个词语叫作火冒三丈。

师：妈妈的声音很大，你怎么知道她声音很大？嘴巴张得大，这嘴张得够大的，大到可以怎么样？不但嘴张得大，声音也大，大到了什么程度？

师：眉毛倒竖，眼睛闭得紧紧的。（指名表演）你见过这样的表情吗？什么时候？

师：你们知道图图妈妈为什么生气呢？任何情绪的产生或者内心的变化都是有原因的。

设计意图　动画片中人物夸张的表现，有效地帮助学生感受到该动画片中所展现的生气的情绪，正是我们在生活中所常见的现象，所以学生们很快就根据生活经验，以及画面的展示，从人物的动作，语言、神态来体会人物的内心变化。

五、范文引路，学习方法

（1）师：老师把同学们刚刚说的组织一下，就变成了这么一段话。全文没有一个"气"字，却能让人感到那满肚子的怒气。

出示老师的下水文：

妈妈无法再忍受图图爸爸和图图你一言、我一语的聊天，他们完全忽视自己精心制作的一桌子美食。她眉毛倒竖，眼睛闭得紧紧的，牙齿被咬得咯咯作响，呼吸也越来越粗重。全身因为压抑的怒火而不停地颤抖，一双拳头握得紧紧的，恨不得冲上去给这父子俩一人一个"大榔头"。怒气仿佛熊熊大火越烧越旺，"你们到底有没有听到我说什么？"这一声好像平地里起了个炸雷，连房子都被震得摇了三摇。

（2）师：大家回忆一下，刚才我们是怎样把人物的内心情绪通过文字表现出来的呢？

（3）师：那么刚才我们所运用的方法就是从多个角度写人物当时的表现，来反映人物内心。

（4）出示本单元的课文节选。本单元的课文中更是多次运用这一法宝来反映人物内心。（出示课件）

描写人物抓动作，内容生动又具体；

神态描写要细微，文章更能打动人；

语言描写不可少，表情达意就靠它。

设计意图　习作课中范文起到了点拨、引导的作用。本环节中，出现了两类范文，一类是老师根据孩子们的回答写的下水文，一类是来自课文中的节选。两种不同的范文起到不一样的效果，老师的下水文激发了学生的表达欲望，课文中的节选给孩子们提供了写作支架，帮助他们找准习作方向。

六、联系生活，学生练习

现在如果要你在横线上填词语，你会写什么，为什么？

七、小练笔，片段描写

1. 完成片段描写

我们也要将这一法宝运用到我们的作文中去，接下来，我们完成《他____了》小片段描写。

2. 出示习作要求

（1）题目补充完整。

（2）字迹工整，不写错别字，不会写的字查字典。

（3）发现要改的地方不用修正液，使用修改符号。

设计意图 一节课的时间要想让学生们完成一篇完整的习作，这是不太可能的事情。选择写重点，写片段，不但降低了写作的难度，而且突破了本节课的重难点。

八、学生习作，老师下堂检查

九、提供星级评价表，学生互评作文

设计意图 让学生互评，作用很多：一是可以让学生了解优秀作文的标准；二是互相学习和借鉴，有助于后进生完成习作；三是同龄人互评，孩子们更容易接受意见，修改作文。

[板书设计]

他____了
　　　　　1. 动作
情绪　　2. 神态
　　　　　3. 语言

[教学后记]

这节课学生们兴趣盎然，非常积极地投入到了整个学习活动中。课堂一开始，我播放了孩子们熟悉的动画片《大耳朵图图》中的一个片段。有趣的动画情节一下子就吸引了学生的注意力，随后，我提出了一个引领整个学习活动的问题：图图妈妈怎么了？你是从哪里发现的？动画人物夸张的表情、动作、语言，让学生们轻松解答问题，一答一个准，当我问道："你是如何得知的？"学生们就开始联系生活，平时观察到人们生气是什么样子的。有了前面的铺垫，再去生活中找素材，自然不是难事，也就解决了学生写作时"无米下炊"的问题。就在学生们表达欲望非常强烈的时候，我又适时地给了他们写作的支架。课文永远是最好的范文，出示课文中的精彩语句，总结出表达内心情绪的方法。接下来的写作直奔重难点，完成片段练习，并马上讲评。这样的当堂讲评，降低了习作难点，也能有效地突破本节课的重难点。

这节课学生们玩得开心，写得认真，但是缺少了对整篇习作谋篇构局的指导。一节课的时间虽然完不成整篇习作，但是可以指导学生完成作文提纲，下节课将片段变成完整的习作就非常轻松了。

6　那一刻，我长大了

邵阳市大祥区滑石小学　彭凤姣

[教学目标]

（1）能从自己的成长经历中选择一件印象最深的事，把事情的经过写清楚。

（2）抓住人物的语言、动作、神态等描写，放大细节，把感到长大的那一刻的情形写具体。

（3）通过内心独白，把自己的感受写真实。

[教学重难点]

在习作中把受到触动的那个瞬间写具体。

[教学分析]

本次习作教材由两部分组成：文字和插图。文字部分引导学生围绕"那一刻，我长大了"进行思考和选择材料，对学生习作和修改提出了具体要求；插图部分配合文字内容，引导学生回忆自己的成长经历，寻找成长中让自己受到感触的那个时刻，要求学生把自己受到触动、感到长大的那个时刻写具体，记录当时的真实感受。因此，本次设计的重点是引导学生联系文本和生活实际，抒真情，讲真话，自由表达，写出独特的感受和体验。

[教学过程]

一、认真审题，感受"那一刻"

1. 视频导入

观看央视公益广告《给妈妈洗脚》：小男孩端来一盆水给妈妈洗脚的那一刻，妈妈因为小男孩的长大、懂事而露出了幸福的笑容。

2. 揭示话题

翻开手机、相册、日记本，会发现我们一路长大。今天就让我们用手中的笔来记录长大的那一刻。（板书：那一刻，我长大了）

3. 明确主题

（1）"那一刻"：那一刻虽然很短，但不是一个零散的片段，它是在某一件具体的事件之中。

（2）解锁"长大"。（讨论之后小结）

师：岁月不居，时间如流。我们随着时光慢慢长大，回过头来细细品味，会发现，长大不仅仅是身体上的变化，更应该是心灵上的成长。我们理解的长大，应该是更有担当，更有责任，更有勇气，更有自信……

设计意图 兴趣永远是最好的老师。从一则贴近生活的公益广告入手，激发学生学习的兴趣。孩子是天生的哲学家。抓住"长大"这个字眼来讨论，让学生在交流中去锁定长大的内涵。

二、认真选材，寻找"那一刻"

1. 教材素材

（1）在我们成长的历程中，一定有某一件事情会触动自己，会让自己在某一个瞬间觉得自己似乎一下子就长大了。那这件事会是什么呢？

（2）先来看教材给我们寻找的"那一刻"。

（3）文字素材：

今年我过生日，妈妈给我切蛋糕的时候，我发现她的眼角出现了浅浅的皱纹……（感受：妈妈眼角那浅浅的皱纹触动了"我"，"我"体会到了妈妈平时辛勤的付出。妈妈的皱纹里写满了"我"成长的点滴。）

今天爷爷走了很远的路，给我买了一双我心爱的球鞋，接过爷爷递过来的球鞋，我感觉手上沉甸甸的。（感受：沉甸甸的球鞋触动了"我"，使"我"懂得了感恩。爷爷的爱伴"我"成长。）

三年级的时候，第一次在全校开学典礼上发言的我很紧张，看到同学们鼓励的目光，我又有了信心……（感受：同学们鼓励的目光触动"我"，让"我"战胜了自我。成长的路上需要鼓励。）

（4）图片素材：教材除了用文字给我们举了这样一个例子，还有一些难忘的"那一刻"，也能够让我们感受到长大。（出示图片）

（5）从上面的素材中找共同点：他们都是日常生活中的小事，却都深深地触动了心里的那根弦，促使人成长。

2. 学生自己说素材

（1）回忆自己成长的经历，交流感受长大的"那一刻"。

一次又一次的努力，成绩却不见好转。绝望之时，看见扑火的飞蛾，即使掉在地上失去翅膀，仍不肯放弃，努力攀爬。于是我又把目光聚焦到了桌子上的书本上。（感受：断翅的飞蛾不放弃的精神给予"我"前进的力量和勇气。）

爷爷性格固执，他决定了的事情，八头牛也拉不回。前年的疫情那么严重，他仍不重视，执意不戴口罩外出锻炼。为了全家人的健康，我据理力争，劝服爷爷安心宅在家里锻炼。看到在一旁捂着嘴偷笑、对我竖起大拇指的妈妈，我不由自主地把腰杆挺得更直了，说话的底气也更足了。（感受：爷爷的妥协、妈妈的赞许，让"我"明白了在大是大非面前坚持原则的正确性和重要性。）

设计意图　审题指导这个环节能让学生很快理解题目，在明确了写作要求之后，聚焦写作突破点——"那一刻"，明白"那一刻"其实就是自己思想转变的"那一刻"，即整件事中最关键的"触动点"，通过素材学习，举一反三。在学生互动交流与教师点评的过程中，不断打开学生思路，从不同场景中去感受长大那一刻的变化。

三、认真习作，记录"那一刻"

1. 明确要求

（1）如何记录"那一刻"呢？请大家看习作要求。（学生齐读习作要求）

（2）写一件成长过程中印象最深的事，把经过写清楚（把事情写清楚）。

（3）把感到自己长大了的"那一刻"的情形写具体（把情形写具体）。

（4）记录当时的真实感受（把感受写真实）。

2. 方法指导

结合本单元课文，指导习作妙招。

（1）秘诀一：细节描写，写好"经过"。

师：回顾课文，交流你印象深刻的几处细节描写，说说那样写的好处。为了写好一件事，记住一个口诀：起因简要说，经过详细说，结果看势头。

教师引导出示几处细节描写：

外祖父把我们送到码头。赤道吹来的风撩乱了老人平日里梳理得整整齐齐的银发，我觉得外祖父一下子衰老了许多。——《梅花魂》

（外貌描写，与平时的对比，写出了对家乡的无尽思念。）

背直起来了，我的母亲。转过身来了，我的母亲。褐色的口罩上方，一双眼神疲惫的眼睛吃惊地望着我，我的母亲……——《慈母情深》

（动作、神态描写，用反复的手法细致刻画出了母亲的疲惫。）

引导交流其他细节描写。

（2）秘诀二：心理描写，写好"触动"。

找到《梅花魂》中对"我"的心理描写，说说"我"的心理变化，这样写有什么好处？（生交流）

师引导出示："我"将墨梅图弄脏，外祖父大发脾气时，"我"心里又害怕又奇怪：一幅画而已，有什么稀罕的呢？可见"我"心里充满的是不明就里的委屈。当"我"真正理解外祖父的时候，"我"的内心却充满了自责与不忍。当年的"我"还过于稚嫩，并不懂得"我"带走的岂止是"我"慈爱的外祖父珍藏的一副丹青，几朵雪梅，"我"带走的是身在异国的华侨老人的一颗眷恋祖国的赤子心啊！

方法指导：采用内心独白法来写内心想法，一般常用"我想……""我心里嘀咕着……""我思索着……"等词语引出。

延伸指导：心理描写的其他方法，如梦幻描写法，即借助梦境来展示人物内心世界，常用如"好像看见……""仿佛听到……"等。

（3）秘诀三：对比写法，推动情节。

《梅花魂》中关于"我"的心理变化，其实就是"我"长大了的表现。课文也通过对比将故事推向高潮。因此，本次作文《那一刻，我长大了》，通过前后对比，详细写出之前之后的不同表现，更能突出长大的内涵。

3. 小结

师：写出被触动的"那一刻"的心理活动，或者是事后自己的感悟与收获，可以帮助我们更真实地表达内心的感受。

设计意图 通过回忆自己学过的课文来触发习作方法，将新旧知识有效的连接，为写作提供更便捷的途径。突破以上三个要点，写作的难点即可迎刃而解。

四、小练笔

（1）结合课堂所学，进行片段（"触动点"）练习。

（2）习作要求：字迹工整，不写错别字，要用修改符号修改要改的地方。

设计意图 一节课的时间里，又要教方法，又要完成习作，这是无法完成的事情。选择写片段，不仅降低了写作难度，而且突破了本节课的重难点。

（3）学生习作，老师巡视指导。

（4）借助评价表，学生互相评价，并试着修改文章。

设计意图 ①可以让学生了解优秀作文的标准；②同学之间互相学习、借鉴，有助于后进生更好更快地完成习作任务；③同学之间互评，孩子们更容易接受意见。通过互评、互改，让学生感受"文章不厌百回改"之意。

五、课后作业运用所学的秘诀，完成整篇习作

［板书设计］

> **那一刻，我长大了**
>
> 细节描写　　写好经过
>
> 心理描写　　写好触动
>
> 对比描写　　推动情节

［教学后记］

这一习作要求学生选择成长过程中印象最深刻的事情，把事情的经过写清楚，还要把感到长大的那个时刻写具体。怎样使学生在习作中能把受到触动的那个时刻写具体，是本次习作的关键所在。

从教学环节来看，从交流—指导—习作，完成了作文教学的"一课一得"，有利于培养学生习作的能力，激发了学生写作的兴趣。

从师生关系上看，在课堂对话中适度点拨，交流引导，学生能按老师的教学流程思考并回答问题，课堂气氛融洽。

从评价上看，采用互评能培养学生修改习作的习惯，提高学生修改习作的能力。

在教学过程中，我力求联系学生的生活实际，激发学生兴趣，使教学过程充满活力。同时，注意以动情的言语将学生的心拉近，让学生感受到自己的成长离不开身边亲人的关爱和呵护。

7　有你，真好

邵阳市大祥区滑石小学　吴佳蓉

［教学目标］

（1）培养学生敏锐的感受力，用心感受生活中的人和事。

（2）能用典型事例，表现人物突出的品质和性格特点。

（3）借助范文支架，学习在习作中让"你""我"对话，在丰富叙事内容的同时融入情感。

［教学重点］

（1）让学生掌握描写人物的方法，并运用恰当的事例和生动的语言表现人物的品质与性格特点。

（2）运用第二人称，表达真情实感。

［教学难点］

让学生掌握描写人物的方法，并运用恰当的事例和生动的语言表现人物的品质与性格特点。

［教学分析］

本次习作训练《有你，真好》是部编版小学语文教材六年级上册第八单元的习作题目。这一单元的语文要素中指向习作的是"通过事情写一个人，表达出自己的情感"，侧重以事写人，表达情感。这样的习作重点，与本单元所安排的阅读课文《少年闰土》《我的伯父鲁迅先生》之间联系紧密。题目中，"真好"是一种自我感觉的状态，其表现出的内容应该是使人愉悦的、令人奋发的、激人向上的、引人向善的……六年级的学生已经初步具备完整地叙述一件事情的能力，但在叙事写人的过程中，如何更好地融入情感，还是缺乏方法和策略。因此，本课教学将紧紧依托习作教材的指导，集中围绕单元的习作要素"通过事情写一个人，表达出自己的情感"来设计展开。

［教学过程］

一、情境导入，奠定基调

师：同学们，在每个人平凡而珍贵的成长历程中，总会有些人、有些事让我们心潮澎湃，心存感念。让我们一起走进生活中的微镜头，去看一看那些感动的人，感动的瞬间……

配乐展示温馨图片。

师：看到这些温情的画面，你有什么想说的吗？

生：我很感动。

生：我想起了我的妈妈。

师：这些美好的画面，让人不禁感叹"有你，真好"。这四个字，是我们内心的感受，也是我们今天要写的作文题目。请大家齐读。

生：（齐读）有你，真好！

设计意图 本单元语文要素中指向表达的是"通过事情写一个人，表达出自己的情感"。可见，素材的选择和定位决定着人物形象的深刻以及丰满程度。教师借助生活中温馨的场景图片，奠定情感基调，让学生融入情境。

二、确定对象，选定材料

1. 回顾往事，深情表达

指名朗读：有你，真好！

师：你读得这样深情，我想你在读的时候一定是想到了某个人，说说看，你想到了谁？

生：我想到了我的妈妈。

师：请把想到的人代入这句话中，再来读一读。

生：妈妈，有你，真好！

生：哥哥，有你，真好！

生：爷爷，有你，真好！

师：每个人看到这个题目都会在脑海里出现一个人，这个"你"，就是各种各样能够让我们觉得生活美好的重要原因。

师：同学们想到的可能是我们最亲近的爸爸妈妈；可能是帮助过我们的同学朋友；可能是影响过我们的长辈老师；还有可能是为我们创造了美好生活的人，比如冲锋"疫"线、逆行奋战的白衣天使，火灾现场舍己救人的消防员叔叔……

2. 打开思路，感受"真好"

师：回忆起这个"你"，就有一种温暖的情感在我们的心头涌动，这种发自内心的情感是怎么发生的？是这个人带来的，还是这个人做的事引发的？

生：是这个人做的事引发的。

师：想到这个"你"，你最先想到的事是什么呢？

生：我想到我的哥哥，因为他在我有困难的时候帮助我。

师：请你用这样的句式来说一说："某某，是你在我什么的时候做了……有你，真好！"

生：朋友，是你在我难过时安慰我。有你，真好！

生：妈妈，是你在我生病受伤时照顾我。有你，真好！

师：孩子们，我真为你们感到高兴，因为你们的心中藏有许许多多的美好。那么，我们写这篇文章要从"好"字入手，从具体事例入手。本单元《我的伯父鲁迅先生》这篇课文，作者周晔选取了五件小事，刻画出了鲁迅先生在生活中的形象。每个事例当中都蕴含深情，其中最打动你的是哪件事？鲁迅先生在这件事中给你留下了怎样的印象呢？

生："谈《水浒传》"时的伯父是亲切慈爱的。

师：当我回想起伯父关心我读书，并送我两本书的场景时，我不禁感叹"伯父，有您真好！"这个"好"是对"我"的关爱与教导。

生：笑谈"碰壁"中的伯父是很幽默的。

师：鲁迅先生用在谈笑中，抨击黑暗的社会。这个"好"是自信和勇敢。

生：燃放花筒中的伯父是高兴快乐的。

师：鲁迅先生向往光明而快乐的生活。这个"好"是慈祥率真的。

生："救助车夫"中的伯父是关心和同情劳动人民的。

师：当黄包车夫回想起爸爸和伯父在寒冷的日子里救助自己的场景时，肯定会在心中说"恩人，有您真好！"这个"好"是一种善良，是对劳动人民的关心。

生："关心女佣"中的伯父是为别人想得多，为自己想得少。

师：当女佣阿三回想起伯父经常劝她多休息，少干重活的场景时，一定会在心中默念"先生，有您真好！"这个"好"是一种全心全意为他人着想的崇高的精神。

师：这个"好"的内涵是非常丰富的，是跟具体的事情、特定的场景联系在一起的。这种"好"有可能是深情款款的，有可能是泪流满面的，也有可能是轻松愉悦的。那么你和他之间又有哪些难忘的事呢？当时的场景是怎样的？请同学们完成写作任务一，用小标题的形式列一列你们之间的美好瞬间。

3. 回忆往事，完成习作任务（一）

我想对____说："有你，真好！"

让我感受到"真好"的事情有：（1）……（2）……（3）……

学生交流，教师点评。请你选择最典型的，最能体现这个人的"好"的事例和与大家分享。

设计意图　　"有你，真好"是一个感性而温暖的话题，这里的"你"是本次习作的对象，要求学生通过事情写出这个"你"的好，表达出自己的情感。因此，写作对象的选择是本次习作选材的重点。教师通过图片唤醒学生对身边人物的美好记忆，帮助学生选择最值得倾诉的写作对象，进而捕捉有价值的事例。通过交流感受、提炼要点的方式，推动习作对象选择。

三、范文引路，写法突破

1. 出示《我的伯父鲁迅先生》中"救助车夫"的片段

师：听了大家的分享，仿佛一个个场景就发生在我们的眼前。那么，怎样把场景写具体呢？我们看《我的伯父鲁迅先生》这一课中"救助车夫"这个片段，默读选段，说说作者是如何表现伯父的"好"。

生：作者通过一系列的动作体现了伯父对劳动人民的关心和同情。

师：一件事是在持续发展变化的，我们要捕捉最精彩的画面，最感人的镜头，将它定格、放慢、拉长，这就是细节描写。

师：在这个场景中，作者定格在哪个画面中？

生：给车夫处理伤口。

师：我们用"处理伤口"这一个词语就能就能将这个场景概括，而作者却是怎么写的？

生：作者用"扶、蹲、半跪、夹、洗"等动词，将场景写得十分具体。

师：是的，我们在描写细节时抓住一句话、一个动作、一个表情，甚至是一个背影就能将场景写得生动具体。

生：伯父还将钱和剩下的药、绷带给了车夫。

师：是啊，伯父想得多么周到啊。最朴实的语言、最平实的动作就能够展现出这个人的好。

师：对人物进行细节刻画，把细节抓牢放大，将场景写具体，适当运用环境描写，真情自然流露。在环境的烘托下，在这些场景的细节中，我们感受到了伯父真好。当那位车夫回到家中，躺在床上看着被包扎好的伤口，他感慨万千。这里有两位同学为他写下的内心独白，我们一起来看看。

2. 出示两段文字作比较，体会第二人称用法的好处

（1）指名学生朗读片段，品一品哪段文字更能体现车夫的情感。

（2）学生回答，老师小结。

师：是啊，运用第二人称可以拉近作者与读者的距离，更直接地表达情感。所以在这一次的习作中，第二人称"你"和"您"要贯穿全文，前后一致，假想这个"你"就在眼前，自己用文字和这个人对话。

设计意图　捕捉印象深刻的场景进行片段练写，既是对《有你，真好》重点内容的一次聚焦和确认，也是表达指导的练习样本和内容载体。将融入情感作为场景片段试写、评改的习作欣赏点和表达提升点，引入范例欣赏，学习运用细节描写、环境烘托和第二人称等方法表达自己对这个人的情感，是对本单元语文要素中"表达情感"的教学落地。

四、自主习作，评改结合

师：同学们，在你选择的事情中，那个让你最能够感受到"他真好"的场景又有一些怎样的细节呢？请大家完成习作任务（二）。把最典型的事例，最能体现这个人"真好"的场景写下来。

1. 出示写作要求，学生根据要求开始练写片段。

要求：

（1）把事情写清楚，写完整。

（2）细节描写要具体。

（3）用第二人称表达真情。

2. 教师巡视，适时指导

3. 展示初稿，交流评议

（1）出示评价标准。

（2）选取习作上台交流。

（3）师生共同交流评议，提出建议。

通过这节课的学习，我们知道了可以从典型事例，从细节刻画、环境烘托，以及运用第二人称的写法来突出我们内心的情感。同学们课后可以依照评价标准对自己的习作进行修改，相信大家的习作一定会越写越好。

设计意图 教师借助评价指标，对习作中这个人"好"的事例、场景、情感等问题进行评价，这样能进一步帮助学生发现习作中存在的问题，为后续更好地修改指明方向。同时，借助获得高星评价的学生经验分享和获得低星评价的学生自我修改的建议，实现不同星级学生评价的彼此碰撞，形成相互作用的力量。

［板书设计］

有你，真好

典型事例

细节描写

真情实感   场景具体

环境烘托

第二人称

［教学后记］

《有你，真好》是六年级上册第八单元的一篇命题习作，训练的是学生对日常生活中接触的较为熟知的人物的体验和感悟，文题中的关键词是"真好"，"真好"是一种自我感觉状态及表现出的内容。学生在生活中肯定能找到这样的材料，关键是要引导学生去感悟，去思考，发现身边的感动。在教学中，首先我用温馨视频引出课题《有你，真好》，然后让同学们回忆生活中的点点滴滴，打开思路，确定写作对象，感受"真好"，诉说"真好"。接着我以范文《我的伯父鲁迅先生》中救助车夫的片段，让学生感受并学习细节描写和环境烘托可以凸显出人物的"好"，并且写了两段文字表达车夫的内心感受，让学生体会第二人称用法的妙处。再让学生运用学到的写作方法进行片段练习。最后通过展示学生作品、生生互评、师生共评的方式，提出修改建议，让学生习作水平得以提高。

8　围绕中心意思写

邵阳市大祥区滑石小学　伍佳珏

[教学目标]

（1）领会汉字的文化内涵，确定中心意思习作。

（2）注意围绕中心意思，从不同的方面或选择不同的事例来写。

（3）学习写文章前先列提纲的方法。

[教学重点]

注意围绕中心意思，从不同的方面或选择不同的事例来写。

[教学难点]

选择的材料要能够表达中心意思，把重要的部分具体写，其他部分简单写。

[教学分析]

本次习作训练是部编教材小学语文六年级上册第五单元的教学内容。本单元的语文要素是体会文章是怎样围绕中心意思来写的。习作要求是从不同方面或选择不同事例，表达中心意思。六年级学生体会怎样围绕中心意思写并不难，难在如何明确有深度的中心思想，难在选取什么样的典型事例，难在具体描写事例中的重点部分。为此，本课教学紧扣单元习作教学目标，落实单元语文要素，以精读课文为范文，提炼习作方法，指导学生围绕中心意思，从不同的方面或选择不同的事例来写文章。

[教学过程]

一、激趣导入，了解汉字

（1）师：中华民族历史悠久，文化灿烂，尤其是中国的汉字有丰富的文化内涵。请同学们回顾汉字的演变过程，观察"春"字的演变过程，你发现它们有什么相似之处吗？从甲骨文开始，"春"字的演变过程中都保留了一个"日"部，这是因为春是日暖风和，万物复苏的季节。古人造字源于生活中的发现与感悟。一个汉字可以让我们联想到一帧帧美好的画面或一个个动人的故事。这节课我们就由一个字确定与之相关的一个中心意思，习得围绕中心意思，从不同的方面或选择不同的事例来写一篇文章的习作方法。

（2）生齐读习作主题：围绕中心意思写。

设计意图 搭建语言交流支架，以展示"春"字的演变过程为切入点，让学生明确本次习作主题与要求——由一个字确定与之相关的一个中心意思，习得围绕中心意思，从不同的方面或选择不同的事例来写一篇文章。

二、观察汉字，明确中心意思

（1）默读习作要求，请一位同学来读一读习作对象、习作内容、习作要求这三个重要信息的句子。

（2）师：回顾本单元精读课文《夏天里的成长》，思考本文是用什么方法来写的。围绕夏天里的成长这一中心意思，从动植物的成长、无生命事物的成长、人的成长三个不同方面来写。

（3）师：围绕中心意思写，首先咱们要确定一个中心意思。什么是中心意思？就是文章的中心思想。我们以《夏天里的成长》为例，老舍先生执笔的这篇散文是以哪个字为中心？"长"字。先确定"长"字，再给它组个词——成长。万物在什么季节成长最迅速？夏天。

出示《夏天里的成长》最后一段话，揭示中心意思：青少年应该珍惜时间努力增长知识。师：看，由一个字就这样将文章的中心意思牵引出来。

生：（齐读）长—成长—夏天里的成长（中心意思）。

师：你对下面哪一个汉字印象最深刻？你想表达怎样的中心思想？

甜　乐　泪　暖　悔　望

迷　妙　变　忙　寻　让

师：如"迷"——迷人、迷惑、痴迷、戏迷、书迷。

生：我对"迷"字印象深刻，因为我对航天科技很痴迷，我想探索宇宙的奥秘，所以我的主题是"我是航天迷"。

设计意图 搭建文本情境支架，让学生回顾本单元16课《夏天里的成长》，了解作者如何抓住"长"字将文章的中心意思牵引出来，赋予了"长"最深层的含义：青少年应该珍惜时间努力增长知识。从而引导学生通过一个汉字，从感知人情冷暖、探究自然科学、思考人生哲理等方面去明确本次习作的中心意思，这样学生创作的文章立意会更深远。

三、指导选材，拟写提纲

1. 初试身手，学会选材

迷字有多种内涵，有迷人、迷惑、痴迷等意思。这位同学也以"迷"来确定中心意思，他围绕《戏迷爷爷》这个题目选的材料。（出示材料）判断一下，哪些材料可以用来表达中心意思，在后面的括号里打"√"。

2. 材料分类，有序整理

师：同学们都围绕中心意思选取了相关的材料，下面就可以按照这样的顺序来习作了吗？

生：不可以，因为这些材料很凌乱。

首先让学生将《戏迷爷爷》的主要材料进行分类，并有序地整理。得知可以从看戏、学戏、组建戏班子等不同方面，分别选择不同事例来写，并可以将"学戏"作为重点部分具体写，其他部分简单写，凸显文章中心意思。

3. 自拟提纲，理清思路

师：通过刚才的学习，我们明白在写文章前，首先要明确中心意思，选取主要材料。现在你们也试着围绕中心意思，选取主要材料，自拟提纲，理清思路。

生展示，师评价：这位同学中心意思明确，紧扣主题选取了三个不同方面的材料，如果在材料旁边标注好哪一部分作为事例中的重点部分具体写，哪些作为次要部分简单写，就更清楚明了。

设计意图　搭建交流平台支架，学生在交流过程中学会抓住中心意思来选取习作材料。自拟提纲时，对材料进行分类，并有序地整理，设计好重点部分具体写，次要部分简单写，为接下来的习作理清思路。

四、以"望"为例，指导习作

师：接下来，咱们就学以致用。老师从刚才的汉字表中发现用"望"字确定中心不是件容易的事，谁能帮帮我？

生：看望，希望（盼望、渴望），失望……

生：我对"望"字很感兴趣，许多诗人在写古诗时喜爱用"望"字，如李白所写的《望庐山瀑布》《望天门山》，杜甫的《春望》《望岳》等。所以我的主题是"回望·守望·展望"，通过围绕"望"这个中心意思选择不同事例，表现戍边战士的坚强意志，弘扬爱国之情。

师：是啊，"望"字也有多个意思，如看望、希望、守望等。接下来，请你们确定一个中心意思，围绕中心意思写一个片段。

设计意图　搭建片段练笔支架，引导学生围绕中心意思，选取其中一个事例作为重点部分具体写出来，学生在运用语言表达情感的过程中自然而然地提高了习作能力。

五、片段评改，总结方法

1. 片段评改，巩固写法

师：请学习单上被老师画上星号的三位同学走上讲台来，读一读你们所写的片段，根据评价量表（中心明确五颗星，内容具体五颗星，语言表达清楚五颗星），你会给自己的片段多少颗星？

预设：该同学围绕"希望"这一中心意思从不同方面来写。每一位同学读完将自己希望的内容概括成简短的语言写在黑板上。接下来有请写失望片段的并被教师画红旗的三位同学上台来自评、朗读、互评。

师：这些同学分别从不同方面或不同事例表达了中心思想，语言表达清楚流畅，有个别同学如果把内容写得更具体些就更了不起啦。怎样才能把重要部分写具体呢？

2. 出示范文，总结方法

师：老师这也有两个描写失望的片段，你认为哪个片段更能表达"失望"这一中心意思？

片段一：妈妈冲我笑了笑，好像猜着了我的心思。"可是……不是还要炖肉吗？炖肉得放好多好多酱油呢。"我一边说，一边用眼瞟着窗外，生怕雨停了。"我什么时候说过要炖肉？"妈妈焖上米饭，转过身来看了我两眼。"你没说，爸爸可说过。"这话一出口，我就脸红了。因为我没见爸爸，也没人告诉我要炖什么肉。"真的吗？"妈妈问。我不再说话，也不敢再去看妈妈，急忙背过身子盯住碗架，上边的瓶瓶罐罐确实满满当当，看来不会有出去买东西的希望了。再看看屋里的闹钟，六点二十，我只好打开电视，不声不响地听英语讲座。

——《盼》

片段二：妈妈答应这个周末带我出去玩，可是一到周末就要上各种兴趣班，根本没时间玩，我很失望。

生：片段一围绕"失望"这一中心意思，写了我盼望穿上雨衣在雨中玩耍却不得而感到失望。片段二写了我周末没时间玩而感到失望。作者虽然也是选取一个事例表达失望之情，但并没有用过多的语言文字进行描述。所以我认为片段一更能表达"失望"这一中心意思。

师：是呀，重要部分具体写更能凸显文章的中心意思。大家请看黑板，在刚才的交流中，同学们选择的材料已经罗列出来了。从中你明白了什么样的习作方法？

生：围绕中心意思，可以从不同方面或选取不同事例来写。还要注意选择一个典型事例作为重点部分详细写，次要部分简单写。

设计意图　搭建片段交流支架，通过学生展示习作片段、学生自评、师生互评等方式，多次梳理习作方法，运用星级评价方式鼓励学生，大大提高了学生习作的兴趣，也让学生明确习作目标并帮助他们修改习作，达成优秀习作目标。

六、拓展练习，学以致用

师：下节课运用本堂课习得的习作方法，选择一个你印象最深刻的字来写篇文章，表达丰富的情感或者发表独特的见解。写之前要先拟好题目，再列举提纲，还有注意重要部分具体写，次要部分简单写，做到详略得当。这节课就上到这里，下课。

设计意图　搭建课后习文支架，通过课后完成一篇完整习作，可以更有效地巩固本课习得习作方法：围绕中心意思，从不同方面或选取不同事例来写。

[板书设计]

围绕中心意思写

不同方面　　　　　　不同事例

重要部分具体写

次要部分简单写

[教学后记]

搭建多重支架　聚焦典型事例

本堂课重在习作方法的指导，为了避免填鸭式的教学模式，我着重引导学生的自主探究，搭建各种教学支架，围绕中心意思，选取不同方面，聚焦典型事例，引导学生习得习作方法。以下是本次教学设计中可圈可点之处。

（1）习作教学目标明。本次教学设计了六大板块，每一个板块都紧扣教学目标，引导学生围绕中心意思，从不同方面或选择不同事例写。

（2）搭建支架效率高。以本单元所学《夏天里的成长》一课为课内文本支架，引导学生由一个汉字的其中一个内涵来明确文章的中心意思；以"初试身手"里的练习题为师生交流支架，让学生学会围绕中心意思来选材，学习自拟提纲；以学生习作片段和习作范文为习作评改支架，进一步巩固习作方法，让学生在听说读写中习得习作方法。

（3）聚焦典型事例写。课堂上引导学生选择以"希望"或"失望"为中心意思，选取典型事例具体写一个片段。先汇聚三位同学围绕"希望"为中心意思所写的典型事例片段，归类，为三个不同方面；再汇聚三位同学围绕"失望"为中心意思所写的典型事例片段，归类为三个不同事例。以此明示围绕中心意思可以从不同方面或选择不同事例来写的习作方法。

教学建议：本课教学着重于习作方法指导，在设计上注重循序渐进，但过于零散。其实本堂课可以用一篇范文为例，从字到中心意思，再到选材列提纲，最后指导重点部分具体写，一步到位。然后放手让学生明确中心，自拟提纲，具体写重点部分，最终通过自评、师生互评等方式评改结合，习得写法。这样学生更能轻松掌握习作要领。

9　我的拿手好戏

邵阳市大祥区滑石小学　邓海丰

[**教学目标**]

（1）确定自己的拿手好戏，把重点部分写具体。

（2）评改习作，做到重点部分生动具体。

[**教学重难点**]

写自己的拿手好戏，把重点部分写具体。

[**教学分析**]

《我的拿手好戏》是部编版小学语文六年级上册第七单元的写作话题。这个话题对学生来说既熟悉又陌生，熟悉是因为拿手好戏就是自己的特长，这个人人都有；陌生是因为以前学生大都是站在自己的视角写别人，这次却是站在自己的视角来写自己，而且教材中"写之前想一想"有这么一条："怎样写你的拿手好戏？哪些内容先写？哪些内容后写？"，这一点笼统抽象，不接地气。为了消除学生的陌生感，我在教学过程中紧紧围绕"把重点部分写具体"这个教学目标进行，展示拿手好戏具体经过时，通过正面描写（动作熟练、话语自信、心理镇定）和侧面烘托（观众反应）相结合的策略，帮助学生完善"正、侧面结合"与"详略分明"的语言结构，希望学生在围绕独特本领写自己的过程中表达出自己的自豪感和成就感。

[**教学过程**]

一、情境激趣，确定"好戏"

师：今天在这个特别的地方和孩子们一起上课，邓老师很高兴，借这个机会，我想向孩子们介绍一下我和我的家庭，好吗？

师：邓老师有一个四口之家。首先登场的是我的儿子，在家人称"数学王子"，知道为什么吗？对，算算术就是他的拿手好戏。下面登场的是谁？没错，就是我的女儿。她就是我们家鼎鼎大名的"漫画公主"，画漫画就是她的拿手好戏。接着出场的当然是我了。我是老师，又姓邓，在学校大家都称呼我为——（生：邓老师）。可在家里，他们都叫我"挑瓜圣手"。知道为什么吗？对了，我挑的西瓜皮薄汁多，又红又甜，挑西瓜就是我的拿手好戏。最后登场的是我家的"短跑健将"。他呀，50 米短跑的最好成绩是 6 秒多一点，人一跑起来就像一阵风，短跑就是他的拿手好戏。

　　师：小朋友们，现在你们一定知道什么是"拿手好戏"了吧？

　　生：拿手好戏就是每个人最擅长的本领。

　　师：你最擅长的本领是什么？

　　生：煮饭。

　　师：煮饭我也会，你周围很多人都会，为什么你会觉得是你的拿手好戏呢？

　　生：我煮饭时水放得不多不少，饭不稀不硬，软糯好吃。

　　师：你的饭煮得比别人好吃，人有你优，煮饭的确是你的拿手好戏。

　　师：（任指一生）老师会挑西瓜，你会吗？

　　生：不会。

　　师：人无我有，挑西瓜就是我的拿手好戏。

　　师：所以，拿手好戏就是一个人身上"人无我有，人有我优"的独特本领。你们谁像我的儿子、女儿那样在学习或才艺方面有好戏的？比如朗读好、计算快、写字好、弹钢琴、跳舞、画画……

　　生 1：跳舞。

　　师：一看你这形体和气质就知道有戏！

　　生 2：写字。

　　师：老师自认为自己的字写得不错，可从没获过这么有含金量的奖，的确是你的拿手好戏！

　　生 3：下国际象棋。

　　师：会下国际象棋的人不多，真是你的拿手好戏！

　　师：大家是否有像我和我先生那样在生活或运动方面有可以炫耀的绝技，比如会变魔术、做面包、养花草、认路准、投篮准、花样跳绳……

　　生 1：钓鱼。

　　师：小小年纪钓鱼能次次不扑空，实力不凡，钓鱼还真是你的拿手好戏。

　　生 2：讲笑话。

师：能把最高冷的同学都逗笑，讲笑话确实是你的拿手好戏。

师：如此看来，咱们班藏龙卧虎，每个同学都是"戏精"。请大家拿起笔来，在学习单第一行正中间写出你的拿手好戏！比如打篮球，种花草……

设计意图　教师以介绍家人拿手好戏的方式巧妙地引导明白拿手好戏就是"人无我有，人有我优"的本领，然后从学习才艺和运动两方面拓展学生思路，帮助不同特性的孩子发现并确定自己的拿手好戏。孩子普遍对自己老师的一切充满着好奇心，教师的这一教学策略就充分调动了孩子的兴趣。同时，唠家常的亲切氛围也充分激发了孩子的表达欲望，令绝大多数孩子都能畅所欲言，分享自己擅长的本领。

二、交流表达，学写"好戏"

1. 聚焦"好戏"

师：看着同学们写下的各种"好戏"，老师内心充满了期待。孩子们，一个人的绝活、绝招称为"拿手好戏"，为什么不叫"拿手好活"？

生：因为拿手好戏十分精彩，别人像看戏一样入迷。

师：我的儿子是"数学王子"，你们最想看他表演什么？

生：算算术。

师：真会看戏。我是"挑瓜圣手"，你们最想看我表演什么？

生：挑西瓜。

师：看来是想趁机偷学呀！我的先生是短跑健将，你们想看他表演什么？

生：跑步。

师：想看的都是最精彩的好戏啊，你们都是内行人，了不起！

2. 学习演戏

师：可惜我儿子、女儿、先生今天都没来，无法为大家表演他们的"好戏"。好在我就在现场，你们有机会欣赏我的"挑瓜神技"哦。可我的表演也有麻烦，教室里没有西瓜，我怎么表演呢？

师：其实，有时候，巧妇可为无米之炊！你们看（出示范文）谁愿意通过自己的朗读来替我表演一番？

师："实锤"了，朗读就是你的拿手好戏。挑瓜过程中，邓老师的什么最吸引你们的眼球？

生：动作！

师：外行看热闹，你们都是内行，一下就看出了门道！想不想学一学我挑瓜的动作？

生：想！

师：我来用文字"表演"，你们用动作"表演"！（出示教师下水文，老师读学生演）

我捧起了一只西瓜，上下左右翻看——它呈椭圆形，形体均匀，顶端的瓜蒂略微凹了进去，就像人的肚挤眼，再用手摸一摸，线条柔和，就像平滑的鹅卵石。我用左手托起它，右手轻轻拍打瓜肚，一阵清脆的"砰砰"声传入耳中。我胸有成竹地说："没错，就买这只，一定是熟的！""有这么多个头大的西瓜你怎么不挑？爷爷说，个头大的西瓜基本都是熟的！"女儿首先质疑，先生也一脸疑惑。火车不是推的，牛皮不是吹的，不让你们看到真相，岂不糟蹋了我"挑瓜圣手"的美誉？我拿起水果刀，手起刀落，西瓜被分成几块。啊，黑籽红瓤，一股清甜扑鼻而来。女儿迫不及待地拿起一块啃起来。"真是一只好瓜。好甜呀！"女儿啧啧称赞。"挑瓜圣手真是名不虚传！"先生也跟着赞叹起来！

师：你觉得邓老师挑瓜的动作有什么特点？

生：很熟练，甚至称得上专业。

师：谢谢夸奖。告诉你们一个小秘密，我爸爸妈妈每年都要种一大片西瓜，我从小就帮父母守西瓜摘西瓜，看得多了摘得多了，自然就成了"挑瓜圣手"。"好戏"需要动作，还需要什么？

生：台词！

师：好一个"戏精"！就请你来念念我在"挑瓜戏"中的台词。

生：没错，就买这只，一定是熟的！

师：要知道，我挑西瓜可是创造了百分百好评率的，说这话时那叫一个霸气，你再演一次试试？

生：没错，就买这只，一定是熟的！

师：这才有"挑瓜圣手"的范儿。怎样说话才有圣手范儿呢？

生：特别自信、果断！

师：作为一出"好戏"，还得有画外音。知道什么是画外音吗？

生：画外音是藏在主人公心里的话，是不用说出来的。

师：哪位小演员来还原一下邓老师当时的心理？

生：火车不是推的，牛皮不是吹的，不让你们看到真相，岂不糟蹋了我"挑瓜圣手"的美誉？

师：我挑瓜时，先生和女儿都表示了质疑。面对质疑，我是怎么想的？把我的心理活动读出来——（生齐读）

师：你们从我的心理活动中感受到了什么？

生：我感受到了你面对质疑时的镇定和自豪！

师：孩子们，我挑瓜时熟练的动作、自信的话语，面对质疑时镇定的心理，这都是从正面来写"拿手好戏"的。（板书：正面描写）

师：其实，一出"好戏"光有主角表演是不够的，还需要有观众。这出"好戏"里的观众是谁呢？

生：你的先生和女儿。

师：作为观众，他们在切瓜前对我的表演有什么反应？（板书：观众反应）

生：表示怀疑。（读相关质疑的语句）

师：切瓜验证之后他们的态度有了怎样的变化？

生：赞不绝口。（读相关称赞的语句）

师：这是对我"表演"最高的评价。

师：既然挑西瓜是我的"拿手好戏"，我是主角，那么将女儿、丈夫的"戏"删掉可不可以？

生1：不可以，这是侧面烘托！

生2：不可以，有了妻子和女儿的侧面"戏"，可以把"我"的正面"表演"衬托得更加精彩！

师：你们说得对，我正面"表演"和先生女儿侧面烘托相结合，我挑西瓜技术之神就可以更加完美地展现在观众面前！

设计意图　教师的下水文是本堂课非常重要的语言支架。教师抓住自己挑瓜时的动作、语言、心理活动及观众反应精心写出来的典型片段很好地示范了怎样将

"拿手好戏"的重点部分写具体，让学生有章可循。课堂上再组织学生演一演、读一读，他们就更真切地感受到了这样表达的妙处，即使是平时表达比较困难的孩子也能依葫芦画瓢了。

三、片段练写，展示"好戏"

师：欣赏了邓老师用文字表演的挑瓜神技，你们想不想也来用文字演一演自己的"好戏"？

生：想！

师：为了让你的"好戏"更精彩，吸引更多的观众，习作过程中请注意——（课件出示，指生读习作要求）。

师：将你的"拿手好戏"用一段文字表演出来。

师强调：只写表演这一段。

师：要想吸引更多的观众来看，可以从熟练动作、自信话语、镇定心理三个方面正面展示你的"好戏"，还可以通过观众反应从侧面烘托出你的好戏。

师强调："好戏"既需要正面描写主角的动作、语言、心理，还需要从侧面描写观众的反应！

师：请大家把握好时间，把你的"好戏"写下来。

设计意图 趁热打铁，即讲即练，练写之前再重新梳理一下习作方法，让每一个孩子在下笔时都胸有成竹，降低了学生习作的难度。同时，也是让他们在感觉自己学到了好方法有很多话要表达的时候安排他们练笔，使他们的表达激情自然释放。

四、典型讲评，修改"好戏"

师：现在你们都有"拿手好戏"了，谁愿意像邓老师这样给大家"演一演"！

（指生上台）出示评价表。

师：你觉得你的"好戏"到底"演"得怎么样？大概可以得几颗星？

生：我给自己四颗星。

师：那么，你究竟可以得几颗星呢？下面请大家当评委，对作者的这出"好戏"进行评价！

生1：我给他五颗星。

师：这是一个很高的评价，你为什么给他五颗星呢？

生：他把自己钓鱼的过程写得很精彩，特别是钓鱼的动作非常专业。表哥在钓鱼前后的反应写了两次，中间也写到了自己的镇定心理，我决定给他打五颗星。

生2：我不同意，我觉得他的侧面描写太多了，有点喧宾夺主。

师：原来有一种观点是侧面描写要恰当，让我们一起来看看出现在片段中的表哥的反应，好好想想怎么修改。

生2：我觉得钓鱼前表哥的反应写一次就行了，同时还可以细致刻画"我"钓鱼的情景，增加一些正面描写，做到详略分明。

师（面向小作者）：你赞成这位同学的观点吗？（预设：赞成）

师：这位观众听得专心，评得专业。看来，点评作文也是你的拿手好戏！

师：孩子们，刚才台上同学表演的这出戏看得很过瘾吧？

生：很过瘾。

师：过瘾之余，老师有点疑惑，你小小年纪，钓鱼技术怎么这么高超呢？

生：我的爷爷和爸爸非常喜欢钓鱼，他们在我很小的时候就带我一起去野钓了。他们还有许多一起钓鱼的朋友，经常会一起讨论钓鱼的技巧，经常耳濡目染我就学会了。

师：原来如此。其实，我们可以在习作的开始将自己为什么练就这样的"好戏"或者"好戏"是怎么练成做一个简单的交代，再重点从正面描写和侧面描写展示自己的"拿手好戏"，就是一篇完整的习作了。下节课让我们用文字把自己的"拿手好戏"完整地表演出来吧！

设计意图 小学阶段的孩子普遍有"严以律人，宽以待己"的特点，在习作赏析时更是如此。设计典型片段讲评环节就可以让学生在评析过程中发现作品的不足之处，而且他们一定会不遗余力地去帮助别人完善这些不足之处。这样一来，发言的孩子点评修改的能力得到提升，其他的孩子对本次重点部分的习作要求就更清晰明了，接下来的自己修改完善环节才不会流于形式。

[板书设计]

我的拿手好戏

动作熟练
话语自信 }正面描写
心理镇定

观众反应——侧面烘托

[教学后记]

我觉得这堂课有以下三个方面做得比较好。

（1）目标定位"准"。六年级学生完成本次习作的困难在于对"好戏"理解不到位，容易忽略观众反应，从而难以将"拿手好戏"写清楚。我基于这样的学情确定这次习作课的重点目标为，展示"拿手好戏"的具体经过时，正侧面相结合，完善提升孩子的语言结构。

（2）教学环节"巧"。我借助介绍自己一家人特长的方式帮助学生明白什么是"拿手好戏"，水到渠成地打开学生思路，可以从学习才艺或者运动生活多个方面确定自己真正的"拿手好戏"。然后引导学生思考为什么不叫"拿手好活"，自然而然地过渡到写法指导，正侧面描写相结合才能充分体现好戏之"好"。

（3）知识指导"明"。出示典型片段以后，我从正面描写引导到侧面烘托，从动作、话语到心理再到观众反应，一步一步紧扣着写出"好戏"的需要进行写法指导。写完"好戏"，引导学生用评价表进行具体反馈，每一环的策略十分清楚明了。

不足之处：我发现在分享自己的拿手好戏时仍有少数孩子不够自信，生活中玩悠悠球、拍卡片、吹口哨出色的孩子不敢确定玩悠悠球、拍卡片、吹口哨是自己的"拿手好戏"，因此教师还可以设法打消孩子"拿手好戏"一定得"高大上"的顾虑。另外学生互评时呈现出能辨优劣，但说不出所以然或者理由不充分的现象，这就启示我们在平时的语文课中要加强学生这方面能力的训练。

第三章　小学语文景物描写习作教学研究

研究任务：小学语文景物描写习作教学问题与教学策略的案例研究。

研究团队及任务分工（表3-1）：

表3-1　景物描写习作教学研究团队及任务分工

主要研究 人员姓名	单位	学历	职务和职称	研究角色
夏小艳	邵阳市大祥区华夏方圆学校	本科	一级教师	主持人，课堂实践
周秋平	邵阳市大祥区华夏方圆学校	本科	校长，高级教师	教学指导
何梦霞	邵阳市北塔区高撑小学	本科	一级教师	课堂实践
肖涛	邵阳市大祥区华夏方圆学校	本科	一级教师	课堂实践
朱玉琳	邵阳市大祥区华夏方圆学校	本科	一级教师	课堂实践
夏霞宏	邵阳市大祥区华夏方圆学校	本科	一级教师	课堂实践
曾丽华	邵阳市大祥区华夏方圆学校	本科	一级教师	课堂实践
肖芳苞	邵阳市大祥区华夏方圆学校	本科	一级教师	课堂实践
莫睿洁	邵阳市大祥区华夏方圆学校	本科	一级教师	课堂实践
刘曦	邵阳市大祥区华夏方圆学校	本科	高级教师	课堂实践
李红辉	邵阳市大祥区华夏方圆学校	本科	一级教师	教学指导
徐海燕	邵阳市大祥区华夏方圆学校	本科	一级教师	课堂实践
佘理	邵阳市大祥区华夏方圆学校	本科	一级教师	课堂实践
李自卫	邵阳市大祥区华夏方圆学校	本科	高级教师	教学指导
黄清英	怀化市溆浦县卢峰镇 第三完全小学	本科	高级教师	课堂实践

研究概述*

一、发现教学问题

为达到真实有效的研究目的，课题组首先开展了写景作文教学问卷调查。通过问卷调查，发现学生对写景类作文的写作欲望虽然很高，但是写出来的写景作文却不尽人意，从习作结果看，基本熟悉习作要求，能仔细观察景物，能流畅表达自己的感受的占30%。从这些数据发现，进入习作阶段的孩子积累不够，出现"无米下锅"、胡编乱造的现象，不能很好地做到"以我笔写我心"。通过听课、评课，我们了解到写景作文教学普遍存在的问题是：

缺观感。学生缺乏对生活的观察，内容空洞。既然是写景，当然是对大自然之景的客观描述，并加上自己的想象和真实感受。写作的对象应当是生活中常见的景物。但很多学生由于缺乏生活阅历，加上不善观察，写出来的景物往往有形无神，缺乏真实感。

缺美感。学生遣词造句匮乏、陈旧。景物描写除了写生活之景外，还非常讲究遣词造句。好词佳句能够让文章更出彩，比如采用修辞手法，往往能将静态的景化为"活物"，给普通的自然之景赋予生命和美感。但现实是小学生积累量小，掌握的写作方法有限，限制了其凿句构文的能力。

缺情感。有些学生情感缺乏，盲目模仿。古人写景大多为了抒情，其实放在今天，写景的目的也未曾改变。大多文人皆好借景抒情，融情于景。小学生不是缺乏情感感受能力，而是缺乏正确表达情感的能力，不懂如何借助景物吐露自己的真情实感，所以写出来的文章也就淡如水，言之无味。

二、研究教学策略

（一）梳理教材内容

《课标》中，总目标要求"积极观察、感知生活，发展联想和想象，激发创造潜

---

* 此文章为邵阳市规划课题"小学语文'写一处景物'问题诊断与教学策略案例研究"（课题批准号：SYGH20125）的成果。

能，丰富语言经验，培养语言直觉，提高语言表现力和创造力，提高形象思维能力"。为解决教学问题，课题组成员一边研读《课标》，一边梳理教材内容（表3-2）。

表3-2　部编版教材写景习作单元列表

序号	年级	写景习作课题	备注
1	三年级上册第六单元	这儿真美	试着围绕一个意思写
2	四年级上册第一单元	推荐一个好地方	写清楚推荐理由
3	四年级下册第五单元	游____	按游览的顺序写景物
4	五年级上册第七单元	____即景	按一定的顺序描写，写出景物的变化
5	五年级下册第七单元	中国的世界文化遗产	介绍一处感兴趣的中国的世界文化遗产

由上表可以看出，部编教材单元习作教学在一、二年级写话的基础上，三至六年级四个学年中共安排了五次写景作文，其中三年级一次，四年级两次，五年级两次。

（二）寻找理论依据

为了探究如何利用这些课例开展好写景作文教学研究，课题组成员研读了许多理论书籍，多方寻找研究的理论依据，主要以建构主义和支架式教学理论依据为指导。瑞士心理学家皮亚杰最早提出建构主义，建构主义理论坚持从内因和外因相互作用的观点来研究儿童的认知发展。建构主义学习理论认为"情境""协作""会话""意义建构"是学习环境的四大要素。建构主义教学模式概括为"以学生为中心，在整个教学过程中由教师起组织者、指导者、帮助者和促进者的作用，利用情境、协作、会话等学习环境要素充分发挥学生的主动性、积极性和首创精神，最终达到使学生有效地实现对当前所学知识意义建构的目的。"支架式教学应当为学习者建构对知识的理解提供一种概念框架。这种框架中的概念是为发展学习者对问题的进一步理解所需要的，为此，事先要把复杂的学习任务加以分解，以便于把学习者的理解逐步引向深入。

有了理论指导，课题组分四个阶段实施研究：第一阶段设计研究方案、中高年级开展研课磨课；第二阶段在小组"一课三人行"中初步设计观课评议表，建构写景习作教学模式；第三阶段在"案例研究三人行"中，探究写景习作单元教学设计活动，开发写景习作精品课，提升案例研究实效；第四阶段实践总结、推广应用。

（三）探究教学策略

（1）培养学生的观感。搭建情境支架，激发学生调动多种感官，细致观察。指导学生用心观察，抓住景物的特征，是写好景物描写的重要一步。为了培养学生的观察能力，我们采取两种措施：第一，借助课堂教学搭建情境支架，围绕当前学习主题，通过影像资料唤起学生的审美情趣。调动感官，细致观察。第二，借助课外生活搭建情境支架。比如给学生布置一些观察类的课外活动，并且记录下景物的变化，做生活的有心人，培养学生的观感。多指导观察的方法，有序观察，按时间顺序或空间顺序，调动多种感官；连续观察，发现变化。有了情境，有了方法，细致观察就有了立足点，不再是一句空口号。

例如课题组夏小艳老师在执教四年级上册第一单元习作教学《推荐一个好地方》时，播放了凤凰古城的图片和视频作为导入。在夏小艳老师的巧妙引导下，学生们沉浸在凤凰古城的美丽画卷中。随着图片的缓缓展现和视频的生动呈现，学生们被深深吸引了，由衷地发出赞叹之声。夏老师紧接着列出了三条引人入胜的推荐理由，巧妙地将课堂学习与现实生活紧密相连。这不仅唤起了学生们的生活体验，更激发了他们内心深处的表达欲望。在夏老师的示范和鼓励下，学生们争先恐后地分享自己心中美好的地方，课堂气氛热烈而活跃。

以莫睿洁老师执教五年级上册第七单元《____即景》为例，她精心设计了预学单，引导学生观察雨中即景。预学单围绕三个核心维度提出明确要求，意在帮助学生有条不紊地进行观察。首先要确定清晰的观察顺序，以确保视线的流动有迹可循；其次，要灵活运用各种感官，以捕捉到更多维度的信息；最后，要善于发现景物间的微妙变化，这样才能捕捉到动态的美。得益于这些具体而明确的观察要求，学生们的观察更加细致入微，使得课堂写作变得得心应手，自然流畅。

（2）培养学生的美感。搭建思维支架，教材是最佳的写作范本，在语文教学中应让学生深刻领悟各种体裁的写景之妙，从而引领学生将写景方法运用于自己的作文中去，用文字表达感受到的美。教学中，我们首先以单元语文要素为指引，关注单元习作表达要求，以此确定教学重难点。在课堂教学中，指导品析课文中的经典段落，学习写景技巧；重视拓展阅读，引导阅读同类型的文章、同作者的文章等，将阅读教学与习作教学有机融合，勤练笔，多积累。这样学生自然能将看到的、感受到的美用文字表达出来。

《这儿真美》是三年级上册第六单元的习作教学内容，本单元的人文主题聚焦壮丽的河山，阅读要素在于"借助关键句理解一段话的意思"，而习作要求则是"试着围绕一个意思写"。在教学这一课时，课题组教师肖攀巧妙地选取了《海滨小城》中的经典段落，总结了如何"围绕一个意思"进行写作的方法：首先要明确中心句，然后从不同角度展开具体描述。通过这样的教学，学生得以对行文构思有更加清晰的认识。语文教材是提高学生作文水平的"根"和"源"，教学时要深入挖掘教材中的写作训练点，让学生活用课文语言，仿照课文的结构和写法。这种向课文学作文的方法既简单又朴素，而且具有很强的操作性，是提高学生作文水平的有效途径。

（3）培养学生的情感。搭建情感支架，融情于景。在景物描写时，不仅要写出景物的美好，还要写出自己的真实情感，这样写出来的文章才能景中含情、情中有景、情景交融，给人以极强的感染力。通过优美的文辞、生动的视频，提高审美情趣，让学生产生对自然美、风光美的热爱，激发他们对祖国河山壮美的喜爱和赞美之情。叶圣陶曾经说过："教师善读善作，深知甘苦，左右逢源，则为学生引路，可以事半而功倍。"教师的下水作文确实是身教胜于言教的体现，教师应坚持下水引路，引导学生产生写作兴趣。

在教授四年级下册第五单元习作《游＿＿＿》时，课题组何梦霞老师独具匠心地选取了学校旁公园的美景作为范例。当屏幕上的熟悉景色逐一展现，学生们的情感被立刻唤起，仿佛重返那片绿意盎然的天地。情感的涌动让学生们渴望表达。何老师适时地展示了她的下水文，用细腻的笔触为学生们指引了写作的方向。她这样描述着："沿着月亮湖漫步，梅林的美景映入眼帘。远眺而去，满树梅花如一片红色的海洋，热闹而绚烂。走近细赏，花瓣娇嫩可爱，宛如初生的婴儿。微风轻拂枝头，梅花随风飘落，与阳光共舞，与微风吟诗，与嫩草相拥。这些胭脂般的繁花，仿佛涂抹在心尖上，将我的心情也染得鲜红如火。"在这段文字中，何老师运用了过渡句，由远及近有序地描绘美景，同时融合了联想和感受。本堂课的写作训练点在短文中一一体现。受到老师的启发，学生们纷纷推荐公园里深刻印象的一处景物。课堂最后，何老师通过一段航拍中国的视频，将学生引入了祖国广袤壮丽的山河画卷中，激起了学生对祖国山河的无限热爱。何老师寄语学生们：在行走的旅途中，不仅要用心去感受这份美好，更要学会用文字将这份感动细细描绘，让那些惊艳的瞬间在文字的世界里永恒绽放。通过这样的方式，本堂课所追求的情感目标得到了完美的实现。

三、形成教学模式

通过不断地实践，课题组制作出了2个观课评议表（表3-3、表3-4），建构了情景支架支撑下的基本教学模式（图3-1）。

表3-3　小学语文作文教学的"情思课堂"观课评议表一

观察视角：解读语文"情"

课题：　　　　　年级：　　　　　授课人：

单位：　　　　　观课人：　　　　　时间：

教学环节	观察点（教师"情"）	教学手段	教学内容	学生答问		教师理答		有效性	记录提问	简议
				参与度	准确度	方式	内容			
情境激趣	情境导入 自主生情									
建构支架	明确要求 识情启思									
交流表达	多维指导 以情促思									
练笔讲评	写评结合 情思和鸣									

表 3-4 小学语文作文教学的"情思课堂"观课评议表二

观察视角：促进儿童的"思"

课题： 年级： 授课人：

单位： 观课人： 时间：

教学环节	观察点	学生发言（人数）（以画"正"统计）			参与活动的学生分布	学生质疑问难次数	学生座位分布图
		主动	点名	消极			
情境激趣	自主生情						
建构支架	识情启思						
交流表达	以情促思						
练笔讲评	情思和鸣						

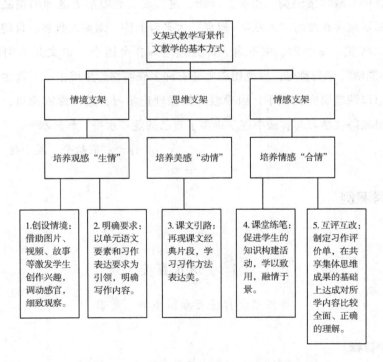

图 3-1 "支架式教学"写景作文教学的基本模式

四、收获研究实效

经过 3 年的努力，本课题取得了研究实效：

（1）学生乐于写。从 2021 年到 2023 年，学生参与习作的创作热情高涨，其中写景作文有 20 余篇发表在《邵阳日报》《邵阳晚报》上。一次次发表，进一步激发了学生的创作热情。

（2）老师乐于教。教与学是互相促进的。课题组所有成员在教学上向课堂要效率，在备课的针对性上下功夫，以文本为基础对学生进行写作素材、写作能力的培养，全面提升学生写作素养。课题组教师的研究论文、教学设计、案例研究、在线集体备课、写景习作精品课等获得了国家级、省级、市级、区级等奖项，如夏小艳、朱玉琳、肖涛老师的论文获市级奖；肖芳苞、肖涛老师的在线集体备课获湖南省在线集体备课二等奖；夏小艳、何梦霞老师的《写景作文融合创新应用教学案例》获邵阳市融合创新教学案例类二等奖。肖涛、夏霞宏、莫睿洁等老师的精品课均获区级奖，教师示范课在湖南"互联网+教育"大平台上传，浏览人数多。肖涛老师获得省级微课二等奖。夏霞宏、朱玉琳、肖芳苞老师在全国小学语文儿童阅读活动获"优秀指导老师"荣誉称号。课题组教师还有许多获奖在这里就不一一赘述了。

课题组以课题研究为抓手，引导教师加强理论学习，进行深入探讨，大胆进行实验。本组教师在学习与实践中逐步提高了自己的业务水平、教研水平。

（作者：周秋平　夏小艳　何梦霞）

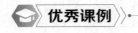
优秀课例

1　这儿真美

邵阳市大祥区百春园小学　肖攀

[教学目标]

（1）能仔细观察一处景物，"围绕一个意思""从几个方面"用一段话写下来，并能主动运用平时积累的描写景物的词语。

（2）能自己改正错别字，并乐于和同伴分享观察到的美景。

[**教学重点**]

"围绕一个意思"从几个方面写清楚"这儿真美"这个主题。

[**教学难点**]

抓住景物特点，主动运用平时积累的新鲜词句把景物的美写清楚。

[**教学分析**]

本次习作选自部编版三年级上册第六单元的习作。第六单元是习作单元，语文要素是"借助关键语句理解一段话的意思""习作的时候，试着围绕一个意思写"。单元内安排了三篇课文，其中两篇课文后设置了课后练笔，语文园地里设置了交流平台、词句段运用环节，逐步落实这一目标。《富饶的西沙群岛》中第五自然段围绕"西沙群岛是鸟的天下"这句话进行描写；《海滨小城》中的第六、七自然段分别围绕"小城的公园更美""小城的街道也很美"这两句话来描写；《美丽的小兴安岭》则由段及篇，围绕最后一个自然段从春、夏、秋、冬四个季节分段描写。三年级是小学作文的起步阶段，应该建立支架，降低写作难度，由难到易，在课文中渗透写法，再在写作中运用，达到"润物细无声"的效果。

[**教学过程**]

一、激发兴趣，寻找美景

师：同学们，跟着课文，我们游赏了祖国的大好河山，还记得我们游览了哪些地方吗？

预设：西沙群岛、海滨小城、小兴安岭。

师：这些地方真美。其实，美是无处不在的。我们这儿也很美。（带领学生欣赏家乡美景）只要你有一双善于发现的眼睛，你就会发现：这儿真美。（板书课题）

设计意图　从复习课文入手，感受作者笔下的美。三年级学生缺乏对生活的观察，教师通过多媒体给学生展示经常见到的公园、学校、家里的一角，创设情境，打开思路，引导学生观察美、欣赏美。

二、明确要求，理清思路

（1）师：今天我们就以《这儿真美》为题，用一段话来介绍身边的美景吧。（出示习作要求）请同学们打开书快速读一读，你读懂了什么？

（2）（交流）出示习作要求。

写前：仔细观察那个地方的景物和特点。

写时：围绕一个意思写，可以用上新学的词。（板书：围绕一个意思）

写后：修改错别字，读给同学听，分享你发现的美景。

师：那该怎么"围绕一个意思"写出这儿的美呢？接下来我们一起走进课文《海滨小城》，来向作者取取经，学学方法。

设计意图 三年级是小学习作的起步阶段，依据课本支架，从写前、写时、写后三方面解读习作要求，学生能迅速明白本节课的学习目标，做到有的放矢。

三、范例引领，建立支架

出示图片（公园）。

师：这是《海滨小城》里的哪一个地方？给你留下了怎样的印象？

（出示"公园的景色更美"）指名读。

师：这个句子非常关键，写出了公园给我们的总体印象，确定了我们要写的主要内容。这个句子也叫作——中心句。（板书：中心句）

师：公园里哪些方面让你感受到美呢？（自由交流）

点评语句：你有着敏锐的观察力。

你还能说出这个景物的特点。

你观察入微，是大家学习的榜样。

师：我们从这么多角度观察了公园，那是不是每个角度都要写进我们的习作中呢？让我们看看原文吧。

（学生齐读）师：这段话是围绕哪个句子写的？

找出来读一读。

师：同学们刚才交流了很多个景物，那么作者围绕关键句选取了哪几个方面来

进行描写呢？（预设：榕树、石凳）

思考：为什么作者只选取了这两个方面？

学生交流、汇报。

师：我们在选择材料时，一定要挑选能给人留下最深刻印象的或者是独特的地方来写，可不能记流水账哟！（板书：多方面）

出示导图。

小结方法：导图能帮助我们更清晰地了解到，作者是围绕"小城的公园更美"这个意思，从"榕树"和"石凳"两个角度来描写。

师：作者笔下的榕树又是什么样的？有什么特点呢？让我们回到课文再来看一看。（指名读"榕树"的句子，渗透比喻，用处等观点。PPT出示：多、又大又绿、树叶密、遮太阳、挡风雨）。

指名读"石凳"的句子。

师：是呀，作者通过仔细观察抓住了榕树和石凳的特点写具体，这也是作者的法宝之一。（板书：写具体）

小结：通过刚才从课文中的学习，我们知道了"围绕一个意思"有三大法宝：先确定中心句，再从不同的方面写，写具体。

设计意图　在写法教学中，借助课堂的阅读教学，选取典型片段建立支架，在阅读中观察，从中心句入手，课文围绕中心句从哪几个方面进行描写，怎样写具体三方面解析文本，充分挖掘教材中的"点"，集点成面，让写作渗透到日常教学中去。

四、制作导图，尝试写作

师：（出示图片：公园一角）今天我们也来当当小导游，用一段话给大家介绍一下城南公园吧。想一想，你的中心句怎么写？（指名说）

师：同学们，中心句可以说是这处美景的名片，准确概括了这处美景的特色。所以，这个句子我们最好要写得与众不同。

师：（出示书本上三个中心句）自由读一读，你发现了什么？

师：是的。美不一定非要直白地表达出来，色彩斑斓是美，景色吸引人是美，

生机勃勃也是美。你能试着写一写你的中心句，把它填在导图中心位置吗？（指名两三名同学读一读）

师：（出示图片）公园里哪个角度让你印象最深刻？请认真选取填入小圈内。

组内交流：把你选择的景物美美地介绍给同桌的小朋友。

指名三四名同学分享自己的想法，分享的同时引导他把自己最喜欢的一个角度说具体。

师：同学们已经摩拳擦掌，跃跃欲试。在下笔之前，请同学读一读老师赠送给你们的"百宝箱"——优美词语。看看哪些你能用得上。

师：我们的"最美风光"速写比赛即将开始，十分钟内，看谁完成的又快又好，名列前茅的同学将获得"最美小导游"的称号。计时开始！

设计意图 引导学生利用思维导图写一写身边熟悉的公园，指导学生从图片中选取自己喜欢的景物来进行交流，并引导学生发现美、描述美，说出自己眼中、心中的美，真情实感油然而生。在写作时给孩子提供了"百宝箱"这个词语支架，为"写出美"打好了基础。

五、自改互评，展示交流

（1）自评：读一读自己的习作，改正错别字。

（2）同桌互评：读一读同桌的习作，按要求打星。

是不是围绕一个意思写？（＿＿＿＿）

是否用上了积累的词语？（＿＿＿＿）

是否检查并改正了错别字？（＿＿＿＿）

（3）展示交流。

总结：同学们，这节课我们学习了围绕一个意思写"这儿真美"。用上写好作文的金钥匙，"美"的大门就这样打开了。课后我们还可以用这样的方法写一写其他的美景，发在爸爸妈妈的朋友圈里，让更多的人欣赏到你笔下的美。

设计意图 如何带领三年级学生学习评价作文？策略一，围绕教学目标，制定了习作评价单。策略二，先自评、互评再到集中点评。策略三，优劣并举，引导学生观察与评价。循序渐进，也体现了学生在学习中的主体地位。

[板书设计]

这儿真美

围绕一个意思写

中心句

多方面

写具体

[教学后记]

这次习作要求是"试着围绕一个意思写"。本堂课采用支架式教学，先把复杂的学习任务加以分解，以便于把学习者的理解逐步引向深入。我运用了以下支架：

（1）情境支架，展示课文插图和身边美景图片，迅速将习作内容和学生生活联系起来，激发学生的学习欲望。

（2）写作目的支架，通过对习作要求的解读，学生能解决"我要写什么？""我要先做什么，再做什么"这些问题，明确目标，学习难度就降低了。

（3）例文支架，选用课文《海滨小城》里的典型段落，通过交流明白选取的段落是围绕"小城的公园更美"这个意思，从"榕树"和"石凳"两个角度来写，并运用了修辞手法将榕树的美写得生动。

（4）思维导图支架，在交流中完善思维导图，有条理地记录下自己的"情""思"火花，构建属于自己的文章支架。

（5）词语支架，练笔时给学生"百宝箱"里的优美词语，丰富了学生的词汇，降低了写作难度，提高了学生的语用能力。

（6）讲评支架，设计了多样化的层层递进的评价模式，让每位学生都能得到锻炼的机会。

支架学习法十分实用高效，并能与课堂高度融合，从看、听、读、写、评多角度进行写作训练，让学生情思和鸣，兴趣盎然。

② 推荐一个好地方

怀化市溆浦县卢峰镇第三完全小学　黄清英

邵阳市大祥区华夏方圆学校　夏霞宏

[教学目标]

（1）推荐一个好地方，按照顺序写清楚推荐理由。

（2）运用修辞，融入想象，将好地方的独特之处写得生动具体。

（3）培养学生合作学习的能力，体验表达带来的快乐。

[教学重难点]

（1）按照一定的顺序把好地方介绍清楚。

（2）运用修辞，融入想象，将好地方的独特之处写得生动具体。

[教学分析]

本单元的人文主题是"自然之美"。语文要素是"边读边想象画面，感受自然之美"。本单元的习作要求是"推荐一个好地方，写清楚推荐理由"。教材以分享和推荐的方式，让学生介绍自己喜欢的好地方，旨在激发学生的习作兴趣，让他们从本单元"自然之美"的课内学习走向生活实际，勾起学生已有的生活经验，激发学生表达对美好生活的真切感受，发挥了语文课程的育人功能。

导语和插图部分让学生能够更好地理解"好地方"的含义，并且明白好地方有很多种选择，可以是游乐园，可以是图书馆，也可以是植物园，更可以是一个旅游景点，也就是说，凡是孩子们熟悉且喜欢的地方都可以是一个好地方。打开学生的写作思路，激发学生交流和分享的兴趣。三个问题提示本次习作的要求，即写清景点之名、地理位置以及推荐理由。为了让孩子们关注推荐理由的重要性，教材通过一个古镇进行举例，引导学生推荐理由可以从多个角度进行推荐，抛砖引玉引发学生的思考。另外还提示学生自己先进行修改，再学生间进行修改，这样让学生的修改更有针对性和操作性。最后，通过习作展示和交流，让学生分享信息，体现习作的交际功能，同时也让学生体验到成功表达的快乐。

学生在三年级已初步接触了写景的习作训练，已有一定的写作基础。但有一部分学生还没养成留心观察的习惯，再加上对习作的畏惧心理，导致他们在习作时会出现语句不通，内容空洞，不能按照一定的顺序将自己观察到的内容写清楚等问题。因此，写好写景作文的难度还较大。

[**教学过程**]

一、复习联结，理解好地方

1. 复习课文，联结激趣

师：通过学习第一单元课文，我们已经领略了不少好地方。学完了《观潮》一课，我们知道了在浙江省海宁市可以观看气势磅礴的钱塘江潮，海宁市真是个好地方。《走月亮》一课，作者描写了自己和阿妈在月下散步时看到的宁静优美的景色，让我们感受到这样一片乡村田野可真是一个好地方。

2. 师生介绍，导入新课

师：节假日里老师也去过一些好地方。（出示图片）

师：孩子们，你们心中一定也有想去的好地方吧，愿意和大家说说吗？

师：听了你们的推荐，我觉得好地方很多很多：有风景名胜，也有身边的小景；有游乐场，也有商店，还有运动场，等等。只要是让我们感到身心愉悦的地方，我们都可以称它为一个好地方。（板书：好地方）今天我们就来推荐一个好地方。（板书：推荐一个）希望同学们积极争当"推荐小达人"。

设计意图 《课标》在第二学段习作教学目标中提出"乐于书面表达"的要求。本环节以"说一说"和争当"推荐小达人"的方式拉开课堂的序幕，目的是为学生创设一个表达的情境。事实证明，这样一个情境对激发学生的习作兴趣和表达欲望是大有作用的。

二、聚焦选材，选择好地方

1. 由问题引入主题

有的同学说："我心中的好地方实在是太多了，该推荐哪一个呢？"同学们别着急，我们一定要好好地想一想。因为这是习作的第一步，把好选材关。

2. 示范引路，学习选材

湖南溆浦有一位金樱子姑娘，今天我们把她请到了课堂。她可以说是我们溆浦的"推荐小达人"。她为了给我们推荐好地方，专门设计了一个选材表。我们来看看她是怎么写的吧！

好地方	理由一	理由二	理由三
图书馆	可以看书		
佳惠超市	可以购物	可以享受美食	
向警予纪念馆	欣赏美景	了解历史	
辞海广场	欣赏美景	了解文化	散步休闲

3. 根据选材表，猜想法

金樱子姑娘一共列举了哪几个地方？

生：四个地方，图书馆、佳惠超市、向警予纪念馆和辞海广场。

师：她是怎么想的呢？谁来说说？

小结：孩子们，从这张表中，我们可以看出，推荐理由可以是有好看的风景、可以看书，也可以是有好吃的美食、悠久的历史文化，等等。

师：她最想推荐的地方是什么？为什么？

小结：推荐理由可以是一个，也可以是两个、三个，但最重要的是推荐理由要体现地方特色，这样才能让理由变得充分，从而吸引更多的人气，写出来的文章才会别具一格。（板书：抓住特点，理由充分）

4. 播放视频，打开记忆

师：金樱子姑娘确实很喜欢辞海广场。她还拍摄了一段视频呢。请孩子们边看边想，视频里的哪一个情景给你留下最深刻的印象呢？

5. 小结方法，填写选材表

师：金樱子姑娘利用一张选材表，把世界上独一无二的以"辞海"命名的文化广场介绍给了我们。我们也可以利用这样一张选材表，从中筛选出一个你心中最好的地方。下面，请大家拿出学习单，填一填选材表吧！

6. 抽查并展示选材表，同桌互相交流自己的想法

师：谁来展示一下你的选材单，你推荐哪里的什么地方？并说说你最后的选择是什么。（学生介绍时板书：按照顺序，介绍清楚）

7. 教师小结

师：的确，你推荐的地方越具有新鲜感，越让同学们觉得耳目一新，你的习作也越容易脱颖而出。老师想看看谁会成为今天的"推荐小达人"。

设计意图　教学实践表明，困扰学生习作最重要的不是"方法"，而是"内容"，学生害怕习作，是因为觉得"腹中空空"，没什么可写的。因此，我们的教学要着重解决学生"没内容可写"的苦恼。这一部分的教学就意在通过充分的交流，拓展学生的思维，充实习作的内容。特别是交流过程中教师的启发指导，将如何抓住不同的方面来推荐一个地方的方法巧妙地渗透进去。

三、学习写作方法，推荐好地方

1. 分享写作法宝

要想当好"推荐小达人"，法宝就是，推荐理由越充分，越能体现地方特色，给人留下的印象就越深刻。

老师给大家搜集到一个介绍向警予纪念馆的片段。我们一起来看看吧！

向警予纪念馆环境幽雅。我怀着崇敬的心情踏入大门，首先映入眼帘的是高大的向警予铜像，只见她高昂着头，眼神坚定，大步向前。瞻仰着向警予铜像，我的脑海里浮现出她为创办女校下乡劝学的忙碌身影，耳边响起女子学校嘹亮的歌声。铜像的周围松柏青翠，像英勇的卫士守护着家园。走进向警予故居。这是一座坐北朝南，具有湘西特色的砖木结构四合院。庭院内木壁青瓦，古色古香，透出一份神圣和庄严……

学生赏析时板书：运用修辞，融入想象。

师：看了这样一段精彩的推荐词，你心动了吗？我们推荐好地方的时候，也要按照一定的顺序，抓住这个地方的特点。你还可以尝试运用总分段式，加入自己的心情和感受描写。当然你也可以运用比喻、拟人、排比等修辞手法，将这个地方的特点介绍清楚，理由写充分。

2. 写评片段

师：孩子们，现在，就请你们运用学到的写作法宝，介绍你心中那个好地方吧！

想一想：怎么写才能激起人们去拜访的欲望？开始行动吧！

出示课件：请你写一段话，写出你心目中那个好地方的一个特别之处。

自由写片段描写。（师巡视指导）

师：写好的同学，自己先读一读，看看有没有把这个地方介绍清楚。也可以同桌交换读一读，用红笔划出你觉得同桌写得好的吸引你的地方，如果你能给同桌提提建议，那就更棒了。

3. 分享片段，自由评价

师：这么多同学写完了，谁愿意上来？（指名读片段，展台展示片段）

师：听你的分享，真是一种享受。谁来评一评？

师：他是先写什么，后写什么？这段话写作顺序一目了然，写出了这个地方的特别之处，介绍清楚，理由充分。

师：没有想到，你们在这么短的时间内，居然能写出这么有想象力的片段。如果我们结合其他几点理由，再构思一个好的开头与结尾，那么一篇推荐美文也就水到渠成了。

设计意图　利用范文，由段到篇，让学生从中获取一些基本方法，减轻学生习作的难度。在口头作文的基础上，让学生趁热打铁，赶紧把习作落实到本子上，一气呵成地完成习作。

4. 说说自己的思路

师：下面就请同学们拿出学习单，学着这些同学一样，同桌之间互相介绍自己的习作思路。请一个同学们来说说自己的习作思路。

师：孩子们，你们看，这位同学的思路很清楚。我们在动笔之前，先想好写作的顺序和具体的内容，这样才能做到真正的胸有成竹。

师：下一节课，同学们之间还可以互相评一评，做一下简单的修改。这样就可以互帮互学，共同进步了！

设计意图　《课标》在中年段习作教学目标中指出，学生要"愿意将自己的习作读给人听，与他人分享习作的快乐""学习修改习作中有明显错误的词句"。引导学生以同桌交流的方式来探讨，就意在激发学生交流的兴趣，同时让学生通过自我修改和相互修改，提高习作质量并逐步养成自我修改的好习惯。

[板书设计]

抓住特点		理由充分
按照顺序	**推荐一个好地方**	介绍清楚
运用修辞		融入想象

[教学后记]

在这节课的教学中，我充分发挥学生的自主学习和合作精神，引导他们通过复习旧知，理解好地方；再指导选材，让学生选择好地方；接着示范引路，指导学生抓住特点推荐好地方。同时，还引导学生融入想象，让学生运用修辞，注重细节描写，这样更能打动人。

本次习作中，学生能围绕两到三个要点将推荐的理由写清楚、写具体。之所以能取得这样的效果，主要原因有：一是注重引导学生在课前观察、询问、搜集写作材料，积累丰富的写作素材；二是激发了学生的习作欲望，勾起学生与情境相似的生活回忆，这样习作才会成为一件"自然而然"的事；三是注重交流及交流过程中的方法指导。习作指导课，一定要从内容入手，首先解决写什么的问题，打开思路，使人人都找到想写、要写的内容。至于怎么写的问题，在打开思路、选择要写的内容的过程中渗透，在习作、交流修改的过程中指导。

教学中还存在一些不足之处，比如，没能及时把握不同学生的写作情况，没能对学生的作品做出及时评价，希望在今后的工作中加强。

3 游____

邵阳市北塔区高撑小学　何梦霞

邵阳市大祥区华夏方圆学校　肖涛

[教学目标]

（1）按游览顺序写一个地方，画游览路线图。

（2）巩固按顺序写景物的方法。

（3）按顺序写一处印象深刻的景物。

[教学重难点]

按顺序写一处印象深刻的景物。

[教学分析]

本次习作训练是部编教材小学语文四年级下册第五单元的教学内容，语文要素是"了解课文按一定顺序写景物的方法"。安排了两篇课文和两篇习作例文，语文园地里设置了初试身手环节，逐步落实本单元目标。揣摩《海上日出》按顺序写景物的表达效果；学习《记金华的双龙洞》移步换景的写作方法，学会画游览路线图；体会《颐和园》过渡句的用法；《七月的天山》重点指导按顺序写某一处景物。学生第一次写游记，因此在教学中要渗透按顺序写的意识。整篇文章的写作按游览顺序，景物也要按顺序写。先在文章中学写法，再在写作中运用，达到"用课文教习作"的效果。

[教学过程]

一、创设情境，入情入境

播放自我介绍视频（视频里含有各地旅游素材）。

师：同学们好，我就是何老师，这节课我们一起乘风破浪。上课！

明确目标。

师：看了视频，你们已经知道了老师特别喜欢旅游，相信你们也去过不少地方吧！给我推荐推荐，请你来说。

生：北京、长沙、衡山……

师：每一次出游都是一次美好的回忆。妙笔写美景，巧手著奇观。这节课，就让我们走进第五单元习作《游____》。这是一个半命题作文，后面这条长长的横线需要你回忆，回忆一次令你心动的出游。

师：同学们在选材的时候，可以写像北京这样的著名景点，也可以写身边美景。无论名气大小，无论距离远近，关注内心，处处都是可写的美景。

设计意图 视频展示优美的风景图片，让学生入情入境。从学生的旅行经历切入，唤起学生的生活经验，激发学生的表达兴趣，把学生带入习作情境。接着明确习作要求，为习作做好铺垫。

二、搭建支架，画游览路线图，巧用过渡句

1. 谈话激趣，介绍景点

师：这次老师来怀化啊，特别想去一个地方。我在网上看到这个视频，被深深吸引了。（出示中坡森林公园视频）你们去过吗？

生：去过。

师：那太好了。你们能给我介绍一下中坡森林公园的主要景点吗？

生：双清湖，菩提寺，茶花园……（学生说一处，老师在卡片上写一处）

2. 梳理路线，画游览路线图

师：谢谢。这么多的景点，老师可犯难了，你们给我理理顺序吧。来，你们觉得我应该最先去哪个地方？

生：……（学生说一处，移动景点卡片，加上箭头排序）

师：老师听从大家的建议，理清了我的游览顺序，加上箭头，我就拥有了中坡森林公园的游览路线图。这是一种帮助理清思路的好方法。我们在写游记的时候，就可以这样，到一个地点写一个地点风景，这就是移步换景。

3. 巧用过渡句

师：可是我要怎样才能准确地到达下一个景点呢？我从双清湖怎么去菩提寺？你们去过，怎么去？

师：很好，你在两处景点之间加了一句过渡语。

师：我们的习作例文《颐和园》就是一个很好的示范。请看，作者加上了合适的过渡语，巧妙地把景点之间联系了起来，我们一起来读一读。

出示《颐和园》片段。

师：这些句子都出现在段落的开头，既联系了上一个景点，又引出了下一个景点，再用上像"绕过""走完""登上""从万寿山下来"这样合适的动词，就可以让我们随着作者的游览顺序自然转换景点。

师：你们能不能帮老师的游览路线图加上过渡句，完善游览路线呢？

学生各抒己见，在讨论中设计出合理的路线。

师：明天我就按照这个路线去游览。写游记前，借助路线图和过渡句，就能帮

我们理清思路。这也提示我们在写游记的时候，要按照游览顺序来写，这就是景中有序。（板书：景中有序）

设计意图 从学生身边的美景入手，通过视频唤起回忆。通过请学生来帮忙设计路线的方式，将课堂的主动权交给学生。用课文做示范，学习过渡句的写法。

三、搭建支架，印象深刻的景物，写出特点

1. 选出印象深刻的景物

师：你看（出示公园图片），在中坡森林公园有这么多处景点，哪一处给你留下的印象最深，你最想推荐给大家细细观赏？

在学生推荐地方的时候着重问为什么推荐此处，引导说出推荐景物的特点。

师：孩子们，那我们在写的时候，要怎样才可以写出这些景物的特点呢？（板书：写出特点）秘诀就藏在课文的美景当中了。

2. 课文引路，寻找写出景物特点的方法

（1）见闻加联想。

片段一：进入天山……蓝天衬着高竿的巨大的雪峰，太阳下，雪峰间的云影就像白锻上绣了几朵银灰色的花。融化的雪水，从峭壁断崖上飞泻下来，像千百条闪耀的银链，在山脚下汇成冲激的溪流，浪花往上抛，形成千万朵盛开的白莲。

师：边读边思考，作者抓住了哪些景物写出雪山生机勃勃的特点？

生：抓住了蓝天、雪峰、云影、雪水、溪流、浪花来写。

师：观察以下这些词语，你发现了什么？

生：作者是按照顺序来写的。

师：所以景中有序不仅提醒我们游记要按游览顺序来写，在写某一处景点时，如果有多种景物，也要按顺序来写。

师：他又是怎样把这些景物写生动的呢？

生：作者运用了比喻的修辞写出了景物的特点。

师：云影、雪水、浪花是作者见到的，银灰色的花、闪耀的银链、盛开的白莲是作者联想到的。作者为什么会有这样的联想呢？

生：作者是抓住了颜色和形状来想象的。

这提醒我们联想是建立在认真观察的基础之上的。

（板书：见闻、联想）通过描写见闻和联想，作者写出了雪山生机勃勃的特点。

（2）加入感受。

片段二：眼前昏暗了，可是还能感觉左右和上方的山石似乎都在朝我挤压过来。我又感觉要是把头稍微抬起一点儿，准会撞破额头，擦伤鼻子。

师：这是叶圣陶描写双龙洞孔隙的片段，读一读，你感受到孔隙什么样的特点？（预设：窄小）

师：作者是怎么把特点写出来的呢？

生：加入感受。（板书：感受）

师：加入感受，让人有身临其境之感。

设计意图　在这一板块中，用熟悉的课文引路，让学生对行文构思有清晰的认识。语文教材是提高学生作文水平的"根"和"源"，教学时要立足教材，挖掘教材的写作训练点；活用课文语言，仿照课文的结构、写法。向课文学作文是一种既简单又朴素，而且操作性很强的学习作文好方法。

四、片段书写，情思和鸣

小结：同学们已经发现了大师的写作秘诀。现在就请你们写一写在中坡森林公园里印象最深一处景物，看谁写得最吸引老师？好吗？

教师出示学习单：

我印象最深刻的一处景物是：＿＿＿＿＿＿＿，它的特点：＿＿＿＿＿＿＿。

＿＿＿＿＿＿＿＿＿＿＿＿＿＿＿＿＿＿＿＿＿＿＿＿＿＿＿＿＿＿＿＿

＿＿＿＿＿＿＿＿＿＿＿＿＿＿＿＿＿＿＿＿＿＿＿＿＿＿＿＿＿＿＿＿

＿＿＿＿＿＿＿＿＿＿＿＿＿＿＿＿＿＿＿＿＿＿＿＿＿＿＿＿＿＿＿＿

＿＿＿＿＿＿＿＿＿＿＿＿＿＿＿＿＿＿＿＿＿＿＿＿＿＿＿＿＿＿＿＿

教师巡视，随机点拨。

设计意图　课堂上的时间是有限的，片段的书写能起到以点带面的作用。

五、交流评改

1. 展示学生写的片段

2. 展示教师下水文

游中坡森林公园

一片片茂密的树林，似大自然搭建的绿色屏障，将纷扰的城市喧嚣隔离在外。一声声悦耳的鸟叫，似一场自然的音乐会，悠扬在耳畔。一丝丝清凉的山风，似轻柔的丝带，轻轻拂过脸颊……漫步在中坡森林公园，仿佛置身于大自然的怀抱，感受着城市的呼吸。

踏进大门，沿着蜿蜒的山路缓步而行，很快就到了双清湖。碧绿的湖水在微风的轻拂下泛起层层涟漪，在阳光的照耀下闪烁着耀眼的光芒，宛如鱼鳞片片，犹如金灿灿的碎片。一座座廊桥和亭子相互融合，水面上廊桥徐徐铺展，宛如漫步山水之间，任性自在。

游览完双清湖，再往上行，便可欣赏到迷人的茶花园。山茶花开遍山野，红如烈焰，热情洋溢，吸引一片片蝶儿；粉如丝丝霞云，含笑而立，娇羞欲语。一朵朵，一瓣瓣，容光焕发，超凡绝俗。

穿过茶花园，再过向往亭，菩提寺便森然显现。拾级而上，只见大雄宝殿矗立在面前。金色的琉璃瓦闪烁着夺目的光芒，灵动的飞檐饰托着宏伟的殿宇，石雕龙柱仿佛有生命一般。宝殿内金碧辉煌，香烟腾腾，高大的佛像庄严安详，两边的十八罗汉或端坐，或盘膝，或踏步，神态各异，栩栩如生，令人肃然起敬。

从菩提寺往山下走，樱花谷跃然眼前。远远望去，一片粉红的海洋，满树的樱花，热闹非凡。走近看，花瓣细嫩可爱，金黄色的花蕊紧密聚集在一起，犹如俏丽的金丝织就。微风掠过枝头，无数樱花纷纷飘落，有的和春光翩翩起舞，有的和微风如诗共鸣，还有的和嫩草轻抚相拥。这樱花雨如春天的使者，驱散了冬日的寒气，传达着春天的气息。粉红的繁花仿佛涂抹在心尖上，将我的心情也染上了粉红！

这就是美丽的中坡森林公园，它是大自然赠予的宝藏，也是放松身心的绝佳去处。

3. 出示评价单，学生点评

习作片段评价单

评价要点	评价	建议
语句通顺		
景中有序		
写出特点		
合计		

4. 小结

师：同学们，祖国疆域辽阔，山河壮丽。你看，这么多美景等着你去游览。（出示航拍中国视频）

师：通过这节课的学习，我希望你们在游览美景的时候，不仅可以用眼睛去欣赏，用心去感受，还能用文字去记录。课后请用文字记录下你曾经的足迹，写一篇完整的游记，把领略过的美景分享给更多的人。这节课就上到这了，下课。

教学策略：讲评环节主要把习作评价的自主权交给学生，提高学生自我评价的能力，引导学生在自我修改和相互修改的过程中，提高写作能力。在共享集体思维成果的基础上达成对所学内容比较全面、正确的理解。引导学生围绕习作要求，在分析对比中获取写作知识。小结时通过视频激发学生对祖国大好河山的热爱之情。

[**板书设计**]

游____

景中有序

写出特点（见闻、联想、感受）

[**教学后记**]

用课文教作文

用课文教作文是捷径，也是必然要走的道路。部编教材的课文是指向习作的，用课文教作文丰富学生的语言形式，便于学生掌握写作技巧，可以让学生有法可依，有章可循。先在文章中学写法，再在写作中运用，达到"用课文教习作"的效果。实现单元语文要素的迁移运用，形成阅读铺路、由读到写的学习途径。

本节课选取身边的美景做素材，唤起学生的共鸣。先让学生为老师画游览路线图，一个个景点如珍珠，过渡句如细丝串起了文章的框架。老师将主动权交给学生，让学生设计合理的路线，充分调动起学生的思维。在描述景物时指导学生抓住景物的特点来写，写景要有详略之分，接着借助课文片段提炼写景方法，并通过当堂练写讲评将作文教学落到实处。整堂课内容充实，环节设计由浅入深、由扶到放，循序渐进。

但是教学就像维纳斯的断臂一样，是一门缺憾的艺术。本堂课还有一些不足之处，整堂课缺少由片段到篇的指导，应在练写片段之后，将游览路线图、过渡句结合起来，梳理游记脉络，构思好提纲。这样由点及面，由段及篇，搭建好完整的习作支架。

4　____即景

邵阳市大祥区华夏方圆学校　莫睿洁

［教学目标］

（1）观察某种自然现象或某处自然景观，重点观察景物的变化，写下观察所得。

（2）能按照一定的顺序描写景物，写出景物的动态变化。

［教学重难点］

能按照一定的顺序去描写景物，写出景物的动态变化。

［教学分析］

本次习作训练是部编教材五年级上册第七单元的教学内容。学生曾学过按一定的顺序描写景物，而本次作文就是在此基础上进一步提出的半命题作文《____即景》。本次作文要求学生根据自己观察的对象，把题目补充完整。"即景"的意思是眼前的、当下的情景。这就要求所写的景物是较短时间内所见，并且要有一定的变化。而五年级学生对于写景作文比较熟悉，但按照一定顺序写出景物的动态变化，这就有点难度。所以，学生在选材上需要一定的指导。

[教学过程]

一、创设情景，图片导入

导入：同学们，大自然色彩斑斓、神秘而又迷人，它像个俏丽的少女，是那样的恬静，那样的可爱。我很爱大自然，爱它的春夏秋冬，爱它的美的景物，美的情感，美的语言……来，让我们一起走进大自然，去感受这份美好。

师：（出示图片）这些景物都来自我们学过的课文，那么，课文中又是如何描述这些景物的呢？

出示课文段落（《月迹》第三段），学生齐读。

引导学生理解"即景"：当时或当下看到的景物。

设计意图　利用多媒体课件引入，趣味性强，能激发学生学习的兴趣，让学生直观形象地感受到大自然的美。

二、引导审题，拟定标题

1. 补充题目

师：这是个半命题作文，我们可以写哪些即景？在平时的观察中，让你印象深刻的画面是什么？请同学们闭上眼睛回忆一下。

2. 指名回答

根据学生回答相机出示标题，师补充。

设计意图　引导学生审题，使学生准确理解习作题目，通过回忆、想象，让学生产生倾吐的欲望。

三、回顾课文，构思习作

默读作文要求，提炼关键句子。

（1）默读并思考：本次习作，我们应该注意些什么？

（2）指名回答，师相机板书：按一定的顺序、写出动态变化。

（3）齐读。

（4）师：那么，我们可以按照什么顺序来写呢？（出示《海上日出》第三段）

请同学们思考：这是按照什么顺序来写的？

师：除了按时间顺序写外，我们还可以按照空间顺序、方位顺序、逻辑顺序等顺序来写。再读这段话，作者又是如何描写日出的这一变化过程的？

师：作者是从哪些方面描写日出的动态呢？（预设：颜色、形状）

小结：学会抓住景物的特点，就能写出事物的动态变化。当然，我们还可以运用一些修辞手法，使文章显得更生动。

设计意图　通过对课文精彩片段的回顾，引出本次习作要求，为学生之后的写作做铺垫。简洁的板书让学生一目了然，能快速抓住习作要点。

四、例文展示，巩固写法

（1）借鉴以上例文的方法，结合自己的想法，按照本次习作要求，就能写出精彩的作文。

（2）师：搜集了一些素材，请看——

播放视频、出示美图，学生欣赏。

（3）认真构思，片段练写。

（4）展示优秀片段。

（5）学生自评、互评。评价要点：语言简练，书写规范。点评后应署上姓名。

（6）师指导补充，出示下水作文。

海边即景

我第一次来到海边，有点兴奋，因为在我心里，它是辽阔而梦幻的。

远远望去，我隐约看见一座小岛。薄雾弥漫，小岛若隐若现。海面上点点的白帆在海中摇曳，偶见几只渔船，渔船缓缓行驶，大概是满载而归的渔民正在奋力往回赶吧。

突然，潮涨起来了，首先，望见的是一条白线，并闪着白光。一眨眼的工夫，那白线便变成了白练，时断时续，飘飘悠悠。此刻，白练向前推进的动态也越来越清晰，仿佛又变成了一群洁白的天鹅，排成横队，展翅欲飞。接着，白天鹅又变成了银色的飞机，在跑道上越滑越快，最后冲击我的双腿，我一个趔趄摔倒在沙滩上，待我回过神来，它又渐渐退去……

（7）学生自主修改习作。

设计意图　通过例文的展示，借鉴例文的写作方法，更好地为学生的写作打开思路，掌握写作技巧。

［板书设计］

＿＿＿即景

按一定的顺序

写出动态变化

［教后反思］

稳中求进，行稳致远

《＿＿＿即景》是一篇半命题作文，这篇习作要求是描写自然景物，为了让学生亲近大自然，用心去观察大自然，我采用情景渲染切入，先出示几张图片导入，从而理解题意。同时，在教学中，我还存在一些不足，为此，我总结了以下几点：

（1）注重方法指导。

教学中，以课文《海上日出》为例，我引导学生学习作者按照时间的顺序来描写，通过抓住景物特点来描写日出的变化。但是在教学过程中，由于我讲得过细，耗时太多，且忽视了学生发散思维的训练，从而没有达到预期设定的目标。

（2）注重读写结合训练，突破难点。

这是一篇半命题作文。教材中明确了要求：按照一定的顺序，有条理地描写景物；注意写出景物的动态变化。首先，我利用《海上日出》第三段的描写来引出时间顺序，然后再让学生找出描写日出动态变化的词句，并提示学生应该写些什么，怎么写具体生动，这就需根据自己的实际生活经验来补充。鉴于此，我在课堂上引导学生抓住片段中表颜色的词，然后结合自己的实际生活进行补充，打开思维，抓住景物的动态变化，准确用词，把景物写"动"、写"活"，并且能准确地表达自己的情感，这是本次习作的难点。但是在教学过程中，这一难点处理得过于草率了，并没有有效地落实"动态变化"的写法。另外，我把搜集的素材一一展示，本是想给孩子们一点画面感，然而由于播放速度过快，所以这一环节并未发挥太大的作用。

（3）注重教师下水文的写作。

通过今天的习作教学，我感觉自己应静心倾听孩子的声音，仔细分析评价孩子的习作，把评价落到实处。我感觉成功的地方是自己写了下水作文，从不同视觉给孩子做了示范。通过下水作文，教育学生留心观察自己的出行，认真感受大自然的风景。

第四章　小学语文状物习作教学研究

研究任务及团队分工

研究任务：小学语文状物习作教学问题与策略案例研究。

研究团队及任务分工（表4-1）：

表 4-1　状物习作教学研究团队及任务分工

主要研究人员姓名	单位	学历	职务和职称	研究角色
廖唯孜	邵阳市大祥区滑石小学	本科	一级教师	课题主持人，课堂实践
廖蕾	湘中幼专附属小学	本科	一级教师	课堂实践
尹燕飞	邵阳市大祥区向阳小学	本科	一级教师	课堂实践
李妹驼	邵阳市大祥区滑石小学	本科	一级教师	课堂实践
粟艳	邵阳县塘渡口镇第五完全小学	本科	二级教师	课堂实践
姜婷	邵阳县塘渡口镇第五完全小学	本科	一级教师	课堂实践
谢文芳	邵阳县塘渡口镇第五完全小学	本科	一级教师	课堂实践
唐春苗	邵阳县塘渡口镇第四完全小学	本科	二级教师	课堂实践
刘佳丽	邵阳市双清区东塔小学	本科	二级教师	课堂实践
李美华	邵阳市大祥区教育科学研究室	本科	正高教师	教学指导
刘灿	邵阳县岩口铺镇中心完小	本科	一级教师	教学指导

续表

主要研究人员姓名	单位	学历	职务和职称	研究角色
石春谊	邵阳市大祥区华夏方圆学校	本科	一级教师	课堂实践
杨娟	邵阳市双清区东塔中心校	本科	一级教师	教学指导
刘娇娥	邵阳市六岭中心学校	本科	一级教师	教学指导
刘娟妮	邵阳市大祥区滑石小学	本科	副高教师	课堂实践

研究概述*

为更好研究状物类习作教学，本课题组对大祥区内四所小学展开了调研。调研以学生问卷、教师问卷、实际观察了解和集体交流的方式进行，从调研中发现问题。首先是学生习作的问题，主要体现在三个方面：一是不想写，写作兴趣欠浓厚，积极性不高；二是无内容可写，很多小学生不会观察，观察不细致，缺乏生活经验，生活围绕着学校和家庭，因此没有丰富多彩的写作素材；三是不会写，由于没有掌握写作方法与技巧，导致其无从下笔。教师在习作教学方面亦存在着诸多的不足，如对写作方法技巧的指导不够，对习作的重视程度不够，教学时间相对不足，对习作评价方式单一等。

为解决这些教学问题，课题组成员积极梳理了小学语文教材共十二册，探讨有效的习作教学模式。教材中的状物类习作八次，内容如表4-2所示：

表4-2　部编版教材状物类习作单元列表

序号	单元	状物类习作课题	备注
1	三年级上册第五单元	我们眼中的缤纷世界	从不同角度观察事物
2	三年级下册第一单元	我的植物朋友	多种感官观察植物
3	三年级下册第七单元	国宝大熊猫	查找资料，整合信息

* 此文章为邵阳市规划课题"小学语文状物类习作教学问题与策略研究"（课题批准号：SYGH20123）的成果。

续表

序号	单元	状物类习作课题	备注
4	四年级上册第二单元	小小"动物园"	抓住家人与动物的相似之处
5	四年级下册第一单元	我的乐园	观察自己的生活，表达自己的感受
6	四年级下册第四单元	我的动物朋友	认真观察动物，写出动物的特点
7	五年级上册第一单元	我的心爱之物	根据观察把事物特点写清楚
8	五年级上册第五单元	介绍一种事物	进一步将事物介绍清楚

从表中不难发现，在低年级写话的基础上，中高年级学段的部编版教材的单元习作教学共安排了八次状物类习作。这些状物类习作在部编版小学习作教学的编排体系中，非常好地为学生建立了一架能力发展之梯。状物类习作离不开观察，在教育部制定的《课标》中多次提到"观察"，要求学生多角度观察生活，发现生活的丰富多彩，能抓住事物的特征，为写作奠定基础；养成留心观察周围事物的习惯，丰富见闻，积累习作素材；能表达对自然的观察与体验，抒发自己的情感。部编版教材从中年级开始接触状物类习作时，教学主要培养学生的初步整合信息的能力，让学生学会观察，能按顺序有逻辑性地进行观察，能做到"眼中有物"。随着学生年龄的增长，年级提高，需要培养学生能抓住事物的特征的能力，如《我的动物朋友》一文，学生需要从动物的特点入手进行介绍，做到"笔中有物"。最终是要培养学生从"物"走向"情"，能抒发自己的情感，如《我的心爱之物》需要学生寻找到能打动人的瞬间作为切入口介绍，也就是要求学生从"眼中有物""笔中有物"过渡到"心中有物"。

为了利用这些单元习作来提高状物类习作教学水平，做好状物类作文教学研究，课题组成员在梳理教材，探索教学方案的同时，也在中国知网检索到大量的文献。大量的研究表明，借助生活化教学，信息化教学模式能有效提高教学效果。课题研究的理论依据如下：

（1）做好生活化与习作的融合教学，有助于提升学生的习作水平，激活学生习作表达的欲望。

例如，张莉认为在小学高年级习作教学中融入生活化元素能让学生写出真情实感，强化学生语言表达能力。赵彬认为在小学语文教学中融入生活元素，有利于学生更好地掌握与理解语文知识，使学生树立正确的生活观，对学生的未来发展具有极大的意义。张永清认为对小学生而言，生活是其作文最为直接的灵感源泉，也是激发其真情实感的最有效渠道。作文教学生活化，生活学习一体化，能让学生在享受作文的过程中提升学习效果与作文创作质量。

（2）信息化教学模式为习作教学增加了广阔的发展空间。

信息化教学模式为习作教学增加了广阔的发展空间。陈帮武认为教育信息化激发了学生的写作兴趣，降低了学生的写作难度，提高了作文课堂效率，拓展了学生的写作思路。

以上关于习作教学的研究为本课题——"小学语文状物类习作教学问题与策略案例研究"提供了基础和方向。本课题借鉴前面学者的宝贵经验，用案例研究法发现教学中存在的各种问题，系统地探索解决问题的策略和方法，提出新的教学主张。

课题组分三个阶段实施了本组研究：第一阶段调研把握现况，教材探索梳理、文献查找、搜集资料后制定初步研究方案；第二阶段具体实施，按"一课三人行"的方式进行研究课探究、磨课实践，探究状物类习作单元教学设计活动，开发状物类习作精品课，形成了观课量表，建构状物类习作教学模式；第三阶段实践总结、推广应用。研究过程中主要从以下几个方面探究想象习作教学策略。

策略一："贴近生活"加"信息化教学模式"激发学生写作兴趣。

"贴近生活，创设情境"引领学生进入"现场"。中年级是儿童观察活动的"敏感期"。最佳的习作训练形式是观察作文。教师可把静物、小动物、大自然、房间陈设或师生们简单的动作、对话等带进课堂，让学生很快地进入丰富多彩的生活"现场"。教师根据习作的题材要求和学生共同观察，讨论如何习作，现场展开细致的习作指导。

当然，有些事物无法真正地贴近生活。比如写大熊猫，就无法让孩子身临其境地去感受。再比如状物类习作写植物时，可能因为地域及时令的原因，无法让学生直观感受。这时候"信息化教学模式"就能帮上我们大忙。随着校园内一体机的广泛使用，多媒体计算机辅助教学，可以将习作中不同侧面的物体的形态、特点以"3D"形式充分展现出来让我们间接观察。多媒体可以提供图片、视频、音频等多种媒介信息。让我们观察时能有序、全面细致、多种感官协同、更容易抓住事物的特征，有利于我们边观察边思考，发掘观察对象的意义。

策略二："微习作"教学模式积累写作素材。

想要取得状物类习作教学的成功，提高学生写作兴趣仅仅才完成"万里长征"的第一步。要让学生有话可写才能持续激发学生兴趣，提高学生习作能力。巧妇难为无米之炊，学生在习作时往往会陷入无米下锅的窘境，有种大脑一片空白，无话可写的困惑。究其原因还是因为缺少语言积累。可以使用"微习作"教学模式积累写作素材。引导学生从摘抄运用开始，把好句好段摘录后并学会理解、运用。通过这个阶段可以让学生对好句好段进行仿写，初步指导学生对知识进行迁移，锻炼其横向迁移能力，仿写同时也可以让学生在阅读时进行随文练笔，如扩写、续写等。有了初步储备，便可以让学生进行观察小练笔，让学生把观察到的事物写下来，然后经过教师的引导，让学生对自己观察到的细节进行补充。随着学生习作水平的提升，可以开始写观察日记训练，让学生观察生活中发生的事情并记录下来，在习作末尾可以添加上自己观点，以此培养学生观察生活、记录生活、进行反思的习惯。"微习作"是针对大习作的小补丁，对习作教学进行了补充，而且降低了习作的难度，为大习作做材料储备。

策略三：文献阅读、集体备课等多种途径提高教师的状物类习作教学评改反思的能力。

部分教师接受继续教育的热情不高、主动性不强，因此，导致其对习作教学发展的方向动态前沿不了解，教学目标不清晰，重难点把握不准确，等等。课题组通过文献研究法集体学习文献，结合对部编版教材的探索，对状物类习作目标进行了梳理与分层。将植物类、动物类等不同类物体设为三个层级，明确目标层级后再来进行习作教学时更能做到有的放矢，给学生提供最为直接的帮助。单丝不成线，独木难成林，思想的火花靠碰撞产生。集体备课是发挥群体智慧和学识、集思广益、深刻领悟教学目标、明确教学目的、设计好教学课程的重要环节，也是教师之间相互学习、沟通信息、共同提高的重要平台，有利于充分发挥教师的集体智慧和才能，促使教师间优势互补和资源共享，有助于提高教师整体教学水平和教学质量。

通过不断地实践，课题组制作出了观课评议表（表4-3）。

表 4-3　小学语文状物类作文观课评议表

课题：_____年级：_____

授课人：_____单位：_____观课人：_____时间：_____

教学环节	观察点（教师教学）	内容呈现	策略实效	教学建议
情境引导	眼中有物			
审题选材	笔中有物			
习作指导	心中有物			
片段写作	师生互评			
教学效果简议				

也建构了情境支架支撑下的基本教学模式（图4-1）：

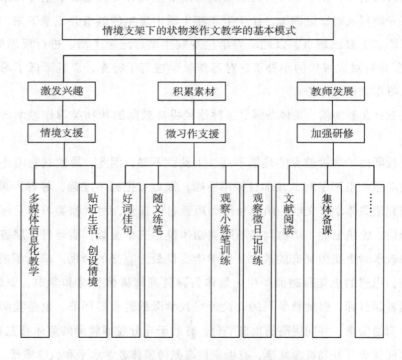

图 4-1　情境支架下的状物类作文教学的基本模式

经过三年的努力，本课题取得了研究实效。

首先是学生的写作积极性提高了，作文水平也明显提高，完成了"不想写，无内容可写，不会写"到"眼中有物、笔中有物、心中有物"的转变。学生的自评自改、互评互改的水平也得到相应的提高。

其次是课题组通过集体备课、"一课三人行"的方式进行磨课，最终形成了"先学后教—当堂训练—拓展提高"的状物类习作教学模式并提交工作室在全区进行推广。同时"一堂课，两次上，三轮备课，四次研讨"的集体备课研讨经验也在全区进行推广。

最后在名师工作室的领导下，通过以上方式，切实提高了教师的教学水平。本课题研究促进了课题组教师的专业发展，课题组成员多次在学校以及学区，甚至市区内上示范课，得到了同行的高度赞扬。同时，他们的文献检索、论文写作等科研能力有了大幅度提高。

课题组在研究过程中形成的主要成果如表 4-4 所示：

表 4-4　状物类习作教学研究课题组成果

成果名称	作者	成果形式	发表刊物或出版单位	发表或出版时间
小学语文教师丰富教学资源的策略研究	廖蕾	论文	《环球慈善》	2020 年 10 月
利用"故事山"进行阅读和写作	尹燕飞	论文	湖南教育学会	2020 年
以形绘神写活人物	尹燕飞	论文	和美课堂	2020 年
如何运用外貌描写刻画人物灵魂	尹燕飞	论文	湖南教育学会	2020 年
状物作文写作思路与结构	尹燕飞	论文	中国教育学会	2020 年
走进教材　走近习作	刘娟妮	专家讲座	新邵县教师进修学校	2020 年 6 月
习作：介绍一种事物	尹燕飞	教学设计	和美课堂	2020 年 12 月
我的心爱之物	刘娇娥 尹燕飞	集体备课	湖南省教育厅中小学教师信息技术应用能力提升办	2020 年 12 月
《我的动物朋友》教学案例	李妹驼	教学案例	大祥区教师发展中心	2021 年 10 月
《我的植物朋友》教学案例	廖唯孜	教学案例	大祥区教师发展中心	2021 年 8 月
在磨课中收获，在磨课中成长	廖唯孜	微故事	大祥区教师发展中心	2021 年 8 月

（作者：朱丹　廖唯孜）

优秀课例

1 我们眼中的缤纷世界

邵阳市大祥区滑石小学　阮玲娟

[教学目标]

（1）进一步体会仔细观察的方法，写自己最近观察时印象最深刻的一种事物或一处场景。

（2）通过习作例文，帮助学生归纳梳理方法，把观察所得写下来。

（3）激发学生留心细致观察生活，热爱生活，做生活中的有心人。

[教学重点]

把自己观察所得写下来，写出观察中的新发现。

[教学难点]

把自己观察所得写清楚、写具体。

[教学分析]

《我们眼中的缤纷世界》是部编教材三年级上册第五单元的习作训练内容，本单元是部编版小学语文教材中第一次出现的习作单元，主题是"留心观察"，语文要素是"体会作者是怎样留心观察周围事物的"，习作要求是"仔细观察，把观察所得写下来"，编排了《搭船的鸟》和《金色的草地》两篇精读课文以及《我家的小狗》和《我爱故乡的杨梅》两篇习作例文，文章内容贴近儿童，以日常生活中的事物、动物和场景为描写对象，表现周围世界的五彩缤纷。通过学习两篇精读课文让学生体会表达的特点，学习习作的方法；而习作例文为学生习作提供范例，便于学生借鉴和仿写。另外，通过"交流平台"对本单元习得的方法进行归纳和梳理；"初试身手"环节要学生初步尝试运用。在本单元的习作中呈现了三幅插图：一处美丽的风景、早晨街道的一处场景、学校教室课间场景，分别从不同的角度提示学生可观察的对象，进而激发学生仔细观察身边事物或场景的愿望，拓宽学生习作的选材思路。第二部分提出了写作任务——"把最近观察时印象最深的一种事物或一处场景写下来"。还提出了习作要求：一是写完后小组展示观察所得，旨在通过展示交流，让学生进一步感受留心观察的好处，相互启发，拓展思路；二是试着和同学分享最近的观察感受，养成留心观察、细致观察的习惯。三年级的学生对生活有一定的感知，可刚接触写作，一部分学生还存在抵触和畏惧心理，学生的写作思路还比较局限，还需继续激发学生留心观察周围世界的兴趣，帮助学生克服习作的畏难情绪。

[教学过程]

一、激趣导入，理解"缤纷"

师：黑板上的字谁会读？（指名读，齐读）那"缤纷"到底是什么意思呢？（预设：是指颜色很多）

师：没错，所以我们有个词语叫"五彩缤纷"，可是，缤纷不仅仅是指颜色多，而且指种类繁多，所以我们可以说缤纷的色彩、缤纷的季节、缤纷的世界（板书：缤纷世界）。那老师就请同学们看看，缤纷的世界都有什么？（出示图片）

生：美丽的蒲公英、可爱的小猫、香甜的苹果。

（出示书上三幅画）秋天的大树，秋天的落叶；路上的行人，还有路边的报刊亭（专门卖报纸杂志的地方）；教室里轻松的课间时间。

师：是啊！这些花草树木，春夏秋冬，风雨雷电，虫鱼鸟兽，高大的楼房，宽阔的马路……你眼中所看到的一切一切，都属于我们这个缤纷的世界。（板书课题）领着学生带着喜悦的心情再齐读课题。

师：在这个缤纷的世界里，我们看到那么多的事物，那么多的场景，那么，哪一种事物，哪一处场景让你的印象最深刻？（指名回答，随机点评）

设计意图　优美的音乐，美丽的景物，让学生"眼中有物"，使学生置身于人与美景的美好意境中，为本节课创设温馨愉快的学习氛围，让他们在直观形象的情景中感知世界的美好，激发学生对世界万事万物的好奇心，从而使学生兴趣浓厚地投入到习作中。

二、引导观察，小试牛刀

师：今天就让老师考考你的观察能力，看看你是否有一双发现美的眼睛。孩子们，你们猜猜这是什么？（出示水果）对啦，是邵阳的特产，你们吃过吗？好吃吗？会观察，会描写它吗？请你用五分钟的时间来写一写。

（1）学生写，师巡视。

（2）出示学生作品，生评价。

师：听了这位同学的描述，你们还想吃这个橘子吗？为什么呢？对啊！因为小作者观察不仔细，描写不细致，所以，大家都没有想吃的欲望了。那到底应该怎么描写呢？老师今天带来了锦囊妙计，大家想知道吗？那我们就一起看看吧。

设计意图 关注学生"笔中有物"，让学生通过观察，自己完成作文，培养学生自主学习的能力，让学生展现自己现有的知识水平，也为下面的观察和表达做好铺垫。

三、范文引路，方法引领

1．妙招一

师：出示《我爱故乡的杨梅》的4～6自然段。

师：我们一起来读读这篇范文。你觉得这篇文章写得好吗？好在哪？（出示问题）

师：（指名回答）作者是从哪些方面描写杨梅的？（预设：味道、颜色、形状）

方面	特点
外形	圆圆的，遍身生着小刺，成熟后刺变软变平
颜色	先是淡红，随后深红，最后几乎变黑。果肉新鲜红嫩
味道	没有熟透时又酸又甜。熟透后甜津津的，略带点儿酸味

师：读到这样的句子，你流口水了吗？他为什么写得这么好？

师：作者通过不同的角度去观察杨梅，他既描写了杨梅的形状，又描写了它的味道，还描写了它的颜色。那外形用什么来观察？（生：眼睛）味道用什么来品尝的？（生：嘴巴）是的，这就是老师送给大家的第一条锦囊妙计：调动多种感官，去观察一种事物。用到了哪些感官？（预设：用眼睛去看，用嘴巴去尝，用鼻子去闻，用手去摸）

教师板书：调动各种器官。

2. 妙招二

师：那么，除了调动各种感官来观察事物，我们还会用到了什么方法呢？请同学们再看范文。（出示范文十五课第四自然段）

师：这一段作者抓住了鸟的什么来写？（生：小鸟捕鱼时的速度之快）对，这一段作者主要抓住了事物的特点——速度快来写。这就是老师送给大家的第二条锦囊妙计：抓住事物的特点。

3. 妙招三

师：还有第三条妙计，你们想知道吗？好，我们来看这一段文字。现在我们再来看下一段范文。（出示十六课第三自然段）

师：这段范文，作者抓住了草地的什么特点来进行描写？是啊！抓住了草地变化的三个时间段：早上—中午—晚上。从早、中、晚三个时间段来观察，草地发生了怎样不同的变化？对，这就是写出了事物的变化。（板书）第三条妙计就是写出了事物的变化。

总结：孩子们，我们通过刚才的学习，掌握了一定的写作方法，那么，请你带着老师送给你的锦囊妙计，再来写一写这个橘子。你一定会写了吧？

出示习作要求，十分钟完成练习。

（1）语言通顺，标点符号准确，会使用修改符号。

（2）观察细致，能调动各种感官，多角度观察。

（3）能抓住事物的特点，或者写出事物的变化。

设计意图　关注"心中有物"，教师采用实物、精彩范文等支架方式，搭建情境支架，帮助学生抓住事物的特点，理清思路，让学生从会观察（眼中有物），能抓住物体的特点（笔中有物），过渡到情感表达（心中有物）。

四、习作点评，星级评价

1. 佳作点评，引导修改

师生共评优秀习作，交流借鉴。

选评优秀习作：

观察方式	特点
看一看	圆滚滚，像个小灯笼
	绿油油、黄澄澄、金灿灿
摸一摸	凹凸不平，柔软，冰凉凉
闻一闻	一股沁人心脾的香气迎面而来
尝一尝	甜津津，汁水丰富，清甜无比
其他	……

2. 对照星级评价，同桌互改（课件出示星级评价）

设计意图　此环节是采用在平常教学过程中加入的"微习作"片段教学，出示写作要求及星级评价等方式，让学生写作有据可依，引导学生去学习借鉴，再引导学生品读修改，培养学生修改作文的能力。

总结：同学们，一计在手，写作不愁。希望大家带着老师送给你的三个妙招，用你的眼睛去观察，用你的耳朵去聆听，用你的心去感受这个缤纷多彩的世界，去发现生活中更多的美。

[板书设计]

我们眼中的缤纷世界

缤纷世界：动物、植物、景物……

有顺序

多角度

细观察

［教学后记］

本次习作要求写"我们眼中的缤纷世界"，其实就是让学生学会观察生活，无论是风景还是人文，都要求学生能自己用眼睛去看，用耳朵去听，用心去想，用语言去交流去表达。作文前的辅导应该是以鼓励学生为主，提高学生的表达积极性，再引导学生去发现生活中有正能量的事物，从而培养学生对世界真、善、美的认知和追求。

我先从分析课题里面的词语入手，切入中心。那优美的音乐，美丽的景物，让学生"眼中有物"，使学生置身于人与美景的美好意境中，激发了学生对世界万物的好奇心，从而产生了浓厚的兴趣。然后，我通过学习例文《我爱故乡的杨梅》，让学生有顺序、多角度地来观察杨梅的外形、颜色、味道等，从而使学生掌握了观察方法。紧接着引出了今天要写的水果——橘子。我采用完成表格的方式来观察橘子，此时，我让学生关注了实物，搭建了情境支架，帮助学生抓住事物的特点，理清思路。让学生从会观察"眼中有物"，能抓住物体的特点"笔中有物"，过渡到情感表达"心中有物"。最后，在教学过程中，我加入了"微习作"片段教学，出示写作要求及星级评价，让学生写作有据可依。最后，引导学生去学习借鉴，再引导学生品读修改，培养学生修改作文的能力。

不足之处：本堂课，大多数学生轻而易举地掌握了。课堂上，学生们积极主动，兴致盎然。但还有一部分学生参与意识没有被唤醒，整堂课只是被动式参与。在指导习作方法时，我虽然立足文本，但没有走出课本去引导学生寻找更多的写作素材。

② 我的植物朋友

邵阳市大祥区滑石小学　廖唯孜

［教学目标］

（1）能观察一种植物，做简单的记录卡。

（2）在观察记录卡和习作范文的对比中，学会描写植物的方法，写清楚植物的样子、颜色等，并写出自己的感受。

[教学重难点]

（1）练习抓住特点并按一定的顺序把植物写具体。

（2）结合观察记录卡，通过观察与描写植物，受到美的熏陶，表达出对植物的喜爱之情。

[教学分析]

《我的植物朋友》是部编版小学语文三年级下册第一单元习作，本单元习作能力的要求是试着把观察到的事物写清楚。《我们眼中的缤纷世界》的习作目标是从多角度、有顺序地介绍观察到的事物，这次习作要求借助记录卡，交流观察到的植物，在交流中丰富和完善记录卡的内容，并将观察和感受写清楚。显然，写清楚是本次习作的重点。同是观察后的习作，同样是有顺序、多角度的介绍，但从记录卡到作文，学生还需要考虑观察材料的取舍，语言的连贯等，还要写出自己的感受。因此，如何借助记录卡把自己的观察和感受写清楚，是本次习作的难点。通过部编版小学语文三年级上册第五单元的习作学习，学生初步养成了一定的观察习惯，知道了在观察事物特点时可以运用多种感官进行细致观察，如看一看、听一听、闻一闻、想一想、摸一摸等。

三年级的学生可能见过许多植物，但没细致地观察过，观察得较为笼统。因此，此次习作进一步培养学生留心观察和细致观察的好习惯，通过多种感官有目的地观察，例如植物的名称、外形、作用等方面的特点。同时，三年级是学生习作的起步阶段，如何把记录卡转换为作文存在一定的难度。为了降低学生对习作的畏难情绪，激发学生的习作兴趣，可以提示学生借助记录卡，在交流的基础上介绍自己的植物朋友。

[教学过程]

一、激趣导入，引出课题

（1）师：同学们，今天这节课将由我来陪伴你们一起学习。那在上新课之前，我们先来热热身，玩个小游戏，好不好？这个小游戏就是"我说你猜"，准备好了吗？

出示谜语，学生猜谜。

（2）师：看来这难不倒平时善于观察的你们。同学们，你们看着谜面，能准确猜出谜底，那反过来你们会不会呢？

（3）师：大自然中的植物千千万万，它们各有各的特点。今天呀，我们就来写一种我们自己喜欢的植物朋友，让更多的人了解它。（出示课题）

设计意图 关注学生"眼中有物"。在状物类习作中，我借助语文教科书、多媒体信息技术等多位一体的教学手段，结合学生已有的认知，通过谜语导入，展示图片，激发学生对植物的好奇心，使学生兴趣浓厚地投入到习作中。

二、引导观察，学做记录卡

（1）（出示桃花记录卡）师：有个小朋友观察了桃花，并做了一张记录卡，我们一起来看一看这卡里都记录了哪些信息呢？（指名答）

（2）师：这些信息他是通过什么方式观察到的呢？

（3）师：那如果是你，你还会怎么观察呢？

预设：可能会伸出手去摸摸它的花瓣，或者尝尝用它做的桃花糕等。

（4）（出示菊花记录卡）师：同学们，还有个小朋友喜欢菊花，那他又是怎么观察的呢？让我们一起来看看他的记录卡吧，或许能给你新的启发哟。

师：细心的你发现了这个小朋友观察得非常仔细，他详细地记录了菊花的样子、颜色、气味，最了不起的是，他还一边观察，一边想象，将这花瓣想象成"千手观音""海底捞月"等。像这样边观察边想象，是不是很有趣呢？所以我们观察植物的时候，就可以开放我们的感官去看一看、闻一闻、摸一摸、尝一尝、想一想，全身心地去亲近它，认真地观察它。

（5）小结：孩子们，观察植物有方法，我们不但要全方位、多角度地观察，还要开放我们的感官。观察的时候，还要有顺序，这些方法你都记住了吗？

师：我知道很多同学在课前已经做了观察记录卡，那你全面细致地观察了吗？课后不妨用上我们今天学到的方法，再观察一下，改一改，让你的记录卡更完整一些。

设计意图 关注学生"笔中有物"。让学生通过观察交流，明确如何写植物记录卡，培养学生自主学习的能力，引导他们多角度地观察植物的特点。明确记录卡的记录不需要面面俱到，而要突出重点。学生交流展示也是预习的延续，意在培养学生的口语交际能力。

三、范文引路，方法引领

（1）师：记录卡做完了，怎样向别人介绍你的植物朋友呢？这是一个小朋友观察桃花后的习作，我们一起来看一看，看看有什么地方值得我们学习。

我的植物朋友——桃花

阳春三月，正是桃花盛开的好季节。星期天，妈妈带我去公园里观赏桃花。

桃花可真美呀！红中透着一点点白色，粉红粉红的，可好看了，真像小姑娘粉扑扑的小脸蛋儿。远远望去，一片粉红，桃树仿佛穿上了一件粉红色的纱裙。走近一看，有的还是花骨朵儿，像一颗颗红宝石；有的已经完全绽放，一片花瓣儿挨着一片花瓣儿，围成一个小圆形，露出了细丝一样的小花蕊；有的半开半放，像个羞羞答答的小姑娘。一朵朵盛开的桃花正冲着我笑，好像在欢迎我的到来。一阵微风拂过，淡淡的清香迎面扑来，我觉得好像是妈妈的手在抚摸着我，轻轻柔柔，舒服极了！

看着看着，我入了神，仿佛自己也变成了一朵桃花。起风时，我和花儿们一起摇晃着小脑袋，摆动着美丽的身体，在绿叶中翩翩起舞，一起迎接春天的到来。

这美丽的春天我虽然喜欢，但是我更喜欢那些把春天装点得十分美丽的桃花！它们默默无语，却把娇艳奉献！

（2）师：孩子们，欣赏了这篇习作，你有什么收获吗？

小组交流讨论。

（3）师：是的，他有很多地方值得我们学习。细心的同学，小作者是按什么顺序来写的？

学生回答。

（4）师：你们觉得作者笔下的桃花美吗？它记录了桃花的样子、颜色和气味，看着很普通啊，可小作者后来怎么就写得这么美，这么生动具体了呢？你发现其中的小窍门了吗？

师生交流。

（5）师：在这篇习作中，这位小朋友的感受又是如何呢？我们来一起看一看吧。

师生交流。

（6）教师点拨指导写作方法。

①按照一定的顺序写。

一般来讲，写植物的顺序有以下几种：一是按茎、叶、花、果，从下到上或从上到下的顺序；二是按照由远及近等观察顺序；三是按植物的生长顺序。

②善于观察，写好植物的形态。

抓住不同植物的特点，有目的地描写，如植物开花时的姿态、颜色、香味、花期，植物叶子在不同时间、不同季节的变化。总之，要抓住所写植物与其他植物的不同之处。

③恰当运用修辞手法表述植物特征，如比喻、拟人、排比、对比等。

④借助联想或想象，写出自己的感受或情感。

（7）总结：孩子们，通过我们刚才的学习和分享，我们知道了描写植物也是有方法的，那就是要按一定的顺序写，抓住植物的特点，写具体写生动，写出自己的真情实感来，这些方法你都学会了吗？

设计意图　关注"心中有物"。教师采用图片、精彩范文等支架方式，搭建情境支架，帮助学生抓住事物的特点，降低写作难度，理清写作思路。让学生从会观察（眼中有物），能抓住物体的特点（笔中有物）过渡到情感表达（心中有物）。

四、习作点评，星级评价

1. 出示习作要求及星级评价

师：现在，就请孩子们根据自己的记录卡，结合老师教的方法，来写一写吧。

2. 佳作点评，引导修改

（1）师生共评优秀习作，交流借鉴。

①出示一篇优秀的学生习作。

②指名读习作，再全班齐读习作中优美的句子。

③交流值得借鉴的地方。先在小组内交流，再选出代表在班内交流。

（2）对照星级评价，同桌互改。

课件出示星级评价。

设计意图 在状物类习作中，我采用在平常教学过程中加入的"微习作"片段教学，出示写作要求及星级评价，让学生写作有据可依，引导学生去学习借鉴，再引导学生品读修改，培养学生修改作文的能力。

五、回顾总结

师：今天我们不仅学习了如何观察植物做记录卡，还学习了怎样描写植物。相信通过你们细致的观察和生动的描绘，一定会有更多的人喜欢上你的植物朋友的。

[**板书设计**]

我的植物朋友

我的植物朋友 { 按顺序写 抓特点写 写出感受

[**教学后记**]

本次习作教学，既是单元学习的延伸，同时也是有效培养学生观察、发现等良好习惯的契机。为此，在整个教学过程中，我努力追求三个方面：

一是充分把握学情，明确学习的起点。由于观察记录卡是课前完成的，因此，研究学生的记录卡是把握学情的开始，学生在制作过程中存在的问题及观察的多样性，都建立在对学情的把握之上，可以说，对学生学情的把握是本课教学的起点。

二是清晰地把握教学目的，在学段目标的指引下，在教材研读的基础上，我设定了两个教学目的：第一个教学目的是观察一种植物，做简单的观察记录卡，在观察记录卡和习作范文的对比中，学会描写植物的方法，写清楚植物的样子、颜色等，并写出自己的感受；第二个教学目的是在课堂中完善记录卡，借助记录卡，试着把观察到的和感受到的写清楚，向大家介绍自己的植物朋友。

三是三个关注：关注学生"眼中有物""笔中有物""心中有物"。在状物类习作中，我先借助语文教材、课外阅读、多媒体信息技术等多位一体的教学手段让学生学会观察，学会从生活中积累素材；再采用语言、图片，影像、实物、精彩范文、典型片段等支架方式，搭建情境支架，帮助学生抓住事物的特点；最后采用在平常教学过程中加入"微习作"教学、随文练笔，引导学生巧用恰当的修辞手法，帮助学生表达情感。引导学生寻找能真正打动人的瞬间作为切入口进行物体的介绍。让学生从会观察（眼中有物），能抓住物体的特点（笔中有物）过渡到情感表达（心中有物）。

教学无止境。首先在本次习作教学中，写作方法指导不够细致。虽然我们帮孩子梳理出来了写作的框架、需要写的内容，以及记录卡内容向作文内容的转变。可这并非易事，学生可能还是一头雾水，不知如何下手。其次，本次习作重点没有给学生明确指出，即要写的是"我的植物朋友"，不仅仅是选择自己喜欢的一种植物，更要写出对植物的熟悉与感情，即突出"朋友"，而不是像说明书那样介绍自己的朋友。

3　我的乐园

邵阳县塘渡口镇第五完全小学　谢文芳

湘中幼专附属小学　廖蕾

[**教学目标**]

（1）回忆自己的日常生活，选择一处让自己快乐的地方，借助表格理清思路。

（2）学习本单元课文的写作方法，写清楚乐园的样子和在乐园中的活动，并借助关键句表达自己的感受。

[**教学重难点**]

（1）写清楚乐园的样子和在乐园中快乐的活动。

（2）能围绕关键语句，表达自己快乐的感受。

[**教学分析**]

《我的乐园》是部编版小学语文四年级下册第一单元的习作。在教材体系中纵观本次习作跟四年级上册写"推荐一个好地方，写清楚推荐理由"相比，写作角度不同：四年级上册强调介绍清楚所选地方的特别之处；本次习作，要求在原有的把某个地方介绍清楚的基础上，进一步融入个人感受，与本单元阅读要素"抓住关键语句，初步体会课文表达的思想感情"是紧密联系的。教材编写意图非常明显，以单元课文中习得方法，搭建习作支架，使知识点与素养目标紧密关联，达成单元教学的系统性和层递性。

本单元定位为发展型学习任务群：文学阅读与创意表达。根据的是《课标》"文学阅读与创意表达"学习任务群中关于表达的相关要求：观察、感受自然与社会，表达自己独特的体验与思考，尝试创作文学作品。

四年级的学生，相对来说，在生活中缺乏观察能力，对相关事物也缺乏针对性的思考。因此，习作中，写什么、怎么写不太明确。在习作教学中要结合教学目标，给学生梳理清楚写作主题、唤醒记忆确定素材来降低写作的难度，并借助本单元课文，让他们习得写作技巧，借助关键句表达内心的感受。

[教学过程]

一、唤醒记忆，分享乐园

谈话导入。

师：同学们，在第一单元的学习中，我们领略了美丽的田园风光，体验了有趣的乡村生活，这不禁让人感慨，乡村真是一个大大的乐园。

分享乐园。

师：说到"乐园"，你最先想到的是什么地方？请你打开记忆的宝库进行搜索，你在什么地方会感到幸福、快乐、自在呢？

师：看来，每个人都有属于自己的乐园，有的乐园是书房、自家的院子等这样一些私人区域；有的是学校的图书馆、小区的篮球场这样一些公共区域；还有的是村头的小河边、公园的一角这样一些大自然的天地。无论在哪里，只要能给你带来快乐的地方，就是你的乐园。

师：如果在这些乐园里，只能挑选一处介绍给别人，你会选择哪个？先别急着回答，闭上眼睛想一想，你之所以想到那里，一定是那儿带给了你不同寻常的快乐体验。

设计意图 谈话导入，唤醒学生的生活积累，打开学生的选材视角，在此基础上，创设一个任务情境，让学生在这些乐园里选择一处让自己觉得最快乐的地方跟别人分享，调动分享欲望。引导学生在自我表达及同学的表达中，确定写作素材，对自己接下来的习作有了初步的建构。

二、明确要求，确定内容

1. 读教材，明要求

在你们的分享中，老师听出来，你们对乐园有着很深的情感，那怎样介绍自己的乐园，才能更有条理呢？我们来看看这个同学是怎么列写提纲的。

2. 定内容，共思维

（1）选乐园，先交流。

师：通过表格，我们发现这个同学写了乐园的位置、样子、趣事、感受，利用几个关键词句简单地介绍自己的乐园，表达了自己的快乐。

（2）列提纲，理思路。

师：我们也像这位同学这样，试着从这些方面来介绍介绍自己的乐园吧。

设计意图　先从教材的表格着手，读一读教材中的例子，是从哪些方面来介绍我的乐园，找出几个关键词：位置、样子、趣事、感受；为学生搭建内容支架，让学生介绍时有一个具体的方向。接着学习教材的行文思路，自己也来写一写。用图表的方式帮助学生降低写作的难度，清晰习作脉络，让学生得心应手，"乐"于言表。

三、课文取法，片段练习

通过习作提纲，我们习作的结构已经非常清晰，那怎样才能将自己的乐园写清楚，让读者感受到我们对乐园的感情呢？我们一起来回顾一下本单元的课文。

1. 乐园样子写独特

师：按方位介绍乐园的样子，我们可以根据之前学到的方法，像《乡下人家》一样，有顺序地去描写。这个顺序可以是空间的，也可以按时间顺序来写。

师：我们在写乐园样子的时候，也可以抓独特的景致来写。

2. 特别场景写乐事

（1）《天窗》一文中，作者是怎样写出"小小的天窗是你唯一的慰藉"这一感受的？（围绕关键语句，抓住下雨天和黑夜里两个场景，通过对实景的描写和细致描摹想象的画面，写出了作者的感受）你还能在其他地方找到类似的表达吗？

例1：《乡下人家》一文中，鸡，乡下人家照例总要养几只的。从他们的房前屋后走过，你肯定会瞧见一只母鸡，率领一群小鸡，在竹林中觅食；或是瞧见竿着尾巴的雄鸡，在场地上大踏步地走来走去。（动作、神态描写）

例2：《天窗》一文中，夏天阵雨来了时，孩子们顶喜欢在雨里跑跳，仰着脸看闪电，然而大人们偏就不许。"到屋里来啊！"随着木板窗的关闭，孩子们也就被关在地洞似的屋里了。（动作、神态、语言描写）

（2）小结：在乐园中有很多让自己快乐的事，我们可以借鉴课文的方法，选择最能表现"快乐"的一两个活动，可以"真事写乐"也可以"想象写快乐"，通过对人物的动作、心理、语言、神态等方面的描写将自己的快乐表达出来。

3. 抓关键，表情感

出示本单元课文《乡下人家》《天窗》和《三月桃花水》中的关键句，引导学生回顾作者是怎样围绕关键语句表达自己的所思所感的。

4. 进行片段练笔

师：通过刚才对本单元课文内容的回顾，我们知道了课文不用"快乐"一词，却能让人知道"我很快乐"。请你也试着用这种方法，围绕自己要表达感受的关键句，写一写在乐园中你经常做的事。

5. 组内互评，进行思维共享

师：（出示评价方法）画出小组同伴片段中表达情感的关键句，找出后先读一读，再思考：如果是你，你会怎样表达这句话？并告诉你的同伴。

设计意图 先回顾本单元中几篇课文介绍景物样子的奥妙，为学生搭建方法支架，让学生写好习作有章可循，有法可依，很好地突破本次习作的重难点，并链接本单元的阅读要素"抓住关键语句，初步体会课文表达的思想感情"，让学生尝试使用关键句表达自己的感受进行片段练习，降低学生成篇习作难度，然后进行组内互评，在同伴的交流中进一步完善自己的练笔。

四、课后小结，完善习作

小结：同学们，通过这节课的学习，我们知道了写作时可以利用表格来梳理写作思路，借助课文中习得的方法来写乐园的样子，并借助关键句表达内心的感受，课后请用你丰富的语言把你的乐园介绍清楚吧。

[板书设计]

我的乐园

位置　　　样子　　　趣事　　　感受

按照一定顺序写

真事写快乐

想象写快乐

[教学后记]

搭支架　习方法　乐练笔

本单元的习作主题是"我的乐园"，这次习作的关键点是先激活孩子的记忆，让孩子找到藏在心中的乐园。然后让孩子们写清楚乐园的样子和在乐园中的活动，并能够借助关键句表达自己的感受，这是本次习作的重点也是难点，基于学情，课堂中我这样进行教学：

搭建情境支架，勾连生活经验，激发表达欲望。

将学生的习作视角由本单元的乡村生活，勾连到自己的生活，启发学生回忆让自己感到"快乐"的地方，丰富写作素材。在此基础上，创设一个任务情境，让学生在这些乐园里选择一处觉得最快乐的地方跟别人分享，唤醒生活积累，调动分享欲望，这时候学生的习作就是一种我想说，我要说的自发状态。

利用表格梳理文章脉络，回顾课文，习得方法。

为学生搭建内容支架，让学生介绍时有一个清晰的脉络，具体方向。先从教材的表格入手，读一读教材中的例子，是从哪些方面来介绍我的乐园的，归纳出位置、样子、趣事、感受；接着学习教材的行文思路，自己也来写一写。用图表的方式搭建内容支架，能够很好地帮助学生降低写作的难度，学生自然得心应手，乐在其中。再回顾本单元中几篇课文介绍景物样子的奥妙，懂得"一切景语皆情语"，我们可以用上相应的方法，让景物表达自己的快乐感受。接着回顾课文中描写趣事的方法，可以是通过动作描写、语言描写、心理描写等把乐园带给自己快乐的真实发生的事情写清楚，也可以写在乐园里的想象给自己带来的快乐。这样以课文为例子，为学生搭建方法支架，让学生写好习作有章可循，有法可依，很好地突破本次习作的重难点，让学生不仅乐于分享，还能很好地进行练笔，让快乐加倍。

不过，在本堂课中，还有一部分的孩子参与意识没有被唤醒，他们并未主动打开自己记忆的匣子去寻找，又或许是对生活不够敏感，缺乏观察，找不到自己认为是乐园的地方，所以在整个过程中，只是被动式参与。而且在指导习作方法时，虽然立足文本，但没有走出课本，没能引导学生寻找更多的写作素材，没有把握好由教课文到用课文教的转变。

4 我的动物朋友

邵阳市大祥区滑石小学　李妹驼

邵阳县塘渡口镇第五完全小学　姜婷

[教学目标]

（1）认真观察自己熟悉的动物，能发现它们各方面的特点。

（2）根据情境需要，写清动物外形、生活习性等方面的特点，或写出动物的生活趣事，表达出自己对动物的喜爱之情。

（3）围绕中心句，通过具体的事例，采用拟人等修辞手法写出动物特点。

[教学重难点]

根据情境需要，写清动物外形、生活习性等方面的特点，或写出动物的生活趣事，表达出自己对动物的喜爱之情。

[教学分析]

引导学生明确"写什么"：一是选择教材中的情境或者自己创设的情境，介绍动物朋友；二是要求写前要思考从哪些方面来介绍动物朋友，抓住特点来写。教材中

第二部分是情境提示，编者创设了三种情境，具体指导"怎么写"。三种情境，编者分别给予了相应的写作提示：抓住羊外形方面的特点，说清狗的饮食等生活习性特点，讲讲小猫的生活趣事等。引导学生从生活中去寻找、提炼写作的素材。

[教学过程]

一、解读要求，明确目的

（1）师：同学们看视频，动物王国里有许许多多的动物，它们与人类和谐相处，今天我们就来介绍自己最熟悉、最喜欢的动物朋友。

板书：我的动物朋友

（2）仔细阅读，画出关键句。

（3）出示要求：（出示三个情境）把这段话读给同学听，注意停顿。

小结：目的不同，介绍这个动物朋友重点不一样。

（4）怎样写好小动物，三招准管用，第一招：好名字；第二招：好模样；第三招：好故事。

设计意图 优美的音乐、和谐的画面，让学生眼中有物，使学生置身于人与动物友好相处的美好意境中，为本节课创设了温馨愉快的学习氛围。让他们在直观形象的情境中感知动物的可爱，从而调动他们的生活经验，也为下面的观察和表达做好了铺垫。学生根据不同情境讨论、交流后，师生共同梳理针对不同的情境需要，应该着重介绍哪一方面的情况，需要抓住动物的什么特点，使学生明确本次习作目的。

二、交流迁移，领悟方法

1. 猜猜动物（板书：好模样）

分别出示谜语，如螃蟹等，学生依次猜谜语。师：今天我们就来介绍自己的动物朋友。（板书：我的动物朋友）

2. 妙招一：代表性部位组合写

同学们猜动物。（课件出示文字：看，我介绍了螃蟹的哪几个部位？身体、眼睛、嘴巴、钳子、腿）

165

师：你们发现没有，我开始只介绍了螃蟹的身体、眼睛和嘴巴三个部位的时候，大家还猜不出是什么。直到我把他的钳子和腿介绍出来，大家才猜出来它是什么。

师：写好动物模样的妙招一是代表性部位组合写。

3. 妙招二：展开联想

这妙招二也藏在这段文字里。

师：你们说，我写螃蟹的这段文字写得好不好？哪里写得好？

小结：在介绍它的部位时，联想到了我们生活中的熟悉的某件事，某个物或者某句话。（出示：展开想象）用熟悉的事物来作比较、打比方，你看动物的模样就写好了吧。

师：请同学们齐读这些词，你发现了什么？

出示：

身体——铠甲

眼睛——黑米

师：我们在介绍动物朋友某个部位时，用上"好像"类似的词，将这些部位与联想到的事物连接起来，就能让文章的语言变得更美，动物的样子更形象地展现在我们的脑海里。

出示：写好动物模样的妙招二——展开联想，用上"好像"类似的词。

设计意图 生活有观察，脑中有思考，心中有方法，学生才能眼中有物，笔中有物。课前学生已有观察体验，头脑中有素材。在介绍动物好模样时，通过前面游戏与讨论交流，让学生习得抓住代表性部位组合写，展开联想，用上"好像"类似的词写出动物的特点的写作方法与技巧，下笔有话写。在这样的作文活动中学生的观察力、思维力、想象力得到发展。

4. 取好名字，表达感情

师：我的这位朋友啊，不仅有个好模样，还有一个好名字，它叫青将军。（板书：好名字）

一个有意思的名字寄予着你对它的感情，或者概括了它的特点。一个好名字讲清楚了，别人对你的小动物也许就产生了兴趣。

分享我与青将军的一个好故事。（板书：好故事）

老师出示两个片段。

片段一：那天，它在爬行，我瞅准时机，一把将它逮住。螃蟹挣扎了一番，但还是没能逃出我的手掌心。突然，我的手剧烈疼痛起来，原来是它趁我不备用大钳夹了一下我的手。我一生气，突然用手抓住他的壳。最后，我的心软了，轻轻地把它放入水中。螃蟹望着我，然后慢慢地滑入水底。

片段二：青将军特别可爱。那天，它在悠闲自得地散步，我瞅准时机，一把将它逮住。螃蟹"垂死挣扎"了一番，但还是没能逃出我的手掌心。这时它恶狠狠地瞪着我，好像气急败坏地说："你再不放开我，我就不客气了！"我笑着对它说："怎么，还不服输，现在你使不出什么招了吧？"突然，我的手剧烈疼痛起来，原来是它趁我不备，用大钳夹了一下我的手。它得意扬扬地望着我，像是在说："现在知道我的厉害了吧！"我一生气，突然用手抓住他的壳，它刚才那股得意劲荡然无存，可怜巴巴地望着我，我心软了，轻轻地把它放入水中。螃蟹感激地望着我，然后慢慢地滑入水底。

写好故事的法宝一：围绕中心句，列举具体事例。

写好故事的法宝二：展开想象，把它当作人。

三、写故事

本次习作题目是《我的动物朋友》，从哪里看出我把青将军当朋友？哪些字和句子可以看出我对青将军的喜爱之情？学生抓关键词句谈感想。

回顾本单元课文有关动物的课文，作者怎样表达自己对情感，交流感想，总结方法。

现在请你选择一个情境或创设一个情境，介绍自己的动物朋友。根据情境不同，可以写它的好模样，也可以写它的好名字，或者它的好故事。

学生写作。

设计意图　写活动物的关键既要写出动物的外形特点和个性特征，还要注入作者自己的强烈情感，不仅使学生"眼中有物""笔中有物"，还要让学生"心中有物"。"好故事"以"朋友"为切入点，体会老师是如何把自己的喜爱之情融入字里行间的。通过回顾本单元课文，感知作者运用各种手法写出动物的"性格""气质"

及对动物的情感，让学生领悟到写动物不仅要表达对动物的外形之爱，而且还能由表及里表达对物体的实质之爱，字字都蕴含着真切动人的情感，让人读后收获感悟，得到教益。

四、角色评价，提高水平

自我评价要点：

（1）根据情境来写了吗？

（2）根据情境写出动物的什么特点？

（3）你采用什么方法写出动物特点？

同桌交换评价。

设计意图 此环节是借助评价单进行自评和互评，评价标准简单实用，便于操作，又突出了本次习作的重点、对评价的对象和标准进行了指导，让学生在分享、交通、评价中共同提高习作水平。

[板书设计]

我的动物朋友
好名字
好模样
好故事

[教学后记]

眼中有物，笔中有物，心中有物

在写作中，阅读和体验是内功，写作技巧是招式。作为教师，要引导学生平时多阅读、多积累。语文即生活，引导学生参与生活、观察生活、感悟生活。本次写动物朋友，这个写作对象是学生非常喜欢的，两周前我就布置学生观察自己喜欢的小动物，很多同学有近距离观察小动物，能做到人人眼中有物。学生与小动物有长时间相处，对动物有详细的了解并产生情感，孩子就心中有物。授之以鱼不如授之以渔，在作文课上，引导学生发现妙招，采用"支架"教学方式，能调动记忆的储备和阅读的积累，建构实效教学模式，大大降低了习作教学的难度。同学们在作文中都有话可写，笔中自然而然有物可写，变"畏"写为"乐"写。

用玩游戏猜动物的方式，创设教学情境，把学生带入真实的情感体验中，在观察交流中发现妙招，搭建支架，梳理出写动物的外形特点要仔细观察，展开联想，从多个方面组合写出动物的特点。

5　我的心爱之物

邵阳县塘渡口镇第四完全小学　唐春苗

邵阳市大祥区向阳小学　尹燕飞

[教学目标]

（1）引导学生学会审题，明确写作对象。

（2）掌握描述物品的方法，并运用到写作中。

（3）叙事要做到内容具体，感情真挚。

[教学重难点]

掌握通过外形、颜色、功能等方面介绍物品的方法，真情实感地、详细地呈现心爱之物。

[教学分析]

本单元的习作重点聚焦在"写一种事物，表达自己的感情"。教材中也提供了一些建议和思路。教材中第二部分层层相扣的几个问题，提示学生怎么把心爱之物写具体。"想想你的心爱之物是什么"，旨在指导学生选材；"写写它是什么样子的"，是引导学生通过回忆或现场观察，借助之前习得的观察方法，抓住心爱之物的特点，描述清楚"心爱之物"的样子，以及"你是怎么得到的"。列写习作提纲时，要学生关注回忆过程中与"心爱之物"有关的时间地点、人物和事件，尤其是印象深刻的情节："为什么会成为你的心爱之物"，将心爱的缘由说明。同时，写作上，借鉴本单元的四篇课文的写作方法，如细细朗读郭沫若的《白鹭》，尝试运用整齐的句式，描写心爱之物的外形；适当运用对比手法，突出事物的特点；或是通过人物对话，揭示事物的宝贵品质。层层递进，将心爱之物写具体，情感在状物和叙事的基础上得到升华，以此让学生表达出喜爱之情。

[**教学过程**]

一、设置情境，分享心爱之物

师：同学们，我们每个人都有自己特别心爱的东西，像琦君笔下故乡的桂花，冯骥才眼中可爱的珍珠鸟。同学们，你们的心爱之物是什么呢？

组织"我的心爱之物"分享交流会，分享实物或者照片，打开学生的写作思路。

师：同学们选取了自己的心爱之物，都有自己的选取的理由，这个理由就是"心爱"。（板书：我的心爱之物）

二、明确主题，理清"心爱"之意

（一）审题指导

请认真读一读《我的心爱之物》的习作提示，说说你读懂了什么。

师：通过这篇习作，我们想想自己的心爱之物是什么，写写它的样子，怎么得到的，为什么会成为自己的心爱之物。

小结：本次习作要求我们围绕心爱之物写出喜爱之情。

[**板书设计**]

> **我的心爱之物**
> 名字
> 样子
> 来历   喜爱之情
> 理由

设计意图 通过教师引导、讲述、提问、回答、完善的过程，引导学生思考：聚焦"我的心爱之物"的样子特征、来历和缘由等，进一步理清脉络，打开写作思路，表达真实情感。

（二）指导选题，确定写作对象

（1）先看教材给的提示，看看有什么发现。

（2）教师引导：自己的，家长做的，朋友送的，都是我们心爱的物品，如以下归类。（出示课件）

学习用品：如铅笔、橡皮、书包、削笔刀……

生活用品：如衣帽、首饰、化妆品、公交卡……

娱乐玩具：如数码产品、游戏用品……

手工艺品：如摆件、冰箱贴、挂画……

其他：动物或植物。

三、研读课文，学习表达方法

对比学习，提炼写作方法。

1. 方法一：抓住主要特征，适当运用修辞手法

（1）《白鹭》外形描写中，郭沫若先生重点抓住色素的配合，身段的大小，一切都很适宜的特点。在描写中，运用排比和对比的手法，让人即使没有看见过白鹭，也能想象出它的样子。

（2）《珍珠鸟》这一课，作者没有面面俱到，而是重点抓住珍珠鸟可爱的特点，从大小、颜色、身形方面进行描写，并运用了比喻的修辞手法，表达出了作者对小鸟的喜爱之情。

（3）《落花生》一课中，作者把花生和桃子、石榴、苹果进行对比，突出了花生用处很多、朴实无华的特点。

2. 方法二：写出具体事例，抓住细节，适当运用心理描写

（1）《珍珠鸟》完整写出了他和珍珠鸟从陌生到信赖情感变化的过程，我们在写心爱之物时，也要交代清楚事情过程，在过程中表达情感，并且作者还用了很多细节描写。

（2）《落花生》一课，无论是种花生、收花生、尝花生还是议花生，都围绕着花生展开，花生就是这篇课文的线索。这样写作思路清晰，也便于我们把事情写具体。

3. 方法三：描写场景，寄托情思

《桂花雨》里的桂花真香啊，这就是它的与众不同，童年摇花的场景让作者终生不忘。她着力描写这份摇花的快乐，让读者真切地体会到小小的桂花还寄托着作者对故乡亲人深深的怀念。这就是借物抒情。

四、例文展示，借鉴习作方法

1. 课件出示片段

教师出示《我心爱的"书包小姐"》评改前的一段文字，提问：读读看，说说有什么问题？

记得有一次，班上的同学一不小心把我的书包碰进了污水里，她全身上下沾满了污水，不过书包里的书没有被弄脏。回家后，我把书包从里到外洗了洗，她又像新的一样了。

师：题目中有"心爱的"三个字，但是书包弄脏了，作者并没有表现出痛惜的感觉，洗书包的过程也写得不够详细。

评析修改后：

记得有一次，班上的同学一不小心把我的书包碰进了污水里，书包里的书没有被弄脏，但她却全身上下沾满了污水。我心疼极了，不停地用纸巾擦拭。回家后，我含着泪水，把书包从里到外洗了一遍又一遍，直到她像新的一样。

（1）"书包里的书没有被弄脏，但她却全身上下沾满了污水"这句话进行了语序的调整，强调书包脏了。

（2）"心疼极了"写出了心情，突显"心疼"。

（3）"不停地用纸巾擦拭""我含着泪水""一遍又一遍"通过动作、神态描写表达出"我"的疼爱。

2. 教师总结技巧

描述物品抓住主要特点，详略得当。写心理活动，可直接抒发感情，或通过动作神态传达情感更生动。

五、习作小练，表达喜爱之情

（1）为自己的心爱之物起一个好听的题目。

（2）你喜欢它的原因是什么？这个物品有什么突出特点？请描写心爱之物的外形、特点，表达喜欢之情。

（3）这个物品你喜爱到什么程度？通过哪些事件和细节来表现？写出你和它之间的趣事或有意义的事。注意语言、动作、神态、心理等细节描写，以及修辞手法的运用。

（4）结尾，点题。

独自完成习作初稿，自己先修改习作。

同学互评，使用作文评改符号，并写出评价。

根据组内同学的建议，二度修改习作，教师巡视指导，进行个别指导。

展示修改之后的文章，点评反馈。

[**板书设计**]

我的心爱之物

开头：开门见山，点明心爱之物是什么

正文 ｛ 来历：简洁写明心爱之物怎么来，表明偏爱此物

样子：突出特点（外形、材料、用途、习性等）

事例：抓住细节，表达真情实感（喜爱之情）

（快乐、鼓励、道理）

结尾：抒发情感，深化主题

[**教学后记**]

通过本次习作教学，我们明白了高年级的写物教学中，不仅要关注"物"，还要关注"情"，感受到了不同学生对心爱之物那份喜爱之情不同的表达方式。在突破"借助具体事物抒发感情"这一教学难点时，我引导学生关注了本单元几篇课文的写法，并再次将对比、首尾呼应等写法罗列，让学生在习作中进行运用。

本节课教学存在的问题是"借助具体事物抒发感情"落实得不够扎实。学生习作时，对生活中"喜欢"的细节梳理与表达还不够，与心爱之物之间的故事只有寥寥几笔，当我们试图帮孩子补充一些生活素材的时候，学生不一定能够真正接受，"喜爱"的细节也不能体现出来。

学生的习作出现这么多问题是有原因的，如课前观察没有做到位。在写作之前，我没有让学生仔细观察心爱之物，为习作做好准备。学生在写心爱之物时，是根据自己的记忆和想象进行写作的，导致言之无物。

在今后的教学中，首先要让学生学会记录身边事物。平日里要牢抓课外阅读，让每一个学生喜欢上阅读，在大量的阅读中去丰富语感，提高语文素养，在习作时可以有话写。

第五章　小学语文写活动习作教学研究

研究任务：小学语文活动类习作教学问题与策略研究

研究团队及任务分工（表5-1）：

表5-1　活动习作教学研究团队及任务分工

主要研究 人员姓名	单位	学历	职务和职称	研究角色
邓冰	邵阳市大祥区华夏 方圆学校	本科	一级教师	主持人，教学实践
杨建洪	邵阳市大祥区板桥乡 燕子学校	本科	高级教师	教学指导
周秋平	邵阳市大祥区华夏 方圆学校	本科	高级教师	教学指导
李自卫	邵阳市大祥区华夏 方圆学校	本科	高级教师	教学指导
马江滔	邵阳市大祥区城南 新渡小学	本科	二级教师	教学实践，案例研究
李梅	邵阳市大祥区向阳小学	本科	一级教师	教学实践，案例研究
田瑜	邵阳市大祥区向阳小学	本科	一级教师	教学实践，案例研究
陈慧	邵阳市大祥区西直街小学	本科	一级教师	教学实践，案例研究

续表

主要研究 人员姓名	单位	学历	职务和职称	研究角色
彭倩	邵阳市大祥区罗市镇 中心完小	本科	二级教师	教学实践，案例研究
黄朝晖	邵阳市大祥区城南 新渡小学	本科	高级教师	教学实践，案例研究
夏海飞	邵阳市大祥区樟树小学	本科	一级教师	教学实践，案例研究
谢亮辉	邵阳市大祥区 西直街小学	本科	高级教师	教学实践，案例研究
罗立群	邵阳市大祥区樟树小学	本科	一级教师	教学实践，案例研究
刘宇英	邵阳市大祥区教育局	本科	一级教师	教学实践，案例研究
李玲	邵阳市大祥区教育局	本科	一级教师	教学实践，案例研究

研究概述*

　　习作能力是学生必备的一项基本能力，是语文综合素养的全面反映和直观体现。"能具体明确、文从字顺地表达自己的意思"这是义务教育阶段学生应具备的能力。我们课题组就以活动类习作为例，对如何提高学生习作能力进行研究。课题组在"大祥区教学现状问卷调查"中发现，喜欢写作的学生仅占45%，其中喜欢写活动类的学生有12%。中年级学生"把活动写具体"的习作教学是最好的培养写作兴趣、积累习作素材的阶段，然而当前"把活动写具体"习作教学存在较大的问题：

　　（1）因为传统课堂教师与学生之间的沟通和交流较少，学生习作总是"词不达意"或者"眉毛胡子一把抓"。

　　（2）部分教师在设计教学方法时往往存在过于主观的现象，并未有效考虑到学生的实际语文知识能力和掌握水平，从而导致教育教学活动与预期存在一定差异。

　　（3）在活动类习作的课堂中，部分教师所采用的教育教学模式相对较为单一，

　　* 此文章为邵阳市规划课题"小学语文写活动类习作教学问题与策略研究"（课题批准号：SYGH21096）和首届湖南省基础教育教学改革研究项目课题"多感官行动在习作中的应用案例研究"（项目编号：Y20230486）的研究成果。

从而导致教学的趣味性相对匮乏。

部编教材的编排体系中也体现出了"活动类作文"的重要地位，课题组成员认真研读部编教材，梳理小学阶段活动作文教学内容如表5-2所示：

表 5-2　部编版教材活动类习作单元列表

序号	年级	活动类习作课题	习作要求
1	三年级上册第八单元	那次玩得真高兴	写清活动过程，写出自己的感受
2	三年级下册第四单元	我做了一项小实验	按顺序把实验过程写清楚
3	四年级上册第五单元	生活万花筒	写清过程，写出自己的感受
4	四年级上册第六单元	记一次游戏	按顺序把游戏过程写清楚，写出想法和感受
5	六年级上册第二单元	多彩的活动	按一定的顺序把一个活动写清楚
6	六年级下册第一单元	家乡的风俗	能够详略得当地进行描写

针对这些问题，本课题以教学案例研究为主，系统地探索解决问题的策略和方法。国内外的许多教育工作者、教育学家多年来从理论与实践两方面做了大量的习作方面的研究与探索。

本课题组成员认真学习了吴立岗的《小学作文教学论》、张化万的《现代小学写话与习作教学》和《叶圣陶语文教育论集》等著作，以案例研究法为主，发现课堂教学的问题，系统地探索解决问题的策略和方法，提出自己的教学主张，并撰写案例研究报告。经搜索，运用"案例研究"的习作教学课题还没有。案例研究是一种实践性、经验性研究，小学教师都是一线教学实践者，研究更具操作性。

有了理论依据，本课题结合实际案例进行有效教学的探究，提炼总结最具操作性的教学方法。在教学操作上，运用多种感官，利用支架教学激发学生写作兴趣和发散思维，并打破传统习作教学，建构"教—习—评—改"相结合的高效"情思课堂"教学模式：

（1）心之所动，有方向。

"以本为本，抓好基本"一直是我们的教学宗旨，在日常的阅读教学中，我们就注重引导学生分析课文的写作手法和特色，通过多种形式的对比，让学生对作者独具匠心的写作方法产生敬佩之情。"心动"了，就有了对习作由"眉头紧皱"到

"顺理成章"，甚至到"胸有成竹""心花怒放"的可能。

（2）目光所及，有积累。

在活动类习作的教学过程中，就要让学生多种感官一齐动起来。"手动"，借助手机进行拍照、录像，将活动过程的精彩画面定格下来；"脑动"，通过"回放"，让学生仔细观察活动过程中"重点人物"和"普通群众"的表现；"口动"，将他们的语言、动作、神态用自己的个性化语言描述出来。这样就为学生的表达交流和片段写作打下基础。

（3）口吐芬芳，有条理。

"说具体"是"写精彩"的基础，要鼓励学生观察到什么就说什么。同时，"耳动"起来：同学是否说清楚，耳听也是一种思维训练。在互相倾听、评价中的过程中，不断地修正自己的表达方式，提高自己的表达能力，做到有条理地口吐芬芳。

（4）妙笔生花，有情理。

写作应该是学生所思所想的真情流露，也是记录生活的美妙体验。特别是活动类习作教学，多种感官的投入就是多种"活动"的演绎，这样的活动积累就显得尤为重要。因此，我们常鼓励学生进行写日记、小练笔，篇幅不需很长，只要能运用所学的写作方法和日常感悟就行，由日积月累到熟能生巧，就能"妙笔生花"。

通过不断地实践，课题组制作出了观课评议表，建构了情景支架支撑下的基本教学模式图及观课评价表（表5-3、图5-1）。

表5-3　小学语文活动类作文"情思课堂"观课评议表

观察视角：激趣、启思、促写

课题：　　　年级：　　　授课人：　　　单位：　　　观课人：　　　时间：

教学环节	观察点（教师"情"学生"思"）	教学策略	学生思维发展
课堂导入	情境支架 心随眼动		
习作支架	思维支架 启思动脑		
练评结合	语言支架 心随口动		

续表

教学环节	观察点（教师"情"学生"思"）	教学策略	学生思维发展
讲评结合	写作支架 手随口动		
教学效果			

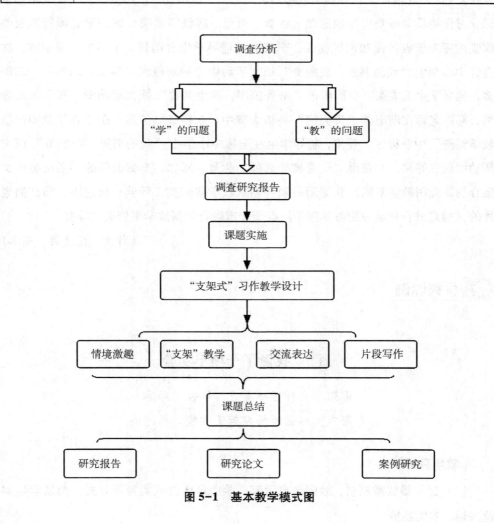

图 5-1　基本教学模式图

　　经过三年的努力，本课题取得了一定的研究实效。组员们创造性地使用教材，同样的教材站在不同的教学目的上解读，对学生的影响也会不一样。我们组对文章写作特色做出了个性解读之后，再把这种理解具体化为个性化的教学行为，打破传统习作教学"一节课讲授，一节课习作，课后批阅作文"的教学格局，搭建好支架，令学生获得有关习作的具体知识，进而指导习作，读写结合的基点又高了一层。

　　从课题研究之初到现在，孩子们积极投稿，有十二篇活动类习作发表在《邵阳日报》《邵阳晚报》上。课题组教师的研究论文、教学设计、案例研究、在线集体备课、习作精品课等获得过国家级、省级、市级、区级等奖项，如陈慧老师所执教的课堂被评为部级优课和市级优课；李梅老师辅导学生林雨轩、王柔柔、唐李霞，在全省中小学生"我的书屋，我的梦"征文活动中分别获得区一等奖、二等奖、二等奖；辅导学生王柔柔，在邵阳市"书香校园，师生共读"征文活动中，获得区二等奖；邓冰老师在湖南省"贝壳网"备课大赛中，获得省二等奖，在"青年教师片段教学竞赛"中获得区二等奖，辅导学生在全省中小学生"我的书屋，我的梦"征文活动中获三等奖，并获得"优秀辅导老师"称号；邓冰、李梅老师的《活动类作文融合创新应用教学案例》获邵阳市融合创新教学案例类二等奖；杨建洪、马江滔老师的《信息融合创新应用教学案例》获邵阳市融合创新教学案例类二等奖。

（作者：杨建洪　邓冰）

 优秀课例

1　我做了一项小实验

邵阳市大祥区华夏方圆学校　邓冰
邵阳市大祥区板桥乡燕子学校　杨建洪

[教学目标]

　　（1）运用播放微视频、教师亲自示范、学生自己尝试实验等方式，激发学生实验兴趣、实验热情。

（2）让学生用"先……接着……然后……最后……"等连接词说清活动过程，掌握实验步骤。

（3）小组合作尝试实验，重点引导学生观察实验变化，让学生学会抓"颜色变化、形状变化、动态变化"，写出"看到的神奇变化"，通过发挥"想象"，表达"想到的神奇变化"，尝试第一次活动类写作。

（4）初步懂得如何欣赏他人，如何修改习作的技巧、方法。

［教学重点］

让学生学会用"先……接着……然后……最后……"等连接词说清活动过程中，掌握实验步骤；让学生学会抓"颜色变化、形状变化、动态变化"写出"看到的神奇变化"。通过发挥"想象"，表达"想到的神奇变化"，学会尝试写自己的实验心情和有趣发现。

［教学难点］

写出实验的神奇变化以及实验心情、有趣发现。

［教学分析］

本次习作的训练重点就是引导孩子能运用连接词将实验过程"有序"写出，初步学会在习作中融入自己的想象、自己的心情、自己的疑问、自己的发现等，并学会运用教材中的修改符号，完善自己的习作。通过互读互评，相互欣赏、彼此指导，初步学会修改习作。

［教学过程］

一、激趣导入

（一）猜实验器，激趣导入

（1）猜测实验器材，揭题：《我做了一项小实验》。

（2）描述做实验前的心情。

师：今天老师给你们带来了一份礼物，瞧瞧桌上的袋子，猜猜里面是什么？

师：猜了这么多，现在你们的心情怎样呢？

生：很激动、很好奇！

师：现在请你们打开袋子，看看里面的物品再猜猜我们今天要干什么。

设计意图 猜测实验器材，激发实验的兴趣和热情。

（二）观察教师示范，说清实验过程，记录实验过程。

（1）师：什么实验呢？就是视频中最神奇的——海底火山。

（2）出示实验记录表：

实验名称：	**海底火山**
实验准备：瓶子、油、水、色素、泡腾片	
实验过程： 第一步 第二步 第三步 ……	
实验结果：	

（3）准备的材料有瓶子、油、水、色素、泡腾片。

（4）示范实验，重点观察实验步骤。

师：说得清楚步骤，就会做实验。

生：先……接着……然后……最后……

师：怪不得，说得如此清晰，如此有序！

师：先后顺序连接词除了"先""接着""然后""最后"，还有哪些？

生：一开始……紧接着……之后……最后……；首先……再……随后……最后……

师：请选择一组连接词，跟临近同学将实验过程说清楚。

师：在句子中加入自己心情，以及同学们动作、神情、语言反映出来的心情。

设计意图 教师或者学生示范实验，引导学生说清实验过程，目的是通过学生自己的试说，梳理出说清楚的方法——用连接词。再与同学相互说，落实"言之有序"，为下面"写之有序"做铺垫。

二、小组合作实验，说出神奇变化

（一）动手试

师：会说了，那是不是真的会做了呢，赶紧动手试试看吧！

几项小提醒：

①按照步骤操作。②观察神奇变化。③组内分工记录。

（二）看变化

（1）生：我看到的神奇变化是……

（2）根据学生说的，随机引导神奇变化分为以下两大板块：看到的、想象的。三个方面：形状变化、动态变化、想象变化……（随机板书：形状、动态、想象）

设计意图 实验的"神奇变化"是学生最不容易写好的，所以重点引导学生边做边关注"神奇变化"，再根据学生留心观察到的变化梳理出"两大板块——看到的、想象的。三大方面——形状变化、动态变化、想象变化"，几大方法取之于学生，用之于学生，引导大家说出实验过程的"神奇变化"，为下文的"书写神奇"打基础。

三、明确习作要求，尝试习作

（1）师：好，现在就把我们创造的神奇，用文字写出来吧！

出示写作要求：用上"连接词"写清过程，抓住"形状、动态"写出变化，发挥"想象"写出神奇。

（2）出示评价标准，进行习作分享，让学生学会欣赏，教师随机指导修改。

习作分享会

> 用上"连接词"写清过程，加1颗☆。
>
> 抓住"形状、动态"写出变化，加1颗☆。
>
> 发挥"想象"写出神奇，加1颗☆。

（3）出示教师下水文，进一步示范。

海底火山

今天的习作课，老师神秘地说要带我们做一项小实验，名字叫"海底火山"。"海底火山"这个名字好奇怪，难道它会像火山一样喷出火吗？还是做一个海底火山的模型，一摇就会喷火呢？

只见老师给我们每个组都发了 1 个泡腾片、2 个量杯、1 瓶红色色素和 1 个塑料瓶，并让我们在一个量杯里倒了 40 毫升的水，在另一个杯中倒了 150 毫升的油，实验开始了！

首先，我在装着水的量杯中滴了 10 滴红色色素，搅拌均匀，水就变成了红色，这大概是要当作岩浆。接着，我小心翼翼地把水和油倒入塑料瓶里，它们立马分开了，金灿灿的油升到上面，红色的水沉到了底下，层次分明，非常鲜艳。我拿起泡腾片，它圆圆的、白白的，像牛奶片一样，还散发出浓浓的气息。为什么要在"油浆"中加入泡腾片呢？为了得到答案，我马上把它放入瓶中。"扑通"一声，泡腾片翻滚着缓缓沉到了水底。过了几秒钟，水里慢慢地冒了红色的椭圆形的泡泡，我兴奋地喊道："成功了！"泡泡冒得越来越快，越来越多，形成了一个白色的水柱。最上面的泡泡挨挨挤挤的：有的被挤得往下沉；一部分离水柱很近，借着水柱的冲击力又升了上来；一部分离水柱很远，我估计它们就沉到了瓶底。几分钟后，海底火山渐渐停止了喷发，陷入了沉睡之中。

我想，油下面的水为什么会冒泡泡呢？原来是泡腾片遇水产生二氧化碳气泡将染色的水带到油层，由于水比油密度大，会受重力的作用再次回落。

海底火山的小实验真的很神奇呀！做了这个实验，我突然感觉自己就像一位科学家，研究出了火山的原理，帮助了那些住在火山旁边的人们。从这以后我要多做实验，说不定哪天真能造出个什么东西呢！

设计意图 从三大方面明确习作要求以及习作欣赏标准，让学生明确自己的写作方向：用上连接词，写清过程；抓住形状、动态写出变化，发挥想象书写神奇。

四、出示实验原理

原来，泡腾片放入水中，会产生大量二氧化碳气体。二氧化碳会把含色素的水带到油层中，但是水与油不相溶，彩色的水又落下来，就会产生这样类似火山喷发的效果。

[板书设计]

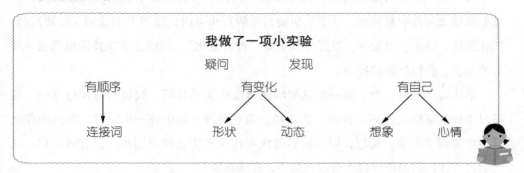

[教学后记]

1. 走出课堂，乐学善思

"生活是创作的源泉"，多姿多彩的生活是作文材料来源。在作文教学中，我们经常遇到的问题是，很多学生对作文课怀有厌烦、恐惧心理，写作时往往感到无话可说、无事可写。究其原因，还是素材少了。要丰富学生的素材，就必须先丰富他们的生活。丰富的途径其一便是让学生亲自参与，耳闻目睹，感受科学实验奇妙无穷的美及投身其中的乐趣。

本着这一原则，我带领同学们走出课堂，融入神奇的实验中去。在设计导入时，我先让学生观看实验视频，以激发学生的兴趣和激情，让学生在"实验"中开阔视野，丰富作文素材。

2. 调动感官，观察记录

罗丹说："这个世界不是缺少美，而是缺少发现美的眼睛。"在日常生活中，我们要做一个有心人，时时处处多看、多听、多想、多吸收，养成仔细观察生活的好习惯。但观察不只是用眼睛看，用耳朵听，还包括用头脑想象。并且实验的"神奇变化"是学生最不容易写好的，所以我重点引导学生边做边关注"神奇变化"，再根据学生留心观察到的变化梳理出"两大块——看到的、想象的，三大方面——形状变化、动态变化、想象变化"，引导大家说出实验过程的"神奇变化"，为下文的

"书写神奇"打基础。

3. 明确要求，书写神奇

为了发掘孩子的最大潜力，在写作前，我出示了自评要求，从三大方面明确习作要求以及习作欣赏标准，让学生明确自己的写作方向：能用上连接词，写清过程；抓住形状、动态写出变化；发挥想象书写"神奇变化"。同时让学生按明确欣赏、评价的方法，获得欣赏的技巧。

学生写作结束，为了再一次巩固学生修改作文的技巧，我进行习作分享会。根据习作要求帮助他们逐一修改。就这样，通过自评—师生评—小组评，学生的作文进一步得到了完善。我想，如果我们每次习作课都能这样以情唤情，打开心扉，畅所欲言，我们的习作课将永远阳光灿烂，充满欢笑！

但这次习作课，我也有很多遗憾之处，例如在点拨学生多角度观察并记录时，不够扎实，停留稍浅。以后会注意。

最后，希望我们教师携一颗种子进课堂，育一树繁花与学生！创造情思课堂，让习作教学散发它撼动人心的魅力！

2　记一次游戏

邵阳市大祥区罗市镇中心完小　彭倩

湖南师大附中星城实验第一小学　张梦君

[**教学目标**]

（1）能够按顺序把游戏过程写清楚，写出想法和感受。

（2）描写游戏过程时能够写出动作、神态和语言。

（3）能够自己修改习作，并把习作誊写清楚。

[**教学重点**]

按顺序把游戏过程写清楚，写出想法和感受。

[**教学难点**]

描写游戏过程时写出动作、神态和语言。

[教学分析]

《记一次游戏》是四年级上册第六单元的习作，主要要求是：组织学生在课前做一次游戏，把游戏的过程写下来，也可以写自己以前和其他人一起玩过的游戏。要求把游戏过程写清楚，表达自己的心情，用修改符号改正其中的错别字和不通顺的地方，并誊抄作文。孩子们对此次的习作训练颇感兴趣，因为游戏是儿童的天性，是他们最喜爱的一种活动方式，并且孩子们参与过的游戏种类很多，写这种题材的文章，孩子们只要有亲身体验和经历便有话可说，有情可书。

[教学过程]

一、创设情境，导入新课

师：同学们，你们喜欢做游戏吗？都做过什么游戏呢？（指名回答）

师：看来丰富多彩的游戏是大家都喜欢的活动，我们不仅可以在游戏中享受快乐，还可以把游戏写下来，和大家一起分享游戏的乐趣。今天我们就一起来做一做、写一写游戏吧。（板书课题）

设计意图 创设情境，从学生感兴趣的话题入手，调动孩子的兴趣，有利于引发学生的思考，让学生们尽快搜集写作的材料。

二、做游戏，提炼素材

师：今天老师带来了一个游戏，叫作"你做我猜"，听到这个游戏名你有什么想法？

生1：期待！

生2：疑惑……

教师相机板书学生说出的词语。

师：既然大家都玩过游戏，那老师想问问大家，在玩游戏前需要做什么准备呢？

生：游戏规则。

教师出示游戏规则：表演者根据词语的意思，用连续性动作表演出来，嘴巴不能解说词语的意思，可以提示有几个字，是什么类型，也可以配音。

做游戏。

（1）第一轮：选两名同学上台表演。

①选手上场。

教师采访选手：此刻你心情如何呢？你想对你的伙伴说什么吗？

②进行游戏，教师引导同学们注意观察表演者的动作、语言、神态。

③教师相机提问猜对的同学："你是怎么猜出来的？你觉得他表演的怎么样？"

根据学生的描述，教师相机板书出动词。

师：第一轮游戏过后你此时的心情怎么样？

生1：开心！

生2：激动，还想再玩！

教师相机板书学生给出的心情词语。

师：既然大家玩得还不过瘾，那接下来我们再来一轮好不好？这次老师就来看看你们同桌之间是否有默契。

（2）第二轮：同桌之间互相玩一、三、五组表演，二、四、六组猜，最快猜出的获胜。

师：请一、三、五组的同学从课桌里拿出词条，（教师随机采访）看到词条时你有什么想法？

师：你觉得你们配合得怎么样？（提问胜利组）

师：你觉得你们失败的原因是什么？（提问失败组）

师：好的，游戏结束，我想此时此刻你的心情又会不一样，谁愿意来分享一下呢？

生1：开心。

生2：失落。

教师相机板书心情词语。

师：我们的心情变化是随着游戏过程而变化的，在习作时我们可以把心情变化也写出来。

师：那接下来，我们如何把刚才的游戏的过程写出来呢？可以抓住什么来写呢？

生1：我们可以把刚才记录的心情写出来。（教师相机板书：感受）

生2：还可以写出动作、神态。

生 3：还有语言。

教师相机板书：动作、神态、语言。

师：那接下我们就试着来写一写吧，但在写之前老师有一些要求……

（3）出示习作要求。

要求：

①语句通顺。

②写清楚游戏过程。

③写出心情的变化。

（4）分享评价。（出示评价要求）

评价内容	星级	自评	互评
语句通顺	1 颗星		
写清楚游戏过程	2 颗星		
写出心情的变化	3 颗星		

设计意图　根据学生喜欢做游戏这一点激发学生的兴趣，让学生在做游戏、说游戏中感悟游戏的快乐，并感悟出写游戏的方法，拉近学生与习作的距离，消除对习作的害怕感，让学生对习作产生一种亲近感，产生写作的欲望，放松写作的心态，真正做到易于动笔，乐于表达。

三、学习范文，提炼写法

师：同学们，我们刚刚已经把游戏过程写出来了，但怎样才能写得更好更具体呢？老师这里有一个游戏片段，请你们读一读，看看这个游戏精不精彩。

1. 出示片段

他弯下腰，手缩着不停地哆嗦，腿也跟着弯曲着，底下马上有同学脱口而出"蹑手蹑脚。"接着就是一大片的附和声："蹑手蹑脚！就是蹑手蹑脚。"李俊一听一边摇摇头一边摆着手笑着说："不对，不对，再猜猜！"有的同学眉头紧皱，表情凝重，有的急得涨红了脸，好像马上就要冲上讲台，还有的同学小声地嘀咕着："怎么不是呢？那是什么词呢？"就在这时我发现李俊不仅挑着眉，眼睛不停地向四周看着，还念念有词。我站起来大声喊出："贼眉鼠眼！"李俊立即瞪直双眼，朝我看来，只见他哈哈大笑起来，还不忘向我竖起"大拇哥"，我激动地从座位上跳了起来，朝着同学们比了一个"耶"，笑着叫道："我赢了！"大家向我投来了赞许的目光，我的心里真是得意极了，这真是个辉煌的时刻！我尝到了胜利的滋味，品到了幸运的甜头。

师提问：你觉得精彩吗？为什么？说出理由。

2. 引导学生找出动作、神态、语言及心理活动描写

师：作者通过动作、神态、语言及心理活动描写，生动地叙述了游戏过程，让游戏显得立体真实，读来如临其境。

3. 出示课文

出示《陀螺》里的句子，引导学生通过心理活动描写方法来表达心理感受。

4. 小结

师：游戏过程中加入神态、动作、语言以及心理活动描写会让游戏过程更加生动具体。

设计意图 以优秀的习作作为范例，让学生从模仿开始学习写作文，能更好、更快地学到方法，学会习作，不至于"提笔头疼"。这样既可以增强学生的写作兴趣，又降低了学生写作的难度。

四、根据写法，改作文

1. 学生交换作文，互相点评

师相机采访：你觉得哪个地方最精彩，哪个地方让你印象深刻，为什么？

2. 完善习作

师：同学们，把自己参与游戏的过程一五一十地记录下来就是习作。刚刚大家已经把游戏过程当中的一个片段写出来了，那要完整地把整个游戏写下来有什么方法呢？

生：可以按顺序把游戏过程写出来。

生：我们可以按照游戏前、游戏中、游戏后的顺序把游戏写出来。

师：课后请同学们把游戏前和游戏后写出来吧！

设计意图 在"愿意将自己的习作读给别人听，与别人分享习作的快乐"的过程中，自改自评，互改互评，逐步养成终身受益的修改能力。同时在相互交流中，全体同学都分享了自己的快乐，体验到写作的乐趣，从而激发了学生习作的积极性。

[板书设计]

记一次游戏

游戏前

游戏中　感受　神态　语言　动作

游戏后

[教学后记]

本次习作的话题是"记一次游戏"，要求学生写一次游戏，把游戏过程及印象比较深的地方写清楚，写出自己的想法和感受。结合本次习作要求，我对自己这节课的分析如下：

（1）游戏导入。通过游戏调动学生的学习兴趣，上课前，我先让学生说一说玩过哪些游戏，然后现场玩"你做我猜"，学生在意外和兴奋中，非常积极地参与这个活动。他们在做和猜中，既迅速地进入了课堂，也在轻松愉悦的氛围中明白了本次习作的目标。让学生在游戏中体验、观察、想象、思考，并且学会记录自己当下的心情感受。

（2）先说再写。在游戏中，我不断引导学生把游戏过程说出来，例如"你是怎么猜的？""他做了一个什么样的动作，你觉得他做得怎么样？"等等。学生先说出来，说具体，写的时候才不会没有话写，这样不仅能训练孩子的口语表达能力，还能为写作积累素材。

（3）读写结合。在教授写作方法时，我通过本单元学习过的课文为学生指路，把习作和课文结合在一起，让学生习作有具体的"扶手"，习得方法，然后运用。

（4）继续努力。在游戏过程中，我的一些指令性语言不够精准，导致了一些学生一开始不能跟上游戏的节奏，使课堂有点乱。在评价学生习作的环节中用时较少，学生的互相点评环节引导不够。今后，我要扎实教学，不断提高自身专业能力，让学生真正学有所得。

3　生活万花筒

邵阳市大祥区城南新渡小学　马江滔

邵阳市大祥区板桥乡燕子学校　杨建洪

[教学目标]

（1）回忆印象深刻的活动，寻找写作素材。

（2）回顾《爬天都峰》，弄清作者如何把一件事情写清楚，理清写作思路。

（3）学习作者的写作手法，按一定的顺序把一个活动写清楚。

（4）学会互相修改习作。

[教学重难点]

学习作者的写作手法，按照一定的顺序把一个活动写清楚。

[教学分析]

《生活万花筒》是部编版小学语文四年级上册第五单元习作，本单元习作要求是按一定的顺序把事情写清楚。四年级的学生具有一定的思考能力、思维能力和语言表达能力。首先引导学生回忆印象深刻的活动，然后例文引路，回顾《爬天都峰》的内容，带领学生学习作者把一件事情写清楚的方法。并组织两次掰手腕比赛，游戏中渗透学习方法、观察方法等，从而激发学生的学习兴趣。

[教学过程]

一、激情引趣，寻找素材

（一）激情引趣

师：同学们，你们喜欢参加活动吗？

生：喜欢。

师：喜欢参加什么活动？

生：拔河、踢足球……

师：同学们的生活真是丰富多彩，在我们的成长过程中，经常会参加各种各样的活动，有亲身经历的，也有看到的或者听到的。生活就像绚丽的万花筒（板书课题）。请同学们打开课本，齐读课题。

（二）寻找素材

师：老师收集了一些同学们经常参加的活动。我们先来看看这些图片。（出示图片）

师：这么多的活动中，你印象最深刻的是哪一次活动？

生：拔河。

师：为什么对这次活动印象深刻？（指名学生交流）

生：因为那次我赢了，大家都很团结。

师：谢谢你的分享。

二、例文引路，理清思路

（一）例文引路

师：刚才同学们已经回忆了自己印象最深刻的活动，我们可以把参加的活动用文字记录下来，让这些美好的回忆形成我们的生活万花筒。比如掰手腕，如果让你来写这次比赛，你会按什么顺序来写呢？

生：按时间顺序。

师：我们一起来回顾课文，看看有没有好的方法。请看《爬天都峰》，作者是按照什么顺序来写清楚的。（板书：写清楚）请同学们快速默读课文，想一想，作者先写什么，再写什么，最后写什么。

教师出示课文课件。

生：爬山前、爬山时、爬山后。

师：刚刚同学们用简洁的语言按照爬山前、爬山时、爬山后的顺序把"爬天都峰"这件事说清楚了。接下来我们玩一个掰手腕比赛怎么样？（板书：掰手腕）

要求：（1）仔细观察；（2）认真记录。

（二）游戏环节，提供素材

1. 热身运动

师：比赛前我们先来做热身运动——

十指相扣，手腕放松。

紧握拳头，左右转动。

反手交叉，向前伸拉。

师：活动前我们先做了什么？

生：热身运动。

师：会学习的孩子不仅会观察，还会在观察的时候记录关键词，现在就请你们和老师一样把关键词记录在学习单上。（板书：热身运动）

师：我发现同学们一听说参加比赛，个个摩拳擦掌、跃跃欲试。

师：你注意了吗？这两个词语有什么特点？

生：是描写人物的动作和心理的。

师：我们在记录时，要抓住人物的动作、神态、心理等关键词。

师：无规矩不成方圆，游戏也是有规则的，我们一起来看看规则是什么？

比赛时，右手放在桌子上，身体不能碰到桌子。另一只手不能抓住任何物体，谁先把对方手腕扳倒谁就赢。

2. 组织比赛，提炼提纲

第一局比赛：男女生比赛。

师：谁愿意做勇士，上台展示你的力量？

师选出一名瘦小的男生和一名高大的女生。

师：假如你就是预言家，猜猜谁会赢？

生：我觉得女生/男生会赢。

师：你为什么觉得她/他会赢？

生：因为她个子高/力气大。

师：我们把刚才猜测的想法送进作文里，就是心理活动描写。

设计意图 在选择比赛选手时，老师故意选择两个身高差距比较大的选手，形成视觉差，进而让学生产生不同的想法，并进一步引导学生把想法说出来，为下一步的写作提供了心理活动素材。

师：他们谁胜谁负呢？我们拭目以待。

师：准备开始。掌声送给两位。

师：你们觉得这是一场怎样的比赛？

生：精彩的比赛。（板书：精彩过程）

师：老师观察到有些同学比完赛马上就做记录了。我也收集了一些词语，一起来看看，你觉得哪些词语适合刚才比赛的画面，或者你想到了哪些精彩的词语，就记录到你的学习单上。现在给你一分钟，把你观察到的印象深刻的画面用简洁的词语记录下来。（出示词语：聚宝盆）

师：在比赛时，你关注了谁？看到了什么？

生：我看到女生很紧张，脸绷得紧紧的。

师：比赛前，你支持谁？结果怎么样（板书：结果和感受）

生：支持女生，结果她赢了。

师：她赢了你心情怎么样，有什么想说的？

生：我很激动，也很佩服她。

师：现在请同学们静下心来想一想，掰手腕这个活动是按照什么顺序来写清楚的？

生：先写比赛前，再写比赛时，最后写比赛后。（教师相机板书）

活动：掰手腕

比赛前：热身运动。

比赛时：精彩过程。

比赛后：结果和感受。

三、完成习作，讲评修改

（一）完成习作

1. 教师语言引导

师：同学们，精彩的比赛还想参加吗？

第二局：大力士比赛。

师：两组分别推选两名大力士代表本组成员上台比赛。

师：预备——停。

采访学生：老师叫停的时候，你看到了什么，你认为谁会赢？

生：我看到对手很紧张，我觉得我们这组的选手会赢。

师：我们来采访两位选手，在比赛的时候是怎么想的。

预设：我就是想赢过他。

师采访观看比赛的学生：你认为这是一场怎样的比赛？

生：精彩的比赛。

师：两位选手在进行激烈的比赛时，你看到了什么？

生：我看到我们的选手脸憋得通红。

师：你关注了选手的神态。（板书：神态）

师：其他同学有关注到不同神态的吗？

生：他眉头皱起来了，咬牙切齿的。

师：他一开始就是这样的神态吗？

生：比赛前他是昂首挺胸地走上去，信心十足的。

师：你观察得很仔细，比赛过程中他依然信心十足吗？

生：我看到他满脸通红，手冒青筋。

师：比赛后呢？

生：他变得垂头丧气的。

师：比赛精彩纷呈，选手的神态也是变化的。（板书：变化）

师：除了关注神态，你还关注了哪些方面？

生：他用力掰。

师：他是怎么用力的？

生：他的手用力往下压。

师：你关注了人物的动作。

师：你有没有发现不一样的动作？

生：我看到选手快要被掰倒时，他用力顶了回来。

师：同学们，发现了吗？我们要想把比赛过程写具体，可以运用一连串的动作，还可以加上人物的语言、心理、神态等描写。

师：两位选手在进行激烈的比赛时，观众们也很激动，你是什么表现呢？听到了什么？看到了什么？

生：我看到我周围的同学有的拍手，有的拍桌子，有的呐喊。

师：耳边都是加油声，场面非常热闹，你心里是怎么想的？

生：我很紧张，生怕选手输了。

师：是呀，要想把激烈的比赛过程写具体，还可以通过观众的表现来烘托。

师：让我们把掌声送给两位选手。

师：快乐的时光过得很快，我们要把精彩的画面留在我们的生活万花筒里。接下来请你选择最难忘、最激烈的画面留下来。

2．习作指导

（1）先写比赛前热身运动、再写比赛时精彩过程、最后写比赛后感受收获。

（2）详略得当，抓住人物的动作、神态、心理、语言等描写。

（二）讲评修改

师：请一位同学读读自己的文章。其他同学来评价：可以给这个同学打几颗星？优点在哪里？不足在何处？

生：他的动词用得很好。

生：他还写了观众的反应。

师：老师发现他还描写了人物的心理，加一颗星。

评价内容	星级	互评	说明
写清楚			按照比赛前、比赛时、比赛后的顺序写清楚
精彩画面			抓住人物的动作、语言、神态、心理等描写

师：文章不厌百回改，反复推敲佳句来。同学们可以吸取别人的优点来修改自己的文章。

四、拓展延伸，学会迁移

师：这节课我们玩了一个游戏，写了掰手腕这个活动，我相信一定有同学想把成长过程中印象深刻的活动分享给大家。回去以后，请同学们按照一定的顺序，把印象深刻的活动写下来。

[板书设计]

生活万花筒

活动：掰手腕

比赛前　热身运动　变化　神态

比赛时　写具体　　　写清楚

比赛后　心理　　　　语言……

[教学后记]

关注学生情感，营造情思课堂

《生活万花筒》是部编版小学语文四年级上册第五单元习作，本单元习作要求是按一定的顺序把事情写清楚。在本次习作教学中，我有以下几点反思：

（1）联系生活，创设情境。

在习作教学中，要和学生做到情感上的共鸣，就需要为学生提供激发情感体验的支架，从而进行情思教学。首先通过收集学生熟悉的活动图片，联系生活，创设情境，引发学生回忆印象深刻的活动，然后通过例文引路，回顾课文是如何把一件事情写清楚的。

（2）加强直观，创设情境。

整理思路后，进行掰手腕比赛。比赛前开展了热身运动，并引导学生仔细观察，认真记录关键词。这样学生就能明确比赛前做了什么。比赛时让学生重点观察选手的动作、神态，并通过猜测谁胜谁负来指导心理活动描写并及时记录关键词。比赛后让学生观察观众的表现及谈自己内心感受。通过两轮比赛，学生明确了按比赛前、比赛时、比赛后的顺序把活动写清楚，并抓住人物的动作、神态、语言等方面把活动过程写具体。

（3）交流评价，创设情境。

本次习作，组织了学生喜欢的游戏，在游戏中渗透观察方法、写作方法，让他们边玩边学，从而激发学生的写作兴趣。因此，在习作时，学生们写的文章精彩纷呈。并通过交流，评价学生习作中的优点及不足，并结合其他人的优点修改自己的习作。

通过此次习作课，我充分认识到激发学生情感在语文教学中的重要作用。在教学中要充分调动学生的积极性，让他们有更多的体验感，从而使学生的情感能更好地体现。在今后的教学中，我将更多地关注学生的情感，营造情思课堂的氛围。

4 多彩的活动

邵阳市大祥区滑石小学　朱丹
邵阳市大祥区向阳小学　李梅

[教学目标]

（1）选一次活动写下来，运用点面结合的描写方法写清楚活动过程。

（2）把印象深刻的部分作为重点来写。

（3）用修改符号修改自己的作文。

[教学重难点]

选择印象深刻的活动，运用点面结合的描写方法，写清楚活动过程。

[教学分析]

《多彩的活动》是部编版小学语文六年级上册第二单元的习作，本单元的习作要求：尝试运用点面结合的写法记一次活动。学生在以前学习中，多次写过活动类习作，已经掌握了把活动过程写清楚的方法，在本单元的习作中，又有了新的要求，强调要选择印象深刻的活动，运用点面结合的描写方法，写清楚活动过程，能在关注整个场景的同时，也能描写个体的表现。

[教学过程]

一、创情导入，点亮思维

（1）孩子们，2019 年阅兵式你们是否还有印象？老师选取了一段精彩视频，我们一起来回顾那激动人心的时刻。同学们，仔细看，等会请告诉我，哪个镜头让你感受最深?

（2）观看视频。

（3）指名说感受最深的镜头。

（4）从视频中选出两个镜头（一个特写，一个大场景）。比较两个镜头的不同之处。

（5）师：在拍摄过程中，往往是将两种镜头交替使用，才能更真实、完整地展示当时活动的情景。在我们写作时，也会运用上这种手法，那么在作文中我们称它为"点面结合"。（板书课题）

二、出示范文，明确写法

（1）出示《开国大典》中阅兵式的一段描写。

（2）找出哪里是点的描写，哪里是面的描写。

设计意图 从影视画面到文字描写，从电影拍摄的大场景和特写镜头到课文中点面结合手法，让孩子们对点、面的概念有了更明晰的了解，对点面结合手法的运用有了更充分的认识。

三、趣味实验，写法指导

1. 明确实验要求

（1）师：身份变换，现在你不再是学生，而是一名导演。

（2）指导学生做好准备工作：

手勤——勤于笔记，用最简单的词语记录下自己印象最深的镜头。

眼尖——用心观察。

脑活——善于猜想、大胆质疑。

2. 开始实验

（1）老师将两本本子一页一页交叉在一起，请学生在不损坏两本本子的前提下，把本子拉开。

（2）指导记录。

老师出示自己当场记录下的词语，指名学生总结记录方法。

多从人物的动作、神态、场面的气氛进行记录，记录时观察要细，用词要准，下笔要快。（板书：细、准、快）

3. 上台展示

（1）请班上力气最大的孩子上台完成实验，随机采访孩子的心情和感受。

（2）第一轮实验结束，再次检查词语记录情况，指导记录方法。

（3）第二轮实验开始，请两名同学一人持书本一侧，同时发力。

（4）采访参与实验同学感受。

设计意图　当场做实验，其一，能消除孩子们对作文课的恐惧；其二，为孩子们提供了写作素材，用游戏活动激活课堂，让课堂教学过程成为鲜活的素材，促使孩子们当堂完成习作训练任务。现场实验不能与教学主体脱节，所以在此环节中，我采用了"一边实验，一边观察，随时记录"的形式，强调实验过程中细心观察，并极力培养他们抓住关键词记录的能力。在记录过程中，我多次反复强调点面的概念，如"你刚刚记录的是点的画面，还是面的画面呢?"达到强化效果，学生才能在习作中灵活运用点面结合的手法。孩子们用手中的笔留住了每个精彩瞬间，自然就解决了"无米下炊"的问题，也不会出现玩得开心、写得尴尬的困境。

另外，本次实验的选择匠心独运，易操作，易观察，易把控。两本交叉的本子，怎么拉也拉不开? 一下子就调动了孩子们的积极性，同时帮助他们建立正确的科学观。

四、运用方法，写作练笔

（1）写法指导：详略得当、避免重复、点面结合。

（2）师：接下来我们选一个刚才你印象最深的镜头，写一个片段。

（3）学生练笔。

设计意图　实验完成后，我让学生当场写作：选择你刚刚印象最深刻的场景写一个片段，时间十分钟。新鲜出炉的素材肯定是"香气宜人"的，且只写一个片段，课堂上自然是不会出现有咬着笔头半天不下笔的现象了。习作难点突破了，再来写全文，肯定就不难了。

五、出示标准，生生互评

（1）出示评比标准：

评价标准	星级等级	互评
过程写清楚		
运用点面结合的手法		
注重细节描写		

（2）听学生习作，根据评比标准，给出相应的分数。

（3）生生互评，老师随机点评。

设计意图　学生互评是作文课堂必不可少的环节，不仅能培养学生听的能力，更能提升学生评的技巧，会"听"肯定会"学"，会"评"肯定就会"改"。互评作文就是一个学习、借鉴、模仿、创新的过程，那么为了让孩子们评得恰当，教学中，我给了一个评价标准，交给了孩子们评的方向，评的方法。

六、总结教学

本单元的学习目标就是尝试运用点面结合写法写一次活动，本课的教学以片段习作为主，突破点面结合写法这一难点，收获一课一得。

[板书设计]

多彩的活动

详略得当

避免重复

点面结合

［教学后记］

《多彩的活动》是部编版语文六年级上册第二单元的活动类习作，学生对于写活动已经不陌生了，本次习作教学的重点是运用点面结合描写活动场面的方法，把自己印象最深刻的活动写清楚，写具体。

本次习作的主题是"多彩的活动"，学生参与过的活动丰富多彩，要如何选材呢？应当引导学生对这些多彩的活动进行分类，让学生做到心中有数，然后在课堂开展学生意想不到但又能参与体验的活动，当场写作，印象最深刻，不到十分钟，学生便写好了新鲜出炉的片段，课堂上自然是不会出现有咬着笔头半天不下笔的现象了。

教学中，为了让学生能顺利地按照要求把作文写好，我做了多方面的铺垫：首先创设情境点亮思维；接着回顾课文，明确写法；最后在趣味实验中指导写法。课堂其乐融融，学生没有写作困难，也在不知不觉中养成细观察、善积累的好习惯。

通过本课的教学，学生基本能够掌握点面结合写活动场面的方法，相信再经过下节课的完善，能呈现出一篇符合要求的作文。

⑤ 家乡的风俗

邵阳市大祥区向阳小学　田瑜

［教学目标］

（1）了解不同的风俗活动。

（2）尝试介绍自己经历的一种风俗活动，重点介绍经历和感受。

（3）初步了解介绍风俗活动的介绍方式和注意事项。

（4）和同学分享交流习作，互相改一改，分清详略得当写法。

［教学重点］

（1）描写一种风俗习惯或自己的亲身经历和感受。

（2）能通过习作表达自己对家乡的自豪、赞美之情，感受家乡这些独具魅力的风俗中蕴含的民族文化和传统美德。

[**教学难点**]

描写一种风俗习惯或自己的亲身经历和感受。

[**教学分析**]

《家乡的风俗》是部编版小学六年级下册第一单元的习作。习作要求是描写一种风俗习惯或自己的亲身经历和感受，能通过习作表达自己对家乡的自豪、赞美之情，感受家乡这些独具魅力的风俗中蕴含民族文化和传统美德。对于六年级的孩子来说，这个写作内容并不陌生，因为从一年级开始孩子们就在学习中国的传统节日，但是并不清楚蕴含民族文化和传统美德的风俗中就包含着各类活动，比如春节除夕时包饺子，端午节时做粽子等都是活动。所以这次教学就以端午节为例，让孩子们观看包粽子、划龙舟的视频，让他们回忆自己过节时的所见所闻所做，感受家乡这些独具魅力的风俗中蕴含的民族文化，再回顾课文《北京的春节》，学习详略得当的写法。这个时候降低难度，让孩子们有思路，能抓住一个场景活动写具体就是佳作。

[**教学过程**]

一、古诗导入，引入民俗主题

师：孩子们，你们学过有关中秋和元旦的古诗吗？我们一起来回忆吧。

生：《竹枝词》《元日》。

师：同学们知道《竹枝词》这首诗是描写什么佳节吗？

师：是啊，是中秋佳节，人们围坐在一起吃月饼，赏圆月，吃芋头，嗍田螺。我们再来欣赏一首王安石的《元日》。请同学齐读这首诗，说一说：这首诗又是描写什么节日景象呢？

生：这首诗描写的是过春节时的热闹景象，人们贴春联，放爆竹，吃团圆饭。

师：中秋节、春节都是我国重要的传统节日，有许多的风俗习惯，刚才我们诵读的这两首诗就抓住了有代表性的生活细节，表现了传统节日的欢乐气氛，富有浓厚的生活气息。俗话说："离家三里远，别是一风俗。"各地有各地的风俗，那你们知道什么是风俗，什么是民俗吗？

师：民俗，是与民族文化有关的风俗习惯，它是一种文化现象，是在长期历史发展过程中形成的，它反映了人们生活经验和趣味，同时也丰富着人们的生活。

师：结合课前大家所收集的资料。今天，我们就一起来聊一聊家乡的风俗。（板书：家乡的风俗）

设计意图　让学生从古诗词出发，了解民俗，了解风俗习惯相关活动。

二、出示图片，简要介绍不同风俗

师：中国的民俗，放眼世界也是最为多样、最为丰富的！中国不仅仅有五十六个民族，还有别致多样的民俗活动，被代代相传。而且这些习俗背后还有很多传说，很多美好的传说，直到现在，仍深受大家的欢迎。你能结合 PPT 图片说说，哪个图片展示了哪个节日的风俗吗？

生：除夕、春节、元宵节、清明节、端午节、乞巧节、中秋节、重阳节、腊八节。

师：五月五，是端阳，屈原投水汨罗江。包粽子赛龙舟，纪念习俗不可丢。吃炸糕，绣香囊，挂艾蒿，饮雄黄。端阳节，也就是端午节，人们会包粽子、赛龙舟、秀香囊等。在历史上，端午节是为了纪念爱国诗人屈原的，为了让屈原能够安息，不受鱼类的打扰，人们就想出这一系列的纪念活动。

七月七，去油泥，牛郎鹊桥会织女。想学织女巧巧手，葡萄架下听私语。七夕，来源于我国历史上的美丽传说，传说凡间的牛郎和天上的仙女相爱了，可是由于人仙有别只能分开，每年只能见一次面，后来，每年的这个时候就成了有情人相会的特别的日子。

除夕夜，要过年，千家万户庆团圆。关于除夕你们应该最了解，过年的前一天叫作除夕，主要准备过年的衣服、食物，贴春联、做家务，有的家庭还会有守夜的活动，希望岁岁安康。

根据自己的经验和课前准备，请大家在介绍交流自己的家乡的风俗，并谈谈你自己的感受和经历。

设计意图　让学生听到教师讲述的风俗，看到相关的图片，回忆过节的画面，和同学交流碰撞，引发自己相关的感触，写出自己的对家乡感情的理解。

三、阅读习作要求，提炼关键信息

习作内容：（1）介绍一种风俗。（2）写参加一次风俗活动的经历。

关键信息：（1）深入了解这种风俗。（2）适当写自己对这种风俗的实际体验。（3）写出风俗的某一方面的特点。

用上"听爸爸说，这个习俗大有来历呢……"或"我查资料得知，元宵象征着……"句式，重点描写活动现场的情况和自身的感受。如果你对这种风俗习惯有自己的看法，也可以表达出来。

四、分享交流

师：说一说你的家乡有哪些特别的风俗习惯？

生：我们在端午节的时候，会在大门口挂上艾草。奶奶会很早起床用各种口味的糯米包粽子，一家人中午围坐在一起吃了中午饭后，我们就会坐车去资江河边看划龙船。在河岸边站着很多人，大家都踮着脚看赛龙船。

师：在家看奶奶包粽子你有什么感受？

生1：我觉得等待包粽子的过程很难熬，包粽子一上午，吃粽子五分钟。

生2：觉得奶奶很厉害，居然会知道包粽子的工序。

师：你们在看龙舟赛时有什么感受？

生：划龙舟的现场让我觉得震撼，我觉得中国的传统文化真的需要传承，感叹中国的古人用这种仪式来纪念屈原的隆重感。

设计意图 根据自己的亲身经历去描述活动的情况，这样学生会有话可说，有话可写，而不是道听途说。孩子们说出来的语言都是自己的所见所闻所感。

五、回顾课文

师：《北京的春节》一课以时间为纬线结构全文。先介绍了老北京春节开始的时间和人们为过春节做的准备。紧接着，通过介绍除夕、正月初一、正月十五这三次春节活动的高潮，列举了大量的老北京过春节的习俗。最后写正月十九春节结束。详略得当，重点突出。

《藏戏》先连接三个反问句把藏戏的特点先写出来，接着写藏戏的来源，分述藏戏的三个特点，先总后分，让人印象深刻。

这些方法同学都可以借鉴，写之前都要好好构思。同学们可以编写写作提纲。

提纲的作用相当于搭建房子的整个框架，先把轮廓搭建起来，再填充细节。

教师出示习作提纲的要求。

介绍一种风俗：

（1）要介绍的风俗是什么？

（2）它的主要特点是什么，打算从哪几方面介绍？

（3）哪一部分作为重点将要进行具体介绍？

（4）打算拟定什么题目？

写一次风俗活动的经历：

（1）要写的风俗活动是什么？

（2）打算从哪几方面来描写活动现场？

（3）哪一部分作为重点将要进行具体描写？

（4）打算拟定什么题目？

六、教师点评并且布置作业

根据学生的介绍，进行简要点评和总结，让学生明白哪里需要具体介绍，哪里需要简单说说。同时在学生的介绍中了解更多的民俗特色。（板书：详略得当）

注意事项：简要介绍民俗的名字、由来、寓意、民俗内容。

重点介绍自己的感受和经历的细节。

请同学尝试写写自己介绍的民俗活动。

评价内容	星级	互评	说明
说清楚	☆☆☆		说说中国的传统节日中的活动，特别介绍端午节的划龙船比赛，按照比赛前、比赛时、比赛后的自己的亲身经历说清楚
表达感情	☆☆☆		抓住观察到人的动作、语言、神态、心理等描写表达自己对家乡的自豪、赞美之情

设计意图 有要点，学生才能知道自己的所说的是否达到要求。

[板书设计]

家乡的风俗

——端午节划龙舟

比赛前

赛龙舟　比赛时（重点）　　感受家乡风俗特色（详略得当）

比赛后　　　　　　表达自豪之情

[教学后记]

《家乡的风俗》是部编版六年级下册第一单元的习作。习作要求是描写一种风俗习惯或自己的亲身经历和感受，能通过习作表达自己对家乡的自豪、赞美之情，感受家乡这些独具魅力的风俗中蕴含的民族文化和传统美德。这次教学以端午节为例，让孩子观看包粽子、划龙舟的视频，让他们回忆自己过节时的所见、所闻、所做，感受家乡这些独具魅力的风俗中蕴含的民族文化，再回顾课文《北京的春节》，学习详略得当的写法。这个时候降低难度，让孩子们有思路，能抓住一个场景活动写具体就是佳作。

本次教学中的不足：

一是没有充分考虑学情。学生虽然每年都过节日，但是他们并没有仔细去观察、体会每个传统节日与相应的活动特色之间一一对应的关系，以及活动背后所承载的文化内涵。

二是没有充分发掘孩子对风俗的理解，以及对家乡的自豪感。课堂中对孩子的引导只停留在表层，没有激发他们骨血中对中国传统节日的认同感。所以写出来的文章没有充分体现对家乡的自豪感和热爱之情。

总结：在课堂中要经常给孩子一些触手可及的小练笔，于是乎，就可以给我们的写作注入了神奇的墨水。思之所及，笔之所出。写作便写出了自己的心声，写出了自己的感受，写出了自己的灵感。

第六章　小学语文应用文教学研究

 研究任务及团队分工

　　研究任务：小学语文部编教材应用文教学情景和策略研究。

　　研究团队及任务分工（表6-1）。

表6-1　应用文教学研究团队及任务分工

主要研究人员姓名	单位	学历	职务和职称	研究角色
刘晶晶	邵阳市大祥区百春园小学	本科	一级教师	主持人，教学实践
朱丹	邵阳市大祥区滑石小学	本科	一级教师	专家指导，教学实践
肖湘	长沙市芙蓉区大同小学	本科	一级教师	教学实践
肖攀	邵阳市大祥区百春园小学	本科	一级教师	教学实践
曹哲	邵阳市大祥区华夏方圆学校	本科	一级教师	教学实践
孙丫丫	邵阳市大祥区西直街小学	本科	二级教师	教学实践
简帆	邵阳市大祥区华夏方圆学校	本科	一级教师	教学实践
李灵敏	邵阳市大祥区城南新渡小学	本科	一级教师	教学实践
唐红艳	邵阳市大祥区百春园小学	本科	高级教师	教学实践
唐联明	邵阳市大祥区雨溪镇中心完小	大专	高级教师	教学实践
曾莉娅	邵阳市大祥区雨溪镇中心校	本科	高级教师	教学实践
刘云	邵阳市大祥区雨溪中心完小	大专	高级教师	教学实践
肖玉	邵阳市大祥区樟树小学	本科	一级教师	教学实践

续表

主要研究人员姓名	单位	学历	职务和职称	研究角色
曹惠菱	邵阳市大祥区雨溪中心完小	本科	一级教师	教学实践
张欣	邵阳市资江学校	本科	高级教师	教学实践

研究概述*

一、调研分析，发现问题

应用文是人类在长期的社会实践活动中形成的，在处理公私事务时经常使用的实用性文体，是保证人们日常生活和工作正常运转的重要工具，是人际交往中必不可少的重要文体。《课标》明确要求中段学生"能用便条、简短的书信等与他人交流"，高段学生"能写读书笔记、常见应用文"。学习和生活中，孩子们处处要使用应用文，如有事向老师请假、给家长留言；写日记记录生活点滴；做读书笔记，积累语言……由此可见，小学生应学写应用文，还要能写应用文。

为了更好地研究应用文写作教学，本课题组采用学生问卷、教师问卷、听课和集体交流的方式对区域内五所小学进行调研，发现小学语文中高段应用文习作教学存在的一些问题。

（一）学生方面

通过问卷调查和实地走访后，课题组根据结果分析，发现学生学习应用文的困难集中在以下三个方面：一是写应用文时文体不分，与记叙文混淆，不会应用文写作技巧。二是格式错误，对应用文的格式规范掌握不牢固。三是脱离了具体生活场景，学生觉得枯燥无味。

（二）教师方面

长期以来，多数教师只重视"大作文"的习作教学，忽略了应用文的教学，还有部分教师认为，应用文教学简单枯燥，无非就是讲格式，只要学生照样模仿，没

---

* 此文章为邵阳市规划课程"小学语文部编教材应用文教学情景和策略研究"（课题批准号：SYGH20122）的成果。

啥可教的，学生只要学会了写记叙文，自然就会写应用文了。

多数教师教学应用文时形式单调、方法枯燥，不注重创设情境、构建支架、增强趣味性，并极少在日常生活中让学生去使用应用文。

二、总结经验，开拓创新

在研究过程中，课题组搜集大量有关应用文理论知识和应用文教学研究成果，从中汲取有效的方法措施。佘晓俊在《应用文教学方法漫谈》中提出在中小学应用文教学时可以运用比较法、修改病句法、打乱秩序法来提高应用文教学的效益。樊琴芳老师在《浅谈如何指导小学生写好应用文》中提出教师要从讲清应用文的格式，引导学生掌握应用文的语言特点，联系生活实际创设情境，激发习作兴趣四个方面加强应用文教学。遵循课题研究的理念和思路，课题组有条不紊地通过教学实践，深入分析教学效果，结合教学实践中遇到的困惑及问题，分阶段进行了研究：第一阶段——设计研究方案，开展教师阅读活动；第二阶段——进行中高年级研课磨课活动"一课三人行"，在研磨过程中设计了观课评议表，总结应用文教学模式；第三阶段——"案例研究三人行"中，围绕全册的应用文课文，开发应用文精品课，完善应用文教学架构；第四阶段——推广应用，实践总结。

在整个研究过程中，课题组注重联系教学实际，搭建灵活多样的习作支架，创建"情思课堂"，抓住"情境""情感""情操""思辨""思维""思想"六要素，以情促思，采用支架式教学法，探究应用文教学策略。

三、教学策略

本课题根据学科特点、题材及儿童的年龄特点选择"以情促思，支架教学"的方法，让学生在一定的生活情境、实践情境、阅读情境中完成应用文的学习，初步掌握最基础的写作方法，并采取不同教学方法来改变应用文教学枯燥、乏味的现状（图 6-1）。

"创"：小学生身心发展不成熟、好奇心比较强、对趣味性的要求也比较高，我们可以利用这一优势，了解"学生""学情""学习"，充分调动学生的学习积极性，创设情境，使他们产生一定的内心体验和情绪，从而加强对教材的理解与表达的欲望。如在教学《写信》时，古今通信手段的对比，让离学生生活遥远的信件一下子变得有趣，富有吸引力。出示露西的一封信，信中充满童趣又贴近学生生活的语言，一下子打开了学生的话匣子。又如在教学《观察日记》时，课前让学生动手种绿豆，创设生活情境，积累了生活经验，丰富了学生的写作素材。

"赏"：利用课文中的例文、教师的下水文、生活常见应用文等建立支架，降低写作难度，让学生通过思考、分析，了解不同的应用文有不同的格式要求。通过"看""思""辨""练"，学生牢固掌握应用文的格式。例如教学《写读后感》时，教师通过自己写的下水文，从不同的角度解析《三国演义》，让学生展开了热烈的讨论。教学四年级习作《写信》时，教师运用二年级学习过的留言条进行对比，学生能高效地掌握信件格式，错误率极低。

"练"：让学生积极思考，联系自己的生活实际，写出自己的真情实感，做到格式正确，感情真挚，表达清楚。除了课堂训练，还可以将相关的习作任务结合实际活动，让学生参与其中，进而将应用文运用到日常的生活当中。比如在班级设置留言墙，有事和老师请假时写请假条，给陌生的朋友写信，读书活动后积极撰写读后感，针对身边发生的事写倡议书，给跳蚤市场写介绍语，等等，让应用文真正地"用"起来。

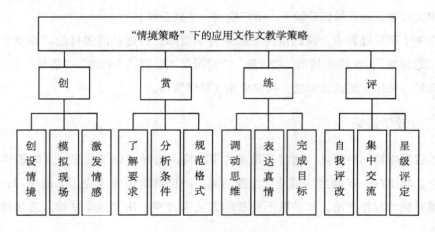

图 6-1　应用文作文教学策略

"评"：应用文具有固定的格式，运用的语言相对平实，我们用星级评价的方式把评价标准呈现出来，学生便能依据评改标准进行自评、互评，做到有的放矢，更好地修改完善作品。

此外，课题组还设计了观课评议表（表6-2），观察课堂教学效益，帮助教师更好的研究最佳的教学方法，促进教师专业发展。

表 6-2 小学语文应用文"教、学、用"的观课评议表

课题： 年级： 授课人： 单位： 观课人： 时间：

教学环节（师情）	观察点（生思）	教学内容	策略实效	教学建议
情景导入	生情激趣			
审题立意	知晓主题			
习作指导	片段练习			
星级评价	应用迁移			
教学效果				

说明："策略实效"指学生在支架引领下的思维表现等。

"教学建议"是针对上课老师策略使用的建议等。

四、研究成果与推广

（1）三年来，课题组教师将理论学习与实践相结合，老师们丰富了专业知识，积累了写作教学经验，总结出了有效的教学方法，激发了教学应用文的兴趣，教学水平得到了极大的提升。论文、案例、课例等在省、市、区获奖达三十次。

（2）大大提升了学生对应用文的兴趣，学生乐于在生活中使用应用文，能做到格式正确，条理清晰，感情真挚，还能积极撰写多篇文章并发表。

（3）课题组多次参加展示课、送教下乡活动，将研究成果辐射到周边兄弟学校，老师积极上传教学资源至省"互联网+教育"大平台、"李美华省级名师工作室"平台进行分享交流，并在"贝壳网湖南省备课大赛""湖南省精品课"活动中屡获佳绩。"爱上邵阳""今日头条"等平台多次报道了课题组的教研活动。

课题不是终点，研究学习永远在路上。今后我们将鼓励学生按照应用文体的分

类，结合生活实际，开展更多应用文写作活动，让更多的应用文用于生活。

（作者：曹远席　刘晶晶）

 优秀课例

1　写日记

邵阳市大祥区华夏方圆学校　简帆

［教学目标］

（1）激发学生写作兴趣，让学生想写、乐写。

（2）结合例文类比，引导学生了解日记的格式、内容及写日记的好处。

（3）逐步培养学生学会观察自己身边的人、事、物，养成爱观察、善思考的好习惯，并逐步培养自己写日记的习惯。

［教学重点］

结合例文类比，引导学生了解日记的格式、内容及写日记的好处。

［教学难点］

逐步培养学生学会观察自己身边的人、事、物，养成爱观察、善思考的好习惯，并逐步培养自己写日记的习惯。

［教学分析］

本篇习作选自部编版小学语文三年级上册第二单元。由于三年级孩子刚接触正式的作文且初次接触"日记"这一应用文体裁，孩子们会存在一些陌生感以及距离感，因此我们可以调动孩子的主观能动性。通过将第一单元习作《猜猜他是谁》和本次习作《写日记》的范文进行比较，孩子们能更好掌握"写日记"这一体裁。学生可能还会遇到无话可写的问题，这就需要教师激发孩子们调动自己的生活实践，并且创设一个自由、轻松的语言环境，以及注意搭建合适的语言支架，让学生有话可说、有话可写。

[教学过程]

一、激趣导入

师：正式上课前咱们先来玩个游戏放松一下。考考你们，看看谁是"最强大脑"。一分钟以前，还记得你干了什么事吗？那么一周前呢？一年前的今天你们干了什么还记得吗？

师：想不起来了吧！那你们知道，这世界上有哪些保存记忆的方法呢？

生1：画一幅画。

生2：手机拍照。

生3：珍藏一样东西作为纪念。

师：嗯！这节课呀，我们就来学习一种最简便、最"语文"的保存记忆的方法，就是写日记。

设计意图 三年级学生处于写作的起步阶段，激发兴趣尤为重要。该教学环节设置了一个记忆游戏，旨在启发学生明白写日记是保存记忆的好方法，从而激发学生的学习兴趣。

二、明日记格式

（1）出示第一单元习作《猜猜他是谁》和本单元例文《写日记》，让学生比较两者有何不同。

出示日记格式：

第一行中间写日期、星期、天气，它们之间要空一个字空。

另起一行写正文，每段的段首空两字空。

日记通常没有标题。

（2）用儿歌加深学生对日记格式印象。

日记格式要记清，

月日星期加天气。

空格两格写正文，

没有落款要明确。

设计意图 对于明确日记格式这一块，我引入了文本类比，通过带领学生自主观察日记和普通作文的区别，让学生在观察和讨论中进一步突出日记的格式特点。这不仅能达到教学目的，还能锻炼孩子们的自主学习能力。

三、知日记内容

（1）学生读例文，想一想这篇日记写了一件什么事。

生：写了自己掉牙的一件事。

（2）细读例文，将自己也有类似经历的地方画出来和同桌之间交流。

学生汇报交流自己类似的经历，教师可引导学生拓展说。

（3）刚才小作者写的是自己经历过的一件事，其实，日记习作的范围可宽了呢！如果你写日记，你想写什么呢？

（4）引入视频，介绍日记的写作内容。

下面老师请来了一位日记写作高手，看看他写日记的秘诀吧！（播放视频）看来日记是世界上最好写的作文了。可以写梦到的、听到的，也可以写见到的、想到的，还可以写读到的……

（5）引入"流水账"日记。

师：可有同学犯愁了，每天就是吃饭、睡觉、上学、放学，没有有意思的事呀！总不能这样写"流水账"日记：

4 月 1 日　星期一　阴

今天，我早上去上学，上午上课，中午吃饭，下午又上课，晚上放学回家。我写完作业，吃晚饭，又玩了一会儿，便洗洗睡了。啊，今天的生活真是有意思！

师：这样的日记真的有意思吗？

生：没意思，没有抓住其中一件事具体写。这些事几乎天天都发生，一点都不新鲜。

师：这样的日记，我们送它三个字的评价——流水账！像记账一样，这种日记，不如不记。

设计意图 主要解决日记格式的写作内容的问题，我从例文切入，调动学生的生活经历，有些孩子说了自己拔牙的经历，拓宽了话题。再引入视频，总结日记的范围，最后让学生从"流水账"的反面教材中明确写日记不是记流水账，而是要写最有意思的事情。

四、晓日记方法

（1）出示例文，师读生听。

7月9日　星期五　多云

今天下午，王菊告诉我，程晓梅在背后说我的坏话。当时我很生气，张秦音劝住我，她说："陈晓梅在背后骂人，这是不对的。她骂人，别人不见得就同意她。你再去和她闹，就是你不对了。再说忍耐是美德，一忍就过去了。"我想，张秦音说得很有道理，就没理会这件事。

晚上，我把这件事讲给妈妈听。妈妈说："你做得对。雷锋说对待同志要像春天般的温暖，这么一件事就计较，哪儿来的温暖？秦音叫你忍让，真是个好朋友。"

我以后要学会忍让，要像春天一样对待同学。

（2）全班交流：这则日记首先写什么，然后写什么，最后写什么。

领悟：日记要按顺序来写。

（3）师：再读例文，这则日记中，作者情感上有何变化？（板书：日记要写出真情实感）

设计意图　本环节主要引导学生了知晓写日记的方法，通过例文支架，学生讨论、交流明确写日记需要写出真情实感，需要按照一定的顺序把事情写清楚。

五、尝日记之乐

看，用正确的日记格式，把当天发生的、让自己难忘的、印象深刻的事情或景物等有顺序地记录下来，并表达自己的真情实感。这样的日记在多年以后翻阅，都觉得很有意思。

1. 出示写作要求

（1）回忆今天早上到现在的所见所闻、所做所想，选择最有意思的写下来。

（2）字数自己决定，做到语句通顺。

（3）写不出来就写现在上课这件事，可能也很有意思。

师：先和组内的同学说一说你想写的什么，再写下来，先说后写。（时间：10分钟）

2. **学生习作**

3. **出示习作评价标准**

评价内容	星级
格式正确	☆☆☆☆☆
有顺序、表达通顺明白	☆☆☆☆☆
有意思	☆☆☆☆☆

4. **同桌互评、教师巡视选择展示**

设计意图　该环节是理论付诸实践的验证，学生运用本节课所学习到的写作方法来写作，教师在课堂巡视，及时了解学生掌握知识的情况，并及时发现问题、解决问题。通过学生运用评价标准互评，可以进一步加深本节课的知识。

[**教学后记**]

本节课我从日记写作的格式、内容、方法、实践和评析这五个方面来组织教学，从课堂效果来看，有以下可取的方面。（1）整堂课的课堂氛围较好，我较为重视学生的自主学习、探索的能力。从课文例文对比发现日记写作格式的差别；从我事先准备的例文中交流写日记的方法——"按顺序""真情实感""有意思"等。（2）善于调动孩子们的生活经验。在"知日记内容"这一环节中，我让孩子们阅读例文，画出和自己有类似经历的地方，并在全班交流。孩子们热情高涨，纷纷分享了自己"拔牙"的经历，甚至还有人联想到了自己所阅读的相关绘本，也有孩子关注到了例文里面的细节描写，这样，孩子们的话匣子一下子就打开了，也为后面写日记奠定了基础。

当然，这堂课也存在着不足。写作课要想上得得心应手，不仅要有充足的准备，平时自己也要多练、多写，这样引导起学生来才能游刃有余。本堂课在引导学生上感觉深度不够，缺乏教学机智，在这方面还需要自己多想、多思、多练，不断积累经验。

2　写通知

邵阳市大祥区西直街小学　孙丫丫

［教学目标］

（1）使学生结合具体的情境懂得为什么要写通知，理解并掌握写通知的格式和注意事项。

（2）使学生主动经历自主探索，合作交流的过程，培养听、说、读、写的能力。

（3）使学生在探索如何写通知的过程中，体会语文与生活的联系，获得成功的体验。

［教学重难点］

理解并掌握写通知的格式和注意事项。

［教学分析］

通知，是部编版小学语文三年级下册第二单元要让学生学会的一种应用文。本篇教学设计，从"明理""学法""巩固""应用"四方面进行落实。教学目标明确、重难点突出，环环相扣，学生有章可循，有例可学。通过闯关游戏，引领学生在游戏中不知不觉地掌握了通知的格式，在听、说、读、写、练等多种形式中真正学会写通知，学以致用，达到预期教学目的。

［教学过程］

一、情境导入

师：同学们，你们知道吗？最近动物王国要开大会，狗熊发了这样一则通知。（出示课件）

通知

大家注意，动物王国要开大会，请你们都参加！

狗熊

1月5日

师：你们猜猜，它这样通知，会有动物来参加大会吗？

生：没有。

师：这是为什么呢？

……

师：同学们真聪明，那你们想不想帮我们的狗熊把这份通知写好呢？真好，今天我们的学习内容就是写通知。（板书：写通知）我们只需要闯过下面三关，拿到三把金钥匙就可以帮上狗熊啦。聪明好学的你们一定行的！

设计意图 借一年级学过的一篇文章《动物王国开大会》激趣导入：动物王国要开大会，狗熊发的通知会有动物来吗？如果没有，同学们来帮帮狗熊吧！从而引出今天的习作——写通知。导语设计，一是激发学生的好奇心，二是使学生明确本节课要讲的内容，激发学生的求知欲。

二、闯关激趣，明确格式

1. 第一关：说一说通知的目的（课件出示闯关要求）

教师出示两则通知，让学生说一说这些通知的目的是什么。

小结：通知的目的就是让指定范围内的人知道一件事情或者该做些什么事情。

师：太好了，恭喜你们通过第一关！获得第一把金钥匙！

2. 第二关：说一说通知的内容（课件出示闯关要求）

师：同学们，通知给我们生活工作带来不少便利，那一份通知里面该写些什么内容呢？我们一起来找找答案。（出示课件）

（1）指名读。

（2）说说示例通知的主要内容。（师相机板书）

标题：通知。

正文：4月9号下午3点（时间）全体同学（参加人）操场（地点）观看文艺表演（事情）。

落款：少先队大队部（署名）4月7日（日期）。（师相机板书）

评语预设1：你有一双善于发现的小眼睛。

评语预设2：谢谢你，孩子，你的答案思路清晰，老师非常喜欢。

过渡：我们齐心协力把通知的主要内容找了出来，通过了第二关，获得第二把金钥匙！

3. 第三关：学一学通知的格式（课件出示闯关要求）

师：同学们，你们知道吗？写通知也有格式要求，格式是什么呢？即一定的规格样子，一份正确的通知是什么样子呢？我们仔细观察。（师生合作解析通知的格式）

通知的格式：

（1）标题："通知"写中间。

（2）正文：要另起一行空两格写，内容包括：时间、地点、事情、参加人。（师对照课件板书）。

（3）落款：包括署名和日期，分两行写在正文右下方，署名在上一行，日期在下一行。

评语预设 1：你真是个善于思考的孩子。

评语预设 2：你不仅认真，还善于动脑发现，继续努力！

过渡：同学们，老师很欣赏你们这种好学的精神。这里有一首关于通知的要求和格式的儿歌，我们一起来读读吧。（出示课件）

标题通知写中间，正文开头空两格。

时间地点要写明，谁来参加什么事。

礼貌用语不能忘。署名写在右下方，日期写在署名下。

小结：听同学们有节奏地读儿歌，真是一种享受。

4. 第四关：找一找通知的问题

师：哎，有人欢喜有人忧。瞧，这棵大树"生病"了，真难受！想请大家都来当当啄木鸟，把这棵大树的病因找出来，并给它治治。（学生汇报交流）

出示"大树"：

通知

请各班参加合唱比赛的同学于 3 月 12 日下午 2：30 到音乐教室集合，参加彩排。

音乐老师 3 月 10 日

通知

学校决定组织全校学生参观博物馆，请全体学生周一上午集合。

1 月 16 日
少先队大队部

小结：同学们，你们对通知的书写把握很准确，问题一找一个准，还能及时修正，像极了聪明勤劳的啄木鸟。大树很感谢同学们，但是它还提醒我们要把治病方法记牢，让我们再来重温下这首儿歌。（拍手读）老师很开心同学们成功拿到金钥匙。

设计意图　在讲授新课的过程中，根据教材的特点、学生的实际情况，把枯燥的通知变成了有趣的闯关游戏。并依托例文支架，通过观察交流找出例文中的问题所在，再利用儿歌进行巩固，符合三年级学生的特点。

三、学写通知，掌握格式

过渡：拥有金钥匙的我们可以帮狗熊写通知啦！

（1）说一说怎么改通知。

（2）对比修改前和修改后两则通知。

信鸽把同学们写的通知给了狗熊，我们来看看狗熊说了什么。

课件出示录音："同学们，大会开得很成功，谢谢你们的帮忙。欢迎你们常来动物王国做客，我会请你们喝香甜的蜂蜜哟。"

设计意图　学以致用，根据本节课学会的写通知书的方法，设计帮助狗熊写通知解决问题的任务，激发学生写作的兴趣。

四、巩固练习

过渡：赠人玫瑰，手有余香，助人为乐真让人开心！正所谓"真金不怕火炼"，老师想看看你们的真功夫！写出一份完整的通知，从以下两个选题中选择一个练写。

（1）通知各班班长领取新校服。

（2）通知全班同学参观博物馆。

提示：操场、教室、今天下午 3 点、少先队大队部、明天早上 9 点。

学生练习写通知。

师：优秀的写作是全班的财富，应该让大家来共同欣赏。

展示通知，学生进行星级评定。

学生自己订正。

设计意图 授人以鱼不如授人以渔，通过师评、互评、自评等多样化评价方法使学生接触如何评价。

五、小结

学习到这，大家会写通知了吗？老师很喜欢你们这群好学聪明的小朋友，写作这条路上我们会遇到不少困难，但是我们依然要坚定信心，坚持下去，会有收获的！加油！

六、布置作业

[板书设计]

> **写通知**
>
> 标题　　通知
>
> 正文　　时间、地点、参加人、事情
>
> 落款　　署名日期

[教学后记]

通知写作的教学重点在于掌握通知书写的格式，难点在于要把通知的内容，用简明扼要的话写下来。我的作文指导课，设计了这样的教学步骤：（1）激趣引入，明确通知的作用；（2）出示例文，明确写作内容与格式；（3）及时着手改写，进一步明确怎样才能把通知写清楚明白；（4）创设情境，实际应用。这几个教学步骤呈链接式，环环相扣，循序渐进。从初步认识到着手改写，再到实际应用，整个流程由浅入深，先易后难，符合学生的实际，实现了过程与方法，知识与技能，情感与态度的三维目标，同时也体现了梯度练习的层次，能达到渐学渐高，渐用渐熟的效果。

3　写观察日记

邵阳市大祥区百春园小学　刘晶晶

[**教学目标**]

（1）能进行连续观察，用观察日记记录观察对象的变化。

（2）让学生了解观察日记的写法，也试着写观察日记。

（3）培养孩子观察的兴趣，让孩子养成留心周围事物的好习惯。

[**教学重难点**]

（1）学会写连续观察日记。

（2）确定重点内容，以观察日记的形式，把观察中新的发现，或是观察中发生的事具体、生动地写下来。

[**教学分析**]

本次习作训练是部编版小学语文教材第七册第三单元的教学内容。本单元的主题是做生活中的有心人，学习边观察边思考。本次习作要求围绕观察对象进行连续观察，用观察日记记录自己的收获。学生已经在三年级下学期接触过日记。学写观察日记重在通过仔细观察写下自己的所见所闻所感。这与第二学段习作目标"观察周围世界，能不拘形式地写下自己的见闻、感受和想象，注意把自己觉得新奇有趣或印象最深、最受感动的内容写清楚"十分契合。

[**教学过程**]

一、课前准备，任务驱动

师：（出示图片）叶圣陶爷爷带我们发现了爬山虎向上爬的秘密；法布尔让我们看到了蟋蟀住宅的全过程；比安基用日记的形式记录了燕子窝的变化，这一切都离不开细致的观察。这段时间，同学们做了小小观察员，连续观察了自己感兴趣的事物，还填写了观察记录表，谁来说一说，你观察了什么？你有什么感想和收获呢？

师生交流分享。

过渡：同学们都用心进行了观察，这节课，我们就来学习如何将观察记录整理成完整的观察日记。（板书：观察记录，观察日记）

设计意图　本环节为课堂的导入部分，借助图片，回顾学过的相关课文，一是激发学生学习的兴趣，调动积极性，二是引出观察日记，了解什么是观察日记。

二、观察生活，聚焦变化

（一）了解观察日记

1. 师：那么，什么是观察日记呢？请同学们读一读写作提示，你读懂了什么？

小结：原来呀，观察日记就是要记录"观察对象的变化"。

2. 课本第42页的《燕子窝》就是一篇观察日记，比较它与普通日记的格式和形式，你发现了什么？

（1）标题居中。

（2）观察日记要写日期，也可以写上星期和天气，正文在下面。

（3）观察日记需要记录一段时间的观察所得，形式可以是两篇，也可以是多篇。

（二）明确主要内容

师：有位小朋友特别有意思，他观察了绿豆发芽。（课件展示观察记录表）

绿豆发芽观察记录表

观察对象	时间	状态	颜色
绿豆	3月15日	将绿豆泡在盆子里，用湿布盖好瓶口，绿豆膨胀变软	外壳是绿色的
	3月16日	没有动静	/
	3月17日	绿豆破皮，露出幼芽	幼芽白白的
	3月18日	幼芽又长出了两厘米左右	外壳颜色变浅
	3月20日	幼芽长到了五六厘米，长出细根	豆瓣变成黄绿色
	3月21日	幼苗长高，豆瓣张开，吐出尖尖的嫩叶	嫩叶黄绿色的

师：瞧，这是他的观察记录表，请你快速找到表中记录绿豆发生变化的部分，用波浪线画出来。小作者是从哪些角度观察绿豆的？

预设：状态和颜色。

师：你真细心，一下子就抓住了表中观察的主要角度。能具体说说表格中绿豆发生了哪些变化吗？

师：你摸过绿豆吗？感觉怎么样？（除了看，还能摸，观察的角度可以更多样化。）

预设：观察时间也发生了变化。

师：你非常注重细节，植物的生长不是短时间完成的，因此，写观察日记，需要进行连续观察。

小结：同学们都非常细心，写观察日记前，就是要整理观察记录，关注事物这段时间发生的变化！（板书：整理记录，关注变化）

过渡：写观察日记时，是不是每天的变化都要写下来呢？

（三）确定日记重点

师：那么哪些天需要重点写？为什么？

小结：是呀，记录表中变化大或者感兴趣的部分，就是我们日记的重点。重复或者没有明显变化的部分我们可以省略或者不写。

过渡：记录表中只是碎片化的语言，我们怎么把观察记录表变成观察日记呢？接下来，一起来欣赏，这位同学的观察日记。

设计意图 本环节借助课本资料链接《燕子窝》与普通日记进行对比，整体复习总结观察日记格式上的特点。再以观察记录为例，发现观察记录简洁、准确的特点，更需要聚集对象的变化，让学生对持续性观察有更深入的理解，激发学生做观察记录的兴趣，为后来的观察日记打好基础。

三、指导写法，情景设计（尝试写作）

出示片段，引导学生观察片段写法上的技巧。指名学生朗读。

3 月 15 日　星期四　雨

科学课，老师给我们布置了一项有趣的任务——观察绿豆发芽。于是，放学一回到家，我就找来一个盆子，装点儿水，里面放了一块纱布，再把绿豆倒进盆子里，用湿布盖好，放在阴凉的地方。绿豆一个劲儿地喝水，没过多久，就膨胀变软了。

3 月 17 日　星期六　雨

第三天清晨，我给绿豆换水时，突然发现有三颗绿豆伸出了嫩嫩的"小手"，像一个个小烟斗一样，我兴奋极了！仔细看看其他绿豆，它们的肚子鼓得圆圆的，摸起来软软的，有几颗绿豆不小心把衣服撑破了，太有趣了！我真希望绿豆宝宝们快点儿长大！

1. 关注变化

师：这两篇观察日记各记录了绿豆发生了哪些变化？

预设：第一篇中绿豆膨胀了，第二篇绿豆破皮，露出了幼芽。

小结：是呀，这就是观察日记的主要目的——关注事物的变化！

2. 对比观察记录和观察日记，发现写作技巧

（1）师：同样是关注变化，记录表和观察日记，哪个更好？为什么？

生1：观察日记描写了绿豆形状和颜色的变化。

生2：观察日记更吸引我，描写变化时用到了比喻、拟人的修辞手法。

小结：是呀，这两篇观察日记不仅记录了绿豆的主要变化，恰当的修辞还让语言更形象生动了。

（2）师：除了绿豆发生的变化，日记中还记录了什么？

生1：作者观察时的心情。

生2：作者观察时的期望（还写到了观察过程中，人物的心理活动）。

生3：第一篇还写了观察的过程。

生4：日记中还记录了观察时间。

师：你真会发现。日记中有时要交代必要的观察时间，如"不久""又过了两天""第三天清晨"等等，这样可以把观察的过程衔接起来。

小结：是的，由此可见，观察日记主要关注事物的发生的变化，还可以写观察的过程，心情和想法，并配上图片或照片。（相机板书）

（3）交流讨论：后三天的观察记录，你最感兴趣的是哪一天？你关注到了哪些变化？此时心情怎么样？

小结：同学们既能细致地观察，又能细腻地描述，你们的观察日记一定更精彩！

3. 尝试写作

师：接下来，我们来写观察日记，看清写作要求：

（1）从观察记录表中，选出你最感兴趣的一天或两天，整理成观察日记。

（2）写清楚事物发生的变化，还可以写观察的过程，心情和想法，如果能配上图片或照片就更好了！

（3）日记的格式要正确，题目自拟。

师：现在，十分钟时间，快拿起你的笔，写下你的观察日记吧！

设计意图　研读范文，让学生对观察日记进行整体感知，了解观察日记的写法。通过全班交流汇报的形式，让学生知道要写清楚事物发生的变化，重点抓住事物的形态、颜色等细微之处进行具体描写，同时还可以写出观察者当时的心情和想法。

四、自改互评，展示交流

（1）自评：读一读自己的习作，更正错别字。

（2）同桌互评，按要求打星。

老师根据本课的要求，梳理出了四个评议标准，我们可以对照它们来对观察日记进行评价。

评价内容	评价	星级
观察日记格式是否正确	正确（　　）　　不正确（　　）	☆
是否写清楚	是否清楚（　　）　　一般（　　）　　不清楚（　　）	☆
是否写生动	生动（　　）　　一般（　　）　　不生动（　　）	☆
是否写出心情和想法	有（　　）　　没有（　　）	☆

（3）一起来看看同学的观察日记，请你给他评价，并说说理由。

设计意图　本环节的设计，是为了让学生归纳发现评价标准，并全班进行评改习作，同伴互助，及时指正。

五、作业

师：同学们，我们学习了写观察日记的方法，但是事物的变化还在继续，课后，请同学们修改自己的习作，并持续写观察日记，把观察对象的变化记录完整，形成观察日记集。

設計意图　作业设计为了激发学生的兴趣，鼓励学生养成写观察日记的好习惯。

[板书设计]

写观察日记

观察记录　观察日记

整理记录　关注变化

（观察过程　想法和心情　图画或照片）

[教学后记]

这节课，教学过程主要分为四个环节：（1）话题导入，结合本单元观察类的课文，切入主题，抓"观察了什么""有没有印象深刻的地方"等问题，引发学生探讨课前的观察主题，进一步了解什么是观察日记。（2）整理观察记录表，明确观察日记的主要内容，确定日记的重点，关注事物发生的变化，同时记录观察的过程、观察心情和想法、交流变化的过程中。（3）范文欣赏，明确写作要求，尝试写作；关注后三天的观察记录表，交流感兴趣的地方。（4）展示交流，自评互评；对照评议标准，师生共同对学生作品进行评价，在欣赏中提高自己的写作能力；教材处理，化繁为简，第一怎么制作观察记录表，第二怎么写观察日记，主要抓住两个点，变化和感想，内容较简单，层次清晰。

作文来源于生活，写作内容应该多样化，不拘泥同一种主题。这篇习作学生一定要在亲自体验、观察的基础上才能写好作文，写出自己的真情实感，因为此次习作选材较广泛，还是要指导学生在选择观察对象时，从自己熟悉的、喜欢的对象入手，如实记录，更能突显出学生的洞察力及表达能力。

4 写信

邵阳市大祥区百春园小学　肖攀

[**教学目标**]

（1）掌握书信、信封和电子邮件的基本格式，学会写书信。

（2）把握书信的语言特点，表达自己真挚的感情。

[**教学重难点**]

（1）用正确的格式写一封信，做到内容清楚。

（2）把握书信的语言特点，表达自己的真挚感情。

[**教学分析**]

《写信》是部编教材四年级上册第七单元的习作，本单元的语文要素是"学习写书信"。对于现代小学生来说，书信已经成为一种比较陌生的文字样式，在我们的日常生活中很少能见到信的踪影，因此激发学生对书信的兴趣尤为重要。写好一封信关键是把格式写正确，学生在二年级上册第四单元中已经学习过留言条，两者之间有相同和不同，可以在留言条的基础上进行书信格式教学。书信是交流沟通的工具，书信的内容广泛，教师要发挥引导作用，让学生爱上书信，表情达意，并进行实践操作，达到"我手写我心"的效果。

[**教学过程**]

一、写信的功能

（1）师：同学们，你们平时用什么方式来和不在身边的人进行交流呢？

生1：打电话。

生2：视频聊天。

过渡：在古代，人们都用什么来联系呢？我想请咱们班的小诗人来读一读这几句诗。

出示诗句：

烽火连三月，家书抵万金。——《春望》［唐］杜甫

洛阳城里见秋风，欲作家书意万重。——《秋思》［唐］张籍

开拆远书何事喜，数行家信抵千金。——《端州江亭得书》［唐］李绅

（2）师：你发现了什么？今天老师给大家带来了一封家书。（学生自由读）请大家交流：信里写了什么？

（3）师：是呀，书信能帮我们传递消息、交流情感。今天我们就一起来学习"写信"。（板书课题）

设计意图　创设情境，从生活中的常见联系方式切入话题。由于学生对书信比较陌生，从今到古的过渡激发孩子们了解书信的兴趣。

二、书信的格式

（1）师：（出示留言条）同学们还记得这是什么吗？谁来帮助大家回忆一下留言条由哪几个部分组成？

生：称呼、正文、署名、日期。

师：这几个部分都有自己固定的位置。你能说说它们的"家"在哪吗？

生1：称呼顶格点冒号。

生2：正文另起一行前面空两格。

生3：署名日期在右下方。

生4：我还知道署名在上，日期在下。

（2）出示书信例文。

师：书信由哪几部分组成呢？请仔细观察，它和留言条有什么相同之处。

生：它们都有称呼、正文、署名、日期。

师：它们之间有什么不同之处呢？

生：信的称呼多了一个"亲爱的"。

师：是呀，信更能体现感情。

生：信有问候语，留言条没有。

生：信的署名和日期都比留言条要具体。

生：信比留言条长。

生：信有祝福语，"祝"紧接正文单独占一行空两格写，表示祝福的词语再另起一行顶格写。

师：是的，你可真会观察。署名和日期写的位置也有点区别呢，谁能看出来？

教师顺口溜：称呼顶格加冒号，问候另起空两格，正文继续空两格，祝福紧跟空两格，署名日期右下角。

师：我们一起来读读顺口溜，快速地记住书信的格式吧！

小结：信和留言条都是通信和交流的工具，留言条更注重于通知，而信更能表达感情。

师：这封信是写给叔叔的，如果要写给其他人，哪些地方需要改变呢？

生：称呼需要变，比如"妈妈"，可以写成"亲爱的妈妈"。

生：祝福语也需要变，比如写给爷爷奶奶，我们就可以用"福如东海，寿比南山"；写给同学，可以用"学习进步"。

生：署名也可以变。

师：同学们能根据写信对象的不同进行变换，说明大家都掌握好了书信的基本格式。

（3）确定写作对象。

师：你最想写给谁呢？

生1：我想写给在深圳工作的爸爸，我已经很久没有见到他了。

生2：我想写给我的好朋友，她在三年级的时候转学了，我很想她。

生3：我想写给爷爷，告诉他我们学校发生的新鲜事。

师：请同学们用铅笔在信纸上写下称呼、问候语、祝福语、署名和日期，暂时不写正文哦！

设计意图 利用二年级学过的留言条来教学信的格式，简洁明了，学生通过找相同和不同，能扎实高效地掌握书信的正确格式。通过创设情境，引导学生交流确定自己的写信对象的同时，还掌握了不同格式的变化。让写作返璞归真，创设高效课堂。

三、教学书信的正文

（1）师：格式已经写好了，正文可以写些什么呢？让我们读读例文。（指名读例文）

师：你发现了这封信里有一个字出现的频率特别高吗？"您"。看到这个"您"字，你有什么感受？

生1：很有礼貌。

生2：仿佛叔叔就站在我面前，和我在对话。

师：对，写信就是一种交流，和我们平时写作常用的第三人称有区别。见字如面就是这个意思。

（2）师：再读读例文，每一个自然段都有不同的作用，看看你读懂了什么？

生1：第一自然段告诉叔叔书都到了，还表达了感谢。

生2：第二自然段分享了自己最近的情况。

生3：第三自然段说"我"很想念叔叔，问他什么时候回来。

师：是的，信里有交流信息，也有分享近况，还提出了问题希望叔叔能回复。你想在信里写些什么呢？（全班交流）

生：我想告诉我的妈妈最近我的学习情况，我想知道她最近工作怎样。

师：嗯，我听出了你很想念妈妈了，对吗？

生：我想告诉我的同学最近我读的一本好书，也想她给我介绍介绍最近她喜欢的东西。

师：我能听出你的盼望，相信你的好朋友迫不及待地想和你分享。

师：我们在书信中可以写写身边的所见所闻，这是"向外写"。还可以打开心门，写写自己内心的感受，我们可以称之为"向内写"。你有什么想和大家倾诉的吗？

生1：我最近有点苦恼，因为我的英语成绩不太好，认真学习了但是效果总是不佳。

生2：我有自己的想法，我的爸爸妈妈老是喜欢干涉我，做什么事情都指手画脚，哎！

生：我和你们不一样，我总是有很多天马行空的想法，是不是也能写在信里和我的好朋友说一说呢？

师：当然可以。在信里我们可以畅所欲言，班级里的新人、新事，家里的情况，校外看到的、听到的人和事，你成长中的变化和想法……这些都可以在信里交流分享。请选择一个内容写下来，开始动笔吧！（播放轻音乐，大约10分钟）

师：谁能给同学们分享一下，读一读你写的信。

教师板书评价标准：

评价内容	自评	互评
书信的格式正确	一颗星	一颗星
内容写清楚	一颗星	一颗星
表达真实感受	一颗星	一颗星

生1：读了这位同学的信，我认为他能得到三颗星。首先，他的格式正确，而且很有礼貌。

生2：内容也写得十分清楚，介绍了我们学校最近举办的足球比赛，精彩极了！

生3：我还能感受到他十分想念这位收信人。

小结：是呀！做到了这几点，书信的内容就完成了。

设计意图 紧扣课本中提供的书信例文，从"您"分析，明白信使用的是第二人称，解决了这个学生难懂的要点。再通过对书信例文的文本分析，可以概括出书信大致的内容，激发学生的表达欲望。"向外写""向内写"更能拓宽学生的写作内容，写出"心里话"，表达自己内心真实的感受。在越来越重视学生心理健康的现在，书信应当发挥更大的作用。

四、如何寄信

师：同学们已经掌握了写信的方法。我们的信写好了，怎么把它寄出去呢？

生 1：需要填写信封，贴好邮票。

生 2：还要找到邮局或邮筒把信寄出去。

师：请大家观察信封，信封应该怎么填写呢？

课件展示：收信人地址和姓名、写好邮编、贴好邮票。

生：如果时间紧迫，我们还可以把信件扫描出来，用电子邮件的方式发过去。

设计意图　利用多媒体直观地展示信封内容，并了解书信寄出过程。

五、实践回信

写信不仅用处大，书信还是人类思想的发展史，比如《报任安书》《曾国藩家书》等等，书信充满着魅力。课后，老师还给大家带来了高年级的哥哥姐姐们写给你们的一封信，记得回信哦！

设计意图　通过拓展加深学生对书信的认识，并给学生一个惊喜，让学生真实感受收信的期待和快乐，并进行实践操作，把习作落实到生活中去。

[板书设计]

写信

格式正确

分享交流

情感真挚

[教学后记]

书信是一种应用文，有固定的格式。这次习作要求学生学习写信的格式、内容、用词及信封的用法，学生学起来会感到枯燥，我从以下几个方面入手，激发了学生的学习兴趣，较好地完成了本节课任务。

1. 从生活中来，到生活中去

在导入中，我让学生寻找生活中的联系方法，打开话匣子。再提问："在古代，人们用什么联系?"结合优美的古诗，让学生对书信产生了浓厚的兴趣。教学书信内容时，确定写信对象，结合例文内容，从身边的小事聊起，学生受到了触动，课堂发言精彩纷呈。课堂末尾，我给学生准备了惊喜，收到了来自哥哥姐姐们的信，学生明白书信不仅只存在于课堂，而且是我们生活中交流沟通的有效工具。最后我布置了回信作业，让学生学以致用。

2. 教学策略扎实有效，支架构建合理，教学循序渐进

在指导书信格式时，我采用二年级学过的留言条为支架，用"找异同"游戏式方法进行教学，学生积极性高，掌握十分牢固。接着我运用了"换人物"的方法，指导学生根据写信对象改变修改书信格式。

在指导书信内容时，我运用例文支架，激发学生的表达欲望，并从"向外看""向内看"多角度拓宽学生视野。

在习作评价时，利用星级评价标准，培养学生的讲评能力。

应用文不枯燥，只要我们善于创设情境，构建支架，同样能让学生情思和鸣。

5 推荐一本书

邵阳市大祥区雨溪中心完小　曹惠菱

[教学目标]

（1）能联系自己的阅读经验，向同学推荐一本书，写清基本信息，注意"首段介绍展亮点、分段表述推荐理由"，用"一点一条写清楚"的方法，把重要的推荐理由写具体。

（2）评改习作、分享交流，培养学生评价与修改习作的能力，激发学生阅读兴趣。

[教学重难点]

能把重要的理由写具体，明白读书有益的道理。

[教学分析]

本次习作的内容是向同学推荐一本书。对于五年级的学生而言，除了语文课本，课外多多少少都读过一些书，这就为完成本次习作提供了基础。本单元的一组课文都是与读书相关的，尤其是最后两课中都提到了一些经典名著，相信学生在学了之后也会在心中涌起想读和向别人推荐的冲动。本次习作难点是要能把推荐的理由写具体，明白读书有益的道理，并且激发其他人阅读的兴趣，在教学中要注意引导。因此，本次的习作活动既可以促进学生继续去读书，熟悉将要向别人推荐的书；也可以帮助学生练习详略得当、条理清晰的写作技巧，提高写作能力。

[**教学过程**]

一、创设情景、揭示主题

1. 聊书，激发兴趣

师：书是我们学习的伙伴，伴我们快乐地成长。学校计划在元旦节举行好书推广会，主要向同学们推荐自己读过的好书。你们这么爱阅读，一定也要努力参加这次读书交流会。

2. 介绍书名

师：同学们喜欢读书吗？读过哪些书？来简单谈谈吧。

师：同学们真了不起，读过这么多书。老师也喜欢读书，书是我们的好朋友，读书可以让我们增长很多知识。

师：（点出习作主题）这节课，每个人为大家推荐一本自己最喜欢的书。（板书：推荐一本书）

设计意图　在轻松愉悦的交流中引入"书"的话题，激发学生的学习兴趣和学习欲望。

二、梳理推荐内容

（1）学生默读教材，思考：本次习作的内容是什么？有哪些需要注意的地方？

（2）全班交流，共同明确习作要求。学生交流后明确：看来推荐一本书，首先要介绍这本书的书名、作者、出版社等基本信息，然后从一方面或几方面分条表述

推荐这本书的理由，重点理由一定要说具体。（教师相机板书：基本信息、推荐理由、分条表述、重点具体）

（3）师：怎样写推荐理由呢？

课件出示：①推荐理由可以只写一点，也可以写几点，注意分段写。②把重要的理由写具体。如果你推荐的是一本小说，可以结合书中的相关情节、人物、对话或插图等来说明你的理由；如果你推荐的是一本科普读物，可以说说你获取到哪些有趣的知识或独特的想法。另外，你还可以转述或摘录书中的精彩片段，引用别人对这本书的评价。

三、列出写作提纲

（1）师：阅读习作要求，我们知道推荐的时候可以写哪些内容了，现在请同学们先列出习作提纲吧。

出示习作提纲范例。

习作提纲一：推荐一本书

第一段：简单介绍推荐书的基本信息，书名、作者、获得的赞誉。（简略写）

第二段：写推荐理由一，如书的主要内容。（具体写）

第三段：写推荐理由二，如精彩的故事情节和生动优美的语句。（具体写）

第四段：问大家想知道故事的其他情节吗，吸引大家阅读名著。（简略写）

习作提纲二：推荐一本书

第一段：以故事吸引人的情节引入推荐的书籍。

第二段：介绍书的作者及关于书的评价。

第三段：书中与我们生活贴近的几个人物形象。

第四段：书中很有道理或启迪的话语带给我的启发。

（2）对比、交流写的内容，及内容的安排。

生1：我觉得第一个习作提纲好，写了基本信息，以及推荐的两个理由，重要的理由具体写。

生2：第二个习作提纲里也介绍了基本信息，推荐理由有吸引人的情节，有与我们生活贴近的人物形象，还有给自己的启发。推荐理由有点多……

（3）阅读写作要求第三段，了解写的时候还需要注意什么。

生 1：推荐的理由可以写一点，也可以几点，如果是写几点就要分段写。

生 2：如果推荐的是一本小说，可以结合书中的相关情节、人物、对话或插图来说明理由。

生 3：如果推荐的是一本科普读物，可以说说获取到哪些有趣的知识或独特的想法。

生 4：推荐的时候还可以转述或摘录书中的精彩片段，也可以引用别人对这本书的评价。

（4）修改自己的习作提纲，并明确重点要推荐的理由具体写，其他略写。

四、例文引路，完成初稿

（1）根据学生的习作能力，引导学生欣赏例文，明白习作要点，让学生下笔时既有章可循，又能有选择地借鉴，从而学到写作方法。

师：（出示例文）作者介绍了书的内容，选取了其中的一些故事做了重点介绍，这个方法值得借鉴。

（2）根据写作内容和要求，引导学生在小组内互相推荐自己喜欢的书，听的学生可以提出问题或者意见。组织学生互相交流各自读过的好书，实现组内资源共享，形成奇文共赏。组内交流，还给每位学生一个口语交际展示的机会，在交流中完善学生的说话过程，给不同层次的学生一个铺垫。

指名汇报自己推荐的书。（指 2~3 名学生）

示例：

同学们，大家好。今天我来向你们推荐一本我觉得非常好看的书，它的名字叫《爱的教育》，是意大利著名儿童文学作家亚米契斯写的，由山东美术出版社出版。这本书是以学生日记的形式写的，书中的每个故事都是日常生活中的一些小事，让我读来感到非常亲切。书中的人物描写得活灵活现，尤其是描写了形形色色的小学生形象，他们虽然各有缺点，但每个人都有些闪光的东西。读了这本书，我感受到书中的每个人都是那么可爱，那么善良。他们的心中充满了爱，互相帮助，共同进步，就连我的心里也充满了爱，我觉得我生活的这个世界、我周围的人们也都是这么爱我，我感到无比幸福！

师生共同评价学生的介绍。注意是否说清楚了推荐的原因。

设计意图 落实"我口说我心，我手写我心"，不仅锻炼学生的写作能力，还夯实了学生的口语表达能力。

五、交流习作，推荐成功

学生独立完成习作。

写完后可以和同学们互相阅读你们的习作。如果你的推荐，能够引起同学们的兴趣，那么你的推荐就成功了。在学校的好书推广会上你也一定会让你喜欢的这本书拥有更多的"粉丝"！

[板书设计]

推荐一本书

基本信息：书名、作者、出版社……

内容新奇有趣

语言生动优美

推荐理由：情节曲折离奇　　分条表述，重点具体

人物个性鲜明

给人思想启发

[教学后记]

说清（或写明）喜欢的理由（或推荐的理由），是本次习作的重点。通过本节课的学习，大部分学生掌握了写作方法，也知道要分条例去说，去写，但因为对推荐书籍及作品本身理解不够，所以推荐时说不到点子上。引导学生多阅读、多思考书籍本身，加深对作品的理解，能更好帮助他们写出更有深度的习作。

6　写读后感

邵阳市大祥区百春园小学　肖攀

邵阳县塘渡口镇第五完全小学　粟艳

[教学目标]

（1）能初步了解写读后感的基本方法。

（2）能选择读过的一篇文章或一本书写读后感，并能写得真实、具体。

（3）通过自评和互评，乐于分享，能发现习作中存在的问题，并有针对性地进行修改。

[教学重难点]

（1）初步了解写读后感的基本方法。

（2）能把读后感写得真实、具体。

[教学分析]

本课是部编五年级下册第二单元的习作。学写读后感是从读到写的升华，要有感先有读，只有在读的基础上，才能有感而发。为了唤起学生写的欲望，课前先请学生以阅读单为支架，精读喜欢的书目，提前进行所需内容的收集和整理，课上从谈话交流导入，明确读写关系，然后再借鉴例文，铺路搭桥，让学生"用我笔写我感"。

[教学过程]

一、创设情境，引入课题

1. 谈话导入

师：同学们好，今天老师给大家带来了一本书《钢铁是怎样炼成的》。哪些同学读过这本书？你对书里哪个人物或者哪个情节印象特别深刻？

师：你有什么体会吗？

师生课堂交流。

师：是呀，今天我们要学习的就是写读后感。（板书课题）什么是读后感呢？读后感就是读书之后的感悟。既然是这样，那么写读后感之前要干什么？对，要先读，而且要好好地读。读书的时候你会用到哪些好方法？

生：我把阅读过程中的所思所想，用一段话记录下来。

生：我喜欢圈圈画画，在书中做批注，写下自己的阅读感受。

生：我摘录了自己喜欢的句子。

2. 回顾阅读过的文章，完成阅读单

师：其实这些都可以叫作读后感。本单元我们学习了不少有趣的课文，请大家齐读第二单元的四个课题——《草船借箭》《景阳冈》《猴王出世》《红楼春趣》。老师给同学们带来了阅读单：

书名	主要内容	感悟点

阅读单能帮助我们把文章或书籍的重点信息归纳记录下来，启发我们从很多方面对故事进行思考。在这四篇文章中，你最喜欢哪一篇？为什么？根据阅读单，和小伙伴们介绍一下文章或书籍的内容，可以重点介绍那些给你留下深刻印象的部分。

师：会读文章，还能清楚、明确地表达自己的想法，这是非常好的阅读能力。谈为什么喜欢这篇文章时，大家的回答各不相同，有的人是因为文中的人物，有的人是因为作品中的事情，还有的人是因为从作品中悟出的道理。把一篇文章或一本书后的感想写下来，就是读后感。请大家增加本单元以外自己喜欢的篇章或书加在阅读单的最后一行。

设计意图　读后感应从"读"入手，读后才会有所思有所感，选取学生阅读过的书籍，进行谈话导入，能唤起学生的阅读经验。利用阅读单对阅读过的文章进行整理归纳，创设"读""感"结合情境，可以让学生迅速找出课文中自己印象最深刻的部分，抓住重点。

二、范文引路探写法

（1）读——借鉴点拨，感悟写法。

师：读后感当以"感"为主，以"叙"为辅。下面是小明读了《小王子》后写的读后感，同学们边看边思考：文中的每一段主要写了什么？哪些是对原文的叙述，哪些是从原文中发出的感想？出示例文。学生边读边悟，探究写法。

《小王子》读后感

《小王子》是一本各个年龄层的读者都能从中找到乐趣和益处的书，我怎能错过？这个貌似简单的故事隐藏着无数和作者生平相关的信息，书中几乎每个角色、每个场景都有强烈的暗示，专权的国王、虚荣的人、爱喝酒的人、做生意的人、掌灯的人、地理学家……访问各个星球所有的遇见，是不是成人世界里那些我还不能理解的奥秘？这一切不为我知的奥秘里，小王子回想起了离开自己星球时那朵唯一的玫瑰花的执拗和眼泪。尽管地球上的庄园里那成百上千朵玫瑰让他迷茫，可苹果树下的狐狸终是让他明白什么叫独一无二。

我想，小王子终究是清澈了心灵，丢掉了所有的害怕，也看懂了人生真正的意义。和庄园里那片玫瑰的告别，字字句句都闪烁着爱和责任的光芒，一样都是玫瑰，可他只为星球上那朵花浇过水、盖过玻璃罩、挡过风、倾听过抱怨……或许这就是付出。小王子决定回到自己的星球，回到他的玫瑰身边。

合上书，我开始想念远方的爸爸，这几年爸爸回来的次数很少，他就是那朵玫瑰花，而我就是那个不懂事的小王子。时间的磨炼让我恍然大悟，才感受到父爱的珍贵，希望我的思念能让远方的爸爸也能感觉到。

爸爸，你就是我的"独一无二"。

（2）引——用简洁的语言叙述出文章的主要内容，作为全文的引子，并提出自己的感悟。

（3）议——围绕"感"点对文章进行简明的阐述，完成由"读"到"感"的过渡。

（4）联——联系社会现实或自身的生活经历，展开充分的阐述，这是读后感的写作目的和重点所在。

（5）结——读后感最后的归纳主旨和点题。一是要水到渠成地对全文进行归纳总结；二是要紧扣文章照应开头，揭示文章给人的启示。

（6）补——依据支架，理清思路。

师：通过对范文的分析，我们初步掌握了读后感的写法"引—议—联—结"，下面是一位同学写的《核舟记》读后感的提纲，请你把"联"的部分内容补充完整。

引——一只约莫……（三十四个字）。

议——"业精于勤"，王叔的高超技艺当然离不开专注和勤加练习。

联——_____

结——天道酬勤，从现在开始，勤奋努力吧！

师：读一读自己的补充。有些同学能联系课外阅读时积累到的相关故事，让感悟更有说服力，活学活用。联系自己的生活经验，会让感悟更真实。

师：请你仿照刚刚补充的提纲，联系自己的阅读经验和生活经验，梳理好自己读后感的提纲。

（7）写——依据提纲，尝试写作。

师：提纲写好了，读后感的框架也就搭建起来了，现在我们为自己的文章加个题目，读后感的题目怎么写？（读《_____》有感、《_____》读后感）

师：还有其他拟题方式吗？

生：也可以根据文章的内容或自己最深的感受拟一个醒目、新颖的正标题，下面再写上副标题。比如：生命的倔强——读《海伦凯勒传》有感、天道酬勤——读《核舟记》有感。

师：万事俱备，只欠东风。写读后感，读是基础，感是重点，既要说道理，又要摆事实，因此，"读"与"感"要力求做到水乳交融。（板书：读感交融）告诉大家一个秘诀，请大家依据秘诀，快速习作，完成"感"这部分的初稿。

秘诀：

细细品读奠基础，陈述简洁抓重点。

结合实际谈体会，读感结合成佳篇。

设计意图 指导学生写好读后感的五步方法是："引""议""联""结""补"，从"读"入手，找寻自己最深的感触点，并进行交流讨论，结合生活实际，发出感想。着重关注"补"的环节，也是最重要的"感"的环节进行补充，有了前面的铺垫，感想就会水到渠成。

三、细细品读共修改

（1）同学们来评一评，这篇读后感是不是按我们讲的四步法来写的？（出示课件）

读了《西游记》我深有感触，文中曲折的情节和唐僧师徒的离奇经历给我留下了深刻的印象。本书作者罗贯中为读者讲述了唐僧和他的徒弟一路上历尽艰险、降妖伏魔，经历了九九八十一难，最终取得真经的故事。正是这离奇的故事情节赢得了广大读者的心，使这本书成为我国古代的四大名著之一。

预设：这篇读后感只有"引"和简单的"议"，没有"联"和"结"。

（2）再来评一评，下面这一篇与上一篇有什么不同？（出示一篇《水浒传》的读后感片段）

预设：这一篇读后感以"议"字为感悟点，运用了"引""议""联""结"的方法，把自己的感想表达得很清楚。

（3）学以致用。赶快拿起你手中的笔，把自己最想写的读后感写出来吧。

学生安静习作，老师相机辅导。

设计意图 通过对两个例文片段支架的点评和分析，学生不仅掌握写读后感的方法，巩固了教学中的难点。展示学生修改习作的成果，让学生形成"好文章是改出来"的意识，培养学生多次修改习作的习惯。

四、勤于动笔勇实践

小结：高尔基曾说："书籍是人类进步的阶梯。"读过一篇文章或一本书，"有感"就是我们的收获，"记录有感"就是我们的进步，以"我有感"来启发他人之感就是文化的传承。期待下节课能和同学们共读佳作，完善提高自己。

设计意图 学贵有恒，常练笔，勤读书，把习作教学贯穿到生活中去。

[板书设计]

写读后感

读—引—议—联—结—补

[教学后记]

"读""感"结合教写法

很多学生爱读书，但是一说到感想脑子里却空空如也。在指导写读后感时我先引导学生了解什么是读后感。课件出示写读后感的要求，抓住读后感的四字诀窍是："引""议""联""结"。重点指导"联"的部分，学生写起来就不愁下笔了。

为了增强评改课的课堂实效性，我始终采用让学生在阅读、分析例文例段的过程中，自主发现他人和自身读后感的优缺点，发现如何将感受写具体的好方法，我再适时地进行点拨、总结和提炼。让学生在修改的过程中，尝试着将所积累的写法加以运用，在亲身体验中收获、学习如何写好读后感。

抓住学生最容易出现的"读""感"分离的特点，利用阅读单，将"读"和"感"紧密地结合起来，结合实际，选好感受点，让感想不空泛。

习作课一定要简简单单，实实在在，让知识点落到实处，绝不能蜻蜓点水。设计高效课堂，是老师终身学习的目标。

7　学写倡议书

邵阳市大祥区城南新渡小学　李灵敏

邵阳市大祥区百春园小学　刘晶晶

[教学目标]

（1）知道什么是倡议书，明确倡议书的格式，掌握怎么写倡议书。

（2）能就自己关心的问题写一份倡议书，做到格式正确，内容清楚。

（3）学会用恰当的语言进行说理和建议。

[**教学重难点**]

（1）掌握倡议书正确的格式。写清倡议的内容，使自己的想法得到支持。

（2）能就自己关心的社会现象书写一份倡议书。

[**教学分析**]

本次习作的内容是学写倡议书，以珍惜资源、保护环境为主题，针对生活中一些浪费资源、污染环境的现象或自己关心的其他问题发出倡议。六年级的学生已经进行了三年的习作练习，写作能力明显提高，大多数学生能够做到按自己的想法把一件事写清楚、写完整。虽是学生初次接触写倡议书，但在之前的学习中，学生有了书信、留言条的写作基础，根据学生的知识储备情况，掌握倡议书的格式是本次习作教学的重点。同时，教师要从语言风格、内容安排上引导学生明白该如何写一份倡议书。

[**教学过程**]

一、回顾导入，引出主题

（一）回顾旧知，引起思考

《只有一个地球》《青山不老》这两篇有关珍惜资源和保护环境的课文给我们留下了深刻的印象，现在大家来谈一谈这几篇课文带给你的触动和体会吧！（学生发言）

（二）小组交流，进行资料展示

（1）学生结合自己搜集到的资料与大家谈一谈身边环境污染的情况。

（2）教师展示准备的污染环境、浪费资源的图片。

小结：通过大家的展示和汇报，可以看出环境问题越来越严重了，你们刚刚汇报的那些想法和点子也特别实用，那怎样才能让更多的人关注这些问题呢？今天就让我们拿起手中的笔，结合自己对身边环境问题的了解，写一写这些不良的现象，写一篇倡议书，呼吁身边的人重视对环境的保护，为打造美好的家园做一份贡献，好吗？（板书课题：学写倡议书）

设计意图 以本单元的课文内容引出环保问题，从而引入本次习作的教学，让学生意识到环保的重要性，对环保问题提出倡议，让学生有话可说。

二、研读范例，交流方法

（一）自主学习，明确要求

（1）学生阅读课本中的习作范文，明确倡议书的格式。

（2）检查自学效果，完成自主学习单。

填一填：

①倡议书要写清楚存在的＿＿＿＿＿及产生的＿＿＿＿＿和解决的＿＿＿＿＿。

②倡议书的格式包含＿＿＿＿＿＿＿＿＿＿＿＿＿＿。

想一想：

倡议书与书信在格式上有哪些相同和不同？

（3）学生发言后，教师就倡议书的格式和内容进行小结。

①标题。写在第一行的中间，可以写出所倡议的内容，如"×××倡议书"；也可以直接写"倡议书"。标题要鲜明，有概括性。

②称呼。换行顶格写，写清楚是向谁提出倡议。

③正文。写清楚倡议的具体内容，如果有几个方面的内容，可以分段来写。

④落款。落款即在右下方写明倡议者单位、集体的名称或个人的姓名，并署上发倡议的日期。

⑤语言。语言简洁，语气委婉。

（二）出示一份格式不正确的建议书，巩固格式

（1）出示倡议书。

给六年级同学的倡议书

同学们：

寒冷的冬季已经来临，为了你们的健康，学校已经开始将课间操改为跑操，你们中有的同学怕累，就故意想出各种理由不进行锻炼。为了你们每天坚持跑操不偷懒，我倡议大家做到以下几点：

①每天无论什么天气都要跑操。

②不许找任何理由不跑操。

③跑操中不准交头接耳。

同学们，冬季跑操这段时间，我要求你们都参加锻炼，让大家一起锻炼吧！

董老师

2019 年 12 月 1 日

（2）比较倡议书内容，引导学生明确倡议书存在问题、提出倡议和解决问题，三者要有机结合，倡议表述要具体清晰，合理可行，语言简洁，语气委婉。

（3）小组内交流，提出合理的修改建议。

设计意图　仅从格式方面着眼，通过对错误格式的修改再次巩固倡议书的书写格式，加深学生的记忆，让学生学会按照正确格式写倡议书，为学生的实际应用奠定基础。

三、交流问题，提出建议

（1）学生结合课前小调查，交流身边的环境现状及建议。

地点	现象或问题	原因分析	倡议
学校	教室里没人，灯开着	缺乏节能意识	专人负责关灯
	……	……	……
家庭	垃圾直接扔进垃圾桶	垃圾分类认识不够	学会垃圾分类
	……	……	……

（2）根据调查报告，相互补充倡议书上的内容和建议。

（3）思维碰撞，突破难点。

教师根据学生的倡议提出不同的主张，学生反驳，引发学生深入思考。

师生在争辩中寻求正确答案：倡议书不仅要满足个人的需求，更要考虑大多数人的利益。

师：这么多的现象，你们还有什么好办法解决呢？

四、梳理倡议，有序表达

（1）小组合作学习。

（2）评改。

如果是单条倡议，聚焦问题是否清楚，是否对应问题的分析；如果是一组倡议，比较倡议与倡议之间的内容是否重复。

（3）小组合作修改，完善倡议。

（4）确立习作提纲。

以白色污染为例：写清存在的问题（指出白色污染的问题）—分析问题存在的原因（人们的环保意识淡薄，对治理白色污染缺乏紧迫感）—提出解决问题的倡议（分点罗列）—提出号召和希望。

设计意图 明确倡议书的写法，突破教学难点，为写好倡议书做好铺垫。从污染问题着眼，引发学生关注，为学生提出合理的倡议引路搭桥。

五、点评习作，修改誊写

（1）学生完成初稿后，小组内互相交流，采用互评的方式，推荐每组典型习作，组织全班学生赏析。

（2）结合习作要点，出示评价表，梳理例文突出优点，提出修改建议。

评价指标	评价星级
格式是否正确	☆ ☆ ☆ ☆ ☆
反映的问题是否清楚	☆ ☆ ☆ ☆ ☆
语句是否通顺	☆ ☆ ☆ ☆ ☆
语言是否得体	☆ ☆ ☆ ☆ ☆
习作优点：	
修改建议：	

说一说每篇习作的优点，为习作写一段评语。

讨论修改建议，记录在评价表中。

填写评价表（自评和互评相结合）。

（3）选出一篇倡议书范文准备参加班级评议。

（4）对照教师和同学的评议，修改倡议书。

设计意图　通过小组的互相交流，推选习作进行点评，引导学生明确写好一篇倡议书的要求有哪些，从而对照自己的习作进行修改完善。

［板书设计］

学写倡议书
格式正确
语句通顺
语言得体

［教学后记］

习作能力是语文综合素养的体现。本单元习作从学生日常生活出发，是一次密切联系学生实际生活的实用性练习。课前引导学生留心观察身边与环境相关的现象或自己关心的问题，通过查阅资料进行思考，为后面习作内容打下基础。

由于本次习作源于生活，所以学生课堂氛围比较活跃，针对自己所关心的问题也有自己的想法并能提出可行性建议。正因为如此，由于时间原因，导致部分有话说的学生没有尽情地展现自己，这也是本次习作课需要改进的地方。

8　毕业联欢会活动策划书

长沙市芙蓉区大同小学　肖湘

［教学目标］

（1）借助教材中"毕业联欢会活动策划书"的基本样式，明确策划书的基本格式和要求。

（2）能策划自己班级的毕业联欢会，撰写一份《毕业联欢会活动策划书》，能做到主题鲜明，分工职责明确，活动流程清楚。

［教学重点］

能明确策划书的基本格式和要求。

[教学难点]

撰写一份《毕业联欢会活动策划书》，能做到主题鲜明、分工明确、活动流程清楚。

[教学分析]

本次习作为六年级下册第六单元内容。本单元为综合性学习单元，主题为"难忘小学生活"。这个单元与学生的生活联系紧密，学生进入这个单元的学习时，即将告别生活六年的小学校园，开始新的学习生活。六年来，学生从天真烂漫的儿童成长为意气风发的少年，这既是孩子自己努力的结果，也凝聚着学校、老师的心血。这六年，发生过许多或令人激动、喜悦，或令人伤心、遗憾的事。这六年，是学生在人生道路上永远难忘的岁月。在即将毕业的时候，开展一系列有意义的活动，可以让学生在珍藏记忆、表达情感、祝福未来的同时，综合运用语文知识与技能，促进语文素养的发展。本次综合性学习活动的主要任务是"策划简单的校园活动，学写策划书"。教材安排了"举办毕业联欢会"的活动，从临近毕业的生活实际出发，为学生提供了策划的平台，以进一步培养学生计划、组织、协调和实施活动的能力。策划书是六年级学生新接触的一种应用文体，它以非连续性文本的形式呈现出策划的内容，要素清晰，文字简洁。教材在此之前组织学生开展过"诗歌朗诵会""趣味汉字交流会"等综合性学习活动，学生在制订活动计划、筹备活动、开展活动等方面已具备一定的经验。但是要明确各项活动并实施，还有一定难度，教师要创设情境，组织并引导学生更好地规划这一次活动，为活动能有条不紊地开展提供保障。

[教学过程]

一、创设情境，呈现项目任务

视频导入，学生观看往届六年级毕业联欢会的视频。

引导：想要顺利举办毕业联欢会，首先要做好策划，然后根据策划进行筹备，最后选择合适的时间举办活动。这一活动大致要经历"策划—筹备—举办"三个阶段。同学们即将离开小学校园，根据本班学生希望组织毕业联欢活动的愿望，提出写一份《毕业联欢会活动策划书》的任务。

设计意图 通过观察往届的毕业联欢会，激发学生的举办联欢活动的热情，同时也让学生对联欢活动有个初步了解，认识到活动举办前策划书的重要性。

二、初识策划书，明确项目要求

（一）出示书本《策划书》范例

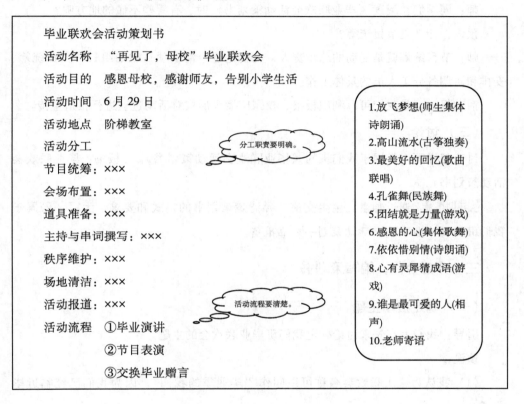

毕业联欢会活动策划书

活动名称　"再见了，母校"毕业联欢会

活动目的　感恩母校，感谢师友，告别小学生活

活动时间　6 月 29 日

活动地点　阶梯教室

活动分工　　　　　　　　　　分工职责要明确。

节目统筹：×××

会场布置：×××

道具准备：×××

主持与串词撰写：×××

秩序维护：×××

场地清洁：×××

活动报道：×××　　　　　活动流程要清楚。

活动流程　①毕业演讲

　　　　　②节目表演

　　　　　③交换毕业赠言

1.放飞梦想(师生集体诗朗诵)
2.高山流水(古筝独奏)
3.最美好的回忆(歌曲联唱)
4.孔雀舞(民族舞)
5.团结就是力量(游戏)
6.感恩的心(集体歌舞)
7.依依惜别情(诗朗诵)
8.心有灵犀猜成语(游戏)
9.谁是最可爱的人(相声)
10.老师寄语

（二）明确基本格式和要求

阅读《毕业联欢会活动策划书》，讨论策划书的内容、基本格式及要求，提出不懂之处。

师：材料《毕业联欢会活动策划书》，说说它由哪几个部分组成？

学生交流汇报。

预设：

（1）策划书包含活动名称、活动目的、活动时间、活动地点、活动分工、活动流程几个部分。

（2）策划书后面还要附上本次联欢会活动的节目单。

（3）活动分工包括节目统筹、会场布置、道具准备、主持与串词撰写、秩序维护、场地清洁、活动报道等。

师：同学们在阅读《毕业联欢会活动策划书》时，有哪些不懂的地方呢？

预设：什么是节目统筹？

师：节目统筹就是活动的总负责人，也就是这个活动项目组的组长，负责统筹、安排和协调各分工人员的具体工作。

活动报道就是我们可以利用板报、校园广播等形式对活动过程进行报道宣传。

（三）讨论

讨论怎样写一份属于我们班的《毕业联欢会活动策划书》。（板书：毕业联欢会活动策划书）

设计意图　通过师生、生生交流，弄清楚策划书的格式和要求，为写一份属于我们班的《毕业联欢会活动策划书》做准备。

三、分工合作，编写策划书

（一）确定活动主题

引导：我们大家先来讨论确定我们班毕业联欢会的主题。

预设：

（1）我认为这次联欢会名称可以叫作"毕业季的我们"，因为我们已经临近毕业了。

（2）我起的名称是"告别母校，扬帆起航"。因为我们小学毕业后，还要上初中、高中、大学，小学的结束意味着中学的开始。我们还会有很多新的梦想，我们可以通过中学乃至大学的学习去实现这个梦想。

小结：这些活动名称都特别好，都是围绕着"依依惜别"的主题，做到了主题鲜明。（板书：主题鲜明）

设计意图　写作首先要明确主题，应用文亦然如此。本单元综合性学习是围绕"难忘小学生活"的主题开展的，策划书这个活动编排在"依依惜别"的板块中，所以要引导学生围绕活动板块来确定联欢会的主题。

（二）确定活动时间和地点（小组讨论）

预设：联欢会的活动时间可以安排在毕业考试和毕业典礼之间进行。建议活动地点是学校的多功能教室或者报告厅。

（三）明确活动分工

预设：

（1）通过课前报名、班委会讨论，考虑到黄××、李××这几个同学的思维比较活跃，他们可以负责节目统筹和会场布置。

（2）道具准备安排给孙××、罗××同学，因为他们家住在超市旁边，购买物品比较方便。

（3）黄××、曾××同学的文笔好、口才好，还不怯场，我推荐她们负责串词撰写与活动主持。

（4）唐××和王××一起负责场地清洁。

（5）胡××和刘××负责活动报道，因为他们学过摄影，擅长拍摄，可以拍摄一些同学们活动的照片，比如排练节目、会场布置、观看表演等照片。刘××同学擅长电脑操作，我们可以合作完成一些宣传广告的制作，做好活动报道。

小结：同学们特别棒！活动分工时，我们要职责明确。（板书：分工明确）

（四）讨论活动流程

预设：

（1）我觉得开场先来一个大合唱，全班同学都参与，有气势也有氛围。

（2）大合唱完毕，我们就可以安排毕业生代表演讲，然后进行节目表演。

（3）我们可以在节目表演的过程中穿插一些小游戏，这样会让联欢会更加有趣。

（4）我们班许多同学给母校或师友写了信，我建议将朗读同学写给母校或师友的信穿插在节目之中，这样就更加切合毕业联欢会的主题。

（5）最后我们可以进行诗歌齐诵，老师寄语。

师：大家真了不起！活动的流程十分清晰。（板书：流程清晰）

（五）编排节目单

我们通过交流已确定了活动名称、时间地点、分工及流程，接下来请大家编排

节目单吧？（板书：节目单）

浏览教材料中的"节目单"，讨论：编排节目单时应注意什么？

小组讨论交流。

预设：

（1）我觉得节目编排要合理，节目数量要合适，建议 8～10 个节目为宜。（板书：数量合宜）

（2）我觉得节目的形式要多样，要新颖，开头和结尾以集体节目呈现。（板书：形式多样）

（3）我觉得节目要吸引人，要有趣味。（板书：富有趣味）

（4）编排节目时既要考虑展现同学的特长，又要考虑参与面广，应该尽可能让每一个同学都有表演的机会。

师：大家考虑得真周到！请大家通过小组合作编排一份节目单吧！

小组合作拟订节目单。

小组展示节目单，师生共评，对照评价标准进行修改。

节目单评价表

组别	评价标准，每项满分 3 颗星			
	编排合适	丰富多样	面广有趣	总得分
1				
2				
3				
4				
5				

续表

组别	评价标准，每项满分 3 颗星			
	编排合适	丰富多样	面广有趣	总得分
6				
7				
8				

（六）小组合作，编写策划书

我们已确定了主题，明确了职责，编排了节目，接下来让我们大家一起来编写《毕业联欢会活动策划书》吧！

（1）学生四人小组合作编写《毕业联欢会活动策划书》。

（2）小组展示策划书，对照评价标准互相评议、交流、修改。

策划书评价表

组别	评价标准，每项满分 3 颗星			
	主题合适 格式规范	内容完整 流程清晰	职责明确 人选合适	总得分
1				
2				
3				
4				

续表

组别	评价标准，每项满分3颗星			
	主题合适 格式规范	内容完整 流程清晰	职责明确 人选合适	总得分
5				
6				
7				
8				

[板书设计]

毕业联欢会活动策划书

主题鲜明

分工明确

流程清晰

节目合适

[教学后记]

（1）在这次毕业联欢会策划课中，学生们热情高涨，充分发挥了自己的主观能动性。

（2）在课堂上，教师不仅应引导学生在交流中明确策划主题，还应引导学生在作品展示中修改自己的作品。这次活动培养了学生的计划、组织和协调能力。

不足之处：在此次策划活动中的节目单的设计，还要多鼓励学生表演朗诵、相声等语言类节目，突显"语文味"。

第七章　小学语文想象作文教学研究

研究任务及团队分工

研究任务：小学语文想象作文问题与策略案例研究

研究团队及任务分工（表7-1）：

表7-1　想象作文教学研究团队及任务分工

主要研究人员姓名	单位	学历	职务和职称	课题研究中所承担的工作
银小凤	邵阳市大祥区西苑小学	本科	一级教师	课题主持人，教学实践
李美华	邵阳市大祥区教育科学研究室	本科	正高级教师	教学指导
曹玉宝	邵阳市大祥区城南学校	本科	校长，高级教师	教学指导
曾跃武	邵阳市大祥区城南学校	本科	副校长，高级教师	教学指导
陈彬	邵阳市大祥区城南学校	本科	副校长，高级教师	教学指导
屈立平	邵阳市大祥区城南学校	本科	一级教师	教学实践
刘佳	邵阳市大祥区滑石小学	本科	一级教师	教学实践
邓晓丽	邵阳市大祥区西直街小学	本科	二级教师	教学实践
朱晨	邵阳市大祥区城南学校	本科	教导主任，一级教师	教学实践
李优	邵阳市大祥区祥凤实验学校	本科	一级教师	教学实践

续表

主要研究人员姓名	单位	学历	职务和职称	课题研究中所承担的工作
阮海涛	邵阳市大祥区教育局	本科	一级教师	教学实践
肖迪	邵阳市大祥区滑石小学	本科	一级教师	教学实践
夏翠莲	邵阳市大祥区城南学校	大专	一级教师	教学实践
徐丽娜	邵阳市大祥区城南学校	本科	一级教师	教学实践
刘翠绿	邵阳市大祥区城南学校	本科	一级教师	教学实践

研究概述*

为使研究真实、有效，课题组首先开展了想象作文教学问卷调查，配合问卷调查还开展了听课、评课等课堂实践活动。通过问卷调查，发现学生写想象作文的欲望虽然很高，但写作质量却不尽人意，能写好想象作文的学生只有30%；对想象作文教学效果满意的教师只有20%。通过听课、评课、与教师交流，我们了解到在想象作文教学中存在的比较普遍的问题是：①教师的指导空虚化，无良策；②学生的想象随意化，无新意。

为解决这些教学问题，课题组成员一边研读新课标，一边学习文献资料。《课标》中多次提到"想象"二字。其总目标之一为"积极观察、感知生活，发展联想和想象，激发创造潜能，丰富语言经验，培养语言直觉，提高语言表现力和创造力，提高形象思维能力。"在教学建议中进一步指出在习作教学中要持续发展学生的表达与写作能力，同时重视培养学生的语言能力、想象能力和实践能力。

根据《课标》，部编教材在编排体系中也体现出了想象作文的重要地位。课题组成员认真研读部编版教材，梳理小学阶段想象作文教学内容如下：

---

* 此文章为邵阳市规划课题"小学语文想象作文问题与策略案例研究"（课题批准号：SYGH20121）和第二届湖南省基础教育教学改革研究项目课题"核心素养视阈下想象作文教学中的激趣与启思教学研究"的研究成果。

表 7-2 部编版教材想象习作单元列表

序号	年级	想象习作课题	备注（想象习作要求简述）
1	三年级上册 第三单元	我来编童话	尝试自己编童话
2	三年级上册 第四单元	续写故事	尝试续编故事
3	三年级下册 第五单元	奇妙的想象	大胆想象，放手创造自己的想象世界
4	三年级下册 第八单元	故事新编	根据提示，大胆想象
5	四年级上册 第四单元	我和____过一天	能把想象的童话故事写下来
6	四年级下册 第二单元	我的奇思妙想	展开想象，写自己想发明的东西
7	四年级下册 第八单元	这样想象真有趣	按自己的想法新编故事
8	五年级上册 第四单元	二十年后的家乡	列提纲，分段叙述写想象中的场景
9	五年级下册 第六单元	神奇的探险之旅	根据情境编故事，把过程写具体
10	六年级上册 第一单元	变形记	发挥想象，把"变形"后的经历写下来，把重点部分写详细一些。
11	六年级上册 第四单元	笔尖流出的故事	借助语言文字展开想象创编生活故事，体会艺术之美
12	六年级下册 第五单元	插上科学的翅膀飞	展开想象，写科幻故事；用具体事例说明观点

由上表可以看出：部编版教材单元习作教学在一、二年级写话的基础上，三至六年级四个学年中共安排了十二次想象作文：其中三年级四次，四年级三次，五年级二次，六年级三次，数量之多意在告诉我们激发学生的想象潜能，培养学生创新思维意义重大。

如何利用这些课例开展想象作文教学研究，课题组成员研读了许多理论书籍，多方寻找研究的理论依据。课题研究的理论依据如下：

（1）"想象有物"观。以"情境支架"为主题，启迪记忆与想象，唤醒学生的生活积累，想象是以真实生活为基础的。

《小学支援型习作教学》一书中说到"支援型习作教学中，通过提供情境支援、创设情境，使得习作学习情境能够以保留复杂性和真实性的形态被展示、被体验。离开情境支援，一味强调当下真实生活的习作学习是不现实的、低效的。""回忆类型习作滞后于生活情境，想象类习作又先发于现实情境，这给写作表达带来一定的障碍。情境支架以主题唤醒为主要特征，教师提供情境支持，启迪学生的记忆与想象，唤醒学生的生活积累。"

（2）"思维有序"观。"想象是思维的一种特殊形式，是一种形象思维。"

《普通心理学》认为："想象，就是人对头脑中已有的表象进行加工，改造、创造出新形象的过程。"本课题从"孩子们想象习作的构思大部分相似、鲜有独具个性的想象内容"这一学情入手，研究想象习作教学策略，关注学生写作内容和写作思维的有序性，引导学生由模糊走向清晰，解决学生选材千篇一律的问题，创新习作思维，助力学生插上想象的翅膀。

有了理论指导，课题组分四个阶段实施研究：第一阶段设计研究方案、中高年级开展研课磨课；第二阶段在小组"一课三人行"中初步设计观课评议表，建构想象习作教学模式；第三阶段在"案例研究三人行"中，探究想象习作单元教学设计活动，开发想象习作精品课，提升案例研究实效；第四阶段主要是实践总结、推广应用。研究过程中主要从以下几个方面探究想象习作教学策略：

策略一：思维导图助力选材与谋篇。

课题组重视对外界素材的搜集，选择思维导图和绘本故事等，拓展学生的学习生活范围。利用图片、视频等搭建情境支架，引导学生从不同角度观察体验，激发学生作文灵感，丰富学生写作经验，让学生有话可写，做到作文不枯燥。当学生从心理上获得素材灵感后，就有创作的动力。思维导图能促使学生感悟新知，在头脑中形成一个思维空间，知道先写什么再写什么，还能帮助学生构思情节、搜集内容素材进行文章组合，这样写出的文章更有深度，且不雷同。

策略二：绘本引路，拓展学生的想象空间。

在想象作文教学中引入绘本，可以调动学生的积极性，让呆板的教学变得生动，更好地开拓学生的思维。绘本图画精美，富有张力。大量精美的图画能带给孩子无限的想象空间，使得故事突破文字的束缚，在孩子的心灵世界中充满活力。绘本凝练的语言给我们以想象的空间。绘本直观而感性的情境表达，更容易激发学生去理解和想象，可以增强孩子的观察力、分析力、想象力和创造力。

策略三：阅读教学中开展想象补白和随文练笔。

有意识地在阅读教学中引导学生进行以想象活动为主的随文练笔，也是提高学生想象能力的有效方法。因为有文本的支撑，学生可以借助文本展开想象的翅膀，循着文本范式激发创作欲望，这样的想象方式，既让想象有理有据，又促进了学生对文本内容的理解与感悟。具体方式有：

（1）结尾续写式想象。不少课文的结尾，言虽尽意未穷，给读者留下想象、回味的余地，此时教师可以引导学生顺着作者的思路进行想象补白练笔。比如说，在教《宇宙的另一边》时，课文结尾处说："到了晚上，我还要趴在窗台上，看着浩瀚的星空，穿越茫茫宇宙，飞到那个很远很远的地方，再去拜访宇宙另一边的那个'我'。"此时，可以引导学生展开想象，说说宇宙的另一边还会有哪些有意思的事情。这样的随文练笔让学生在写作的同时体悟作者的创作意图，效果会更佳。

（2）情节扩展式想象。课文中有些内容作者仅用简短的词句进行概括，可以让学生展开想象，通过类比把它还原成具体可感、触手可及的鲜明形象，以便学生从另一个侧面深化对课文的理解。比如《牛郎与织女（一）》一文中有一句这样写："他常常把看见的、听见的事告诉牛，有时候跟他商量一些事。"这个地方写得简略，可以引导学生发挥想象把这个情节写具体——他会看到一些什么事、听见一些什么事呢？他又会与老牛商量一些什么事呢？我们还可以在阅读教学中展开想象，挖掘课文中重点词汇的形象内涵，感悟理解词语的情感内涵，这样不仅深切领悟了词语的含义，而且真切地感受到了课文的情感，还有效进行了具体叙述的训练，提高了学生的读写能力。

通过不断实践，课题组制作出了观课评议表（表7-3、表7-4），建构了"情景支架"支撑下的想象作文教学的基本教学模式（图7-1）。

表 7-3 小学语文想象作文"情思课堂"观课评议表一

观察视角：教师

观察点：激趣、启思、促写

课题：　　　　年级：　　　　授课人：　　　　单位：　　　　观课人：　　　　时间：

教学环节	观察点（教师"情"）	教学手段	教学内容	学生答问		教师理答		有效性	简议
				参与度	准确度	方式	内容		
课堂导入	情境支架 生情激趣								
新知学习	图示支架 识情启思								
练评结合	语例支架 丰富表达								

表 7-4　小学语文想象作文"情思课堂"观课评议表二

观察视角：学生

观察点：畅言、促思、乐写

课题：　　　年级：　　　授课人：　　　单位：　　　观课人：　　　时间：

教学环节	观察点（学生"思"）	学生发言（人数）（以画"正"统计）			参与活动的学生分布	学生质疑问难次数	学生座位分布图
		主动	点名	消极			
课堂导入	自主生情通畅表达						
新知学习	识情启思言之合理						
练评结合	以情促思写出新意						

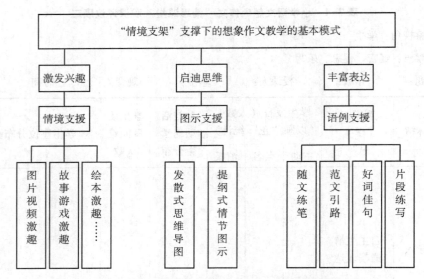

图 7-1 "情境支架"支撑下的想象作文教学的基本模式

经过三年的努力，本课题取得了研究实效。

（1）通过教学研究，关注"想象力"，激发师生想象兴趣。探究在想象习作中运用图片、视频、绘本等搭建情境支架，达到激发学生想象兴趣的目的。探究在想象习作中搭建语例支援，在阅读教学中开展想象式随文练笔，以丰富学生的语言表达。在不断地研究中，我们感觉最明显的一点就是学生的写作兴趣普遍提高了，不再害怕上作文课了，能写好想象作文的学生比例提高到 60%。

（2）通过教学研究，关注"思维力"，启迪创新师生习作思维。随着课题的深入研究，我们发现用好"生活情境"能够极大地唤醒学生的生活记忆，把学生带入到这样的情境中去，让学生感受到想象是有生活味的，它是基于生活又超越生活的。我们运用情境支架下的想象习作模式，根据不同的习作内容从不同的方面创设"生活情境"，让学生持续保持对周围事物的好奇和热爱，不断激发他们观察与想象的热情，使学生能自然流畅地将内心体验转化为笔下的文字。

（3）通过教学研究，关注"表达力"，丰富师生语言表达。从 2021 年到 2023 年，中高年级学生掀起了发表习作的热潮，其中想象作文有 30 余篇发表在《邵阳日报》《邵阳晚报》上。通过投稿和看报，学生们在兴奋和喜悦中互相学习，反馈到习作指导教学课堂，学生的学习态度更积极，学习思维更活跃，自评自改、互评互改的水平也得到了提高。课题组教师的研究论文、教学设计、案例研究、在线集体备课、想象习作精品课等在国家级、省级、市级、区级等都有获奖，如屈立平老师的《我的动物朋友》教学设计获国家级一等奖；银小凤老师的"二十年后的家乡"微课课件获国家级二等奖；屈立平、朱晨等老师的在线集体备课"我的奇思妙想"获湖南省在线集体备课二等奖；银小凤、刘佳老师的《想象作文融合创新应用教学案例》获邵阳市融合创新教学案例类二等奖、李伉、徐丽娜、银小凤、刘佳等老师的精品课均获大祥区一等奖，并在湖南省"互联网+教育"大平台上展播，夏翠莲等老师被邵阳市小记者协会授予"优秀指导老师"的荣誉称号。总之，课题研究促进了课题组教师的专业发展，使他们从"上课型"教师成长为"教研型"教师。

（作者：李美华　银小凤）

优秀课例

1　奇妙的想象

邵阳市大祥区滑石小学　刘佳

[**教学目标**]

（1）从选题中选一个感兴趣的题目展开大胆想象。

（2）合理地想象故事情节，能绘制简单的思维导图，针对某一个精彩部分写出一个想象片段。

（3）启发学生大胆合理想象，培养学生创新思维能力。

[**教学重点**]

课堂上创设情境，激发孩子的想象思维。

[**教学难点**]

启发想象潜能，培养写作兴趣，提高学生说和写等综合能力。

[教学分析]

本次习作练习是部编版教材三年级下册第五单元习作的内容。围绕"想象"这个主题，教材编排了精读课文、交流平台、初试身手、习作例文和习作练习，既满足了学生的表达需求，又为教师了解学情提供了重要的资源。教学时，应注重单元课文学习中的学法迁移，注重读、学、写的基本教学流程。在练习想象的过程中，引导多种想象方式，展示孩子们的想象力，让学生创编自己的想象故事。

[教学过程]

一、单元回顾

师：第五单元是本册教材中最特别的写作单元。从课文《宇宙的另一边》《我变成了一棵树》以及习作例文《一支铅笔的梦想》和《尾巴它有一只猫》中，大家发现什么？对，这个单元都是想象作文。（板书：想象）

师：请看单元交流平台。请男生读第一句话，你明白了什么？从这句话中我们知道想象要——大胆。（板书：大胆）

师：请女生读第二句，想象还要——奇特，也就是奇妙。（板书：奇妙）

设计意图　搭建文本支架，本单元教学主题是"想象"。借助交流平台，先让学生过电影般回忆课文内容，明确想象就是创造出不存在的事物和景物，创造时要大胆地想，要想得奇异、奇妙，为下面的习作指明方向。

二、出示例文，总结方法

师：怎么去创编一个想象故事呢？我们和学习伙伴一起看习作例文《一支铅笔的梦想》。当看到这个题目，你们会怎么想？一支铅笔有了梦想，它会想些什么呢？（指名读相关语句）

师：铅笔一下子就有了五个梦想。读这些句子，你有了什么发现？

生：铅笔和它梦想的事物相似。

师：这里，作者运用了相似思维的想象方法。（板书：相似思维）也就是说，铅笔本身具有这方面的特点，我们要在这些特点的基础上大胆想象，也就是说我们在

想象的时候也要合乎情理，不能胡思乱想。（板书：合理）

师：我们再看第二篇习作例文《尾巴它有一只猫》，看到这个题目，我们又想了些什么？猫是有尾巴的，尾巴怎么能有一只猫呢？于是，顺着这个问题，作者由尾巴想到了猫，这样的想象方法就是逆向思维。（板书：逆向思维）也就是反方向去想。（板书：反方向）

师：通过课文，我们知道要想写出一个想象故事，得从一个想法开始。（板书：想法）根据这个想法提出一个问题，（板书：问题）然后顺着这个问题就想象出了故事的内容。（板书：故事）想象的故事要合情合理，要根据事物本身的特点进行大胆想象。

师：同学们，奇妙的想象往往从题目就开始吸引人了。请读下面的课题，你觉得哪个题目最有趣？为什么？（对照板书引导指导学生交流）

师：你想完成什么愿望？自己能创编出一个奇妙的题目吗？（学生自由说）

设计意图　在练习之前要明确习作要求，这一环节必不可少。习作单元的例文是很好的写作模板，因此要充分地利用例文，继续搭建文本支架，引导想象的方法。让学生走进课文的具体句段，通过比较，明白想象的方法很多，不管采取哪种方法，它都要依据事物原有的特点展开想象，即做到"想象有物"。

三、绘制思维导图

师：老师也从这些题目中选了一个我觉得最奇妙的题目《滚来滚去的小土豆》，看到这个题目，我就想问：滚来滚去的小土豆想干什么？它又经历了什么？为什么滚来滚去呢？结果怎么样？（课件出示问题）你们想听听老师想象的小土豆的故事吗？

出示范文，指名读。

师：你觉得哪里最奇妙？老师是怎样大胆想象的呢？你能帮老师说出我的想法吗？

生：我就是一个小土豆，我像人类一样会唱、会跳、会思考、会说话，生活中的薯片啊、土豆泥啊，都是用土豆做的，而且土豆的样子和茶叶蛋很像。

师：于是我的故事情节就出来了，而且我把我的故事情节用思维导图的方式列

举出来。（出示思维导图）

师小结：通过思维导图，可以让习作的思路更加清晰，可以检查文章的结构是否完整。

附范文：

滚来滚去的小土豆

小土豆正在逃跑，他一边跑一边喊："救命啊！救命啊！我不想变成薯条！我不想变成薯条……"

他刚跑到一家店铺门前，有个顾客顺手就把他捡了起来，说："这是谁掉的茶叶蛋啊，看起来挺好吃的！"

小土豆用力地扭动自己的身体，结结巴巴地说："快……放……开我，我……我……可不是茶叶蛋啊！"好不容易挣脱出来，小土豆躺在路边休息。突然，一个声音传来："小土豆啊，快来加入我们的队伍，成为金牌土豆泥！"说着，那个高大的身影朝他扑过来……

"啊……妈妈，妈妈，快救我！快救我！"小土豆大叫。

妈妈连忙走进来一看，小土豆正在床上滚来滚去呢，可他的小眼睛明明是闭上的呀！土豆妈妈叹了口气："唉，这孩子，又不知道做啥梦啦！以后白天绝对不能让他那么疯玩啰！"

师：现在请你们根据你们的选题绘制思维导图。

师巡视，选出优秀的思维导图展示。

开展评价活动：你们觉得奇妙吗？哪里奇妙？有什么建议吗？

设计意图　搭建思维支架，学习运用简单的思维导图，教会学生把简短的想象故事完整地构思出来。搭建文本支架，用教师的下水作文做到先扶后放，利用《滚来滚去的小土豆》，在搭建好思维的基础上表达故事内容。

四、片段练写

师：想象的故事，该怎么写清楚呢？我们再回顾下本单元的习作例文《一支铅笔的梦想》。这是它其中的一个梦想，我们来读一读。（出示片段）

师：铅笔的梦想真有趣！我们也来学着这样写想象"第一个梦想，是溜出教

室"，写出"做什么"，让读者知道你的想象。（板书：做什么）

师："我要到山坡上萌出嫩嫩的芽儿；还在头顶上开出一朵漂亮的花儿。蝴蝶啊蜜蜂啊，就猜不出我是谁了。"是写清楚"怎么做"，让读者感受你奇妙的想象。（板书：怎么做）

师："哈，多么好玩！多么开心！"写明白做得怎么样，让读者认同你的想象。（板书：做得怎么样）

师：我们怎么把一段想象的经历写清楚呢？

附总结语：

片段练写小妙招

妙招一：做什么

妙招二：怎么做

妙招三：做得怎么样

师：请同学们根据这三个方法，从你的思维导图中选择一个"经过"把它写成一段话，开始吧！

学生片段描写。

设计意图　搭建文本支架，在语言情境中循序渐进地让学生写出精彩的想象片段，呈现出想象的内容。

五、分享想象世界

师：请大家欣赏同学的习作，谈谈你的看法。你会给他几颗星？得到三星以上就可以将作品登录到班级的"想象岛"。

师：同学们，想象是无尽的，只要你大胆地想，就有编不完的故事。请同学们课后把想象故事写完整，下课！

设计意图　学生写完片段后，通过充分交流评论，让学生体会与他人分享的快乐，以学习的角度，既是培养学生认真倾听的习惯，通过欣赏佳作，又能明确指向评价标准。

[板书设计]

	奇妙的想象	想法

奇妙的想象　　　　　　　　　　想法

大胆　　　　　　　　　　　问题?

相似思维（合理）　　　　　故事

逆向思维（反着想）　　（想什么　怎么做　做得怎么样）

思维导图：

开头＿＿＿＿＿＿＿＿＿＿＿＿＿

你选的题目（自拟的题目）　　＿＿＿＿＿＿＿＿＿＿＿＿

是＿＿＿＿＿＿＿＿＿＿＿　经过＿＿＿＿＿＿＿＿＿＿

＿＿＿＿＿＿＿＿＿＿

结尾＿＿＿＿＿＿＿＿＿＿＿

[教学后记]

　　本课的亮点在于思维导图支架的搭建，从而指导孩子写作。教师通过展示思维导图，让学生在清晰的支架上学习构思自己的想象故事，降低了写作的难度。三年级的写作要求是写清楚，当堂写出一篇完整的文章对孩子们要求过高，因此本课注重片段的练习。我的片段支架以"做什么""怎么做""做得怎么样"为脉络，这样给出的支架明确了孩子的写作思维，但是在练写之前还可以提示学生先从一个大胆的想法开始，要求写出神奇的感受，这样学生的创作会更丰富。

② 这样想象真有趣

邵阳市大祥区西直街小学　邓晓丽

[教学目标]

（1）能根据动物改变后的特征展开丰富、有趣的想象。

（2）能将所想和同桌说清楚，并编成语句通顺的童话故事。

（3）懂得欣赏他人习作并学会围绕提示评价同学习作。

[**教学重难点**]

根据要求展开想象，编写奇异有趣的童话。

[**教学分析**]

"想象"是童话的生命。这也体现了《课标》的理念"为学生的自主写作提供有利条件和广阔空间，减少对学生写作的束缚，鼓励自由表达和有创意的表达"，以及"激发学生展开想象和幻想，鼓励写想象中的事物"。本篇习作课题来自部编版小学语文教材三年级下册第八单元的"这样想象真有趣"，是一次放飞想象、创编童话故事的训练。该习作课题给学生搭建了一个想象王国：如果母鸡能在天空飞翔，如果蚂蚁的个头比树还大，如果老鹰变得胆小如鼠，如果蜗牛健步如飞，如果……一旦动物失去了原来的主要特征，或是变得与原来完全相反，它们的生活会有什么变化，又会发生哪些奇异的事情呢？让学生通过大胆想象，编写童话故事。

[**教学过程**]

一、创设情境导入，揭示习作题目

师：老师为大家带来了一份小礼物，请看。（放视频）

师：喜欢吗？这是一首儿歌，叫《颠倒歌》（出示文字版：小小老鼠树林里面称大王，大老鹰害怕那个小老鼠。蚂蚁扛大树，大象没力气。小小鱼儿飞呀飞在蓝天里，小鸟儿游呀游在大海里。公鸡会生蛋，母鸡喔喔啼）。你们发现了哪些有趣的现象？

师小结：原来这些动物的特点消失了或完全相反了，这样想象可真有趣啊。

设计意图 用影音手段渲染故事情景，在喜闻乐见的儿歌中，发现颠倒的有趣现象，激发儿童的好奇心，开启他们的智慧之门，也顺利地导入本次的习作内容。

二、颠倒动物特点，聚焦画面观察

师：老师还带来了四位动物朋友，他们分别是——母鸡、蚂蚁、老鹰、蜗牛。（相继出示四幅图）

请大家观察，结合平时印象，说说他们最显著的特征。

小结：是啊，在我们的常识中，母鸡温顺，下蛋抱窝，满地跑找吃的；蚂蚁勤劳，个儿小得几乎看不见；老鹰凶悍勇猛；蜗牛爬行慢得要命。可是有一天，他们全变了！（出示四幅图：母鸡天上飞、蚂蚁比树大、老鹰胆小如鼠、蜗牛健步如飞）

师：你看到了什么？他们发生了什么变化？请用自己的话说说图画的内容。如果你是这些发生了变化的动物，会怎么想、怎么做？

头脑风暴：你还想让哪些动物具有怎样相反的特征？

设计意图 聚焦课本上的四幅图，以平时的生活经验为基础，引导学生发现想象中动物相反的特征，并采用"角色自居"的方法，想象变化后动物会怎么想、怎么做，为下面创编故事拓展思路。同时不拘泥于书本的四种动物，打开视域，纳入其他的动物作为主角。

三、出示习作要求，大胆想象创编

师：这些失去特征或特征相反的神奇动物的生活会发生什么变化？又会发生哪些奇异、有趣的事情呢？我们可以尽情想象，编一个童话故事。

师：先请同学们想一想你想写谁，它会有怎样的经历呢。

在四人小组内，每人任选一种小动物想象，说一说它们的故事，事后每个小组推选一位代表讲述故事。

全班交流，教师相机评价。

设计意图 搭建交流平台，在进行创编故事的时候，由个人想一想，到组内说一说，再到全班议一议，有梯度、有层次。

四、穿插绘本故事，习得创编方法

师：同学们刚刚口头创编的故事已经讲得很不错了，但我们的故事要怎样才能更吸引人呢？（出示绘本故事《爱笑的鲨鱼》）

教师讲述绘本故事，穿插提问：鲨鱼在我们平时的印象中是怎样的？这只鲨鱼呢？当鱼儿们被网住的时候，鲨鱼笑笑能做的事是什么？

附故事：

在遥远的、深深的、波涛汹涌的大海里，住着一条名叫笑笑的鲨鱼，它是大海里最爱笑、最阳光、最有趣、最喜欢交朋友的鱼，也是个头最大、牙齿最多的鱼。

每天，鲨鱼笑笑都能看见漂亮的鱼儿们，伴着朵朵浪花，在大海里下潜、摇摆、猛冲。鲨鱼笑笑也想跟它们一起游泳和潜水。可是，每当笑笑向鱼儿们微笑时，它们都会迅速躲开。

"你愿意和我们一起玩吗？"笑笑问天使鱼。

天使鱼吓得浑身发抖，"嗖"的一声，以最快的速度逃走了。

刺豚正在吹泡泡。"真好玩！"笑笑笑着说。

可刺豚却把自己吹成了一个大刺球，狠狠地扎了鲨鱼笑笑的鼻子一下。

海星正在扭动、旋转、跳舞。"太好玩了！"鲨鱼笑笑咯咯地笑着说。

可是海星看见他后，在海底翻着跟头，像轮子似的旋转着拼命地向远处滚去。

鲨鱼笑笑咧着嘴对水母微笑……

对章鱼微笑……

对鲶鱼微笑……

可是它们都跑了，跑得远远的。

"每个人都害怕我这又大又白的牙齿。"鲨鱼笑笑呜呜地哭了起来，它再也不喜欢微笑了。

哗啦！哗啦！鱼儿们摇头摆尾，打着水花，跳着舞蹈，不过这会儿他们的动作要比平常快好多。鲨鱼笑笑远远地看着，但是总觉得有点儿不对劲儿。鱼儿们全都被……

网住了！"救命啊！"鱼儿们大叫起来，"鲨鱼笑笑，快来帮帮我们吧！"鲨鱼笑笑绕着网转了一圈又一圈。它能做什么呢？怎样才能帮上忙呢？鲨鱼笑笑唯一能做的就是……

笑！"啊！啊！啊！"渔夫吓得大声尖叫，双手一松，重重的渔网落进了海浪里。渔夫喊道："饶了我吧，我放了它们！"

"噢耶！"鱼儿们欢呼起来，"我们得救了！谢谢你，鲨鱼笑笑！"

从那以后，在遥远的、深深的、波涛汹涌的大海里，我们都会看到——鲨鱼笑笑和它的朋友们一起，下潜、猛冲、拍水花，当然还有笑！

师：大家喜欢这个故事吗？为什么？（指名汇报）

生1：喜欢，因为这个故事很有趣！（小结：想象要丰富奇特）

生2：喜欢，因为这个故事发展出乎了我的意料，太有意思了！（小结：情节要

一波三折）

根据学生的回答，相机补充以下几点：动物主角特征要有反差，要突出生活的变化，要有奇异的经历。

现在再和同桌互相说说自己创编的故事，争取把故事说得更有条理。

设计意图　首先，结合文中的四幅插图，可以帮助学生更直观、更深刻地感受到何为"动物失去本来的特征或与原来特征相反"。其次，绘本故事是贴近儿童生活的文学形式之一，通过同类型绘本故事，搭建图文支架，带领学生进入情境，在思考中得出讲好故事的要素，习得方法，为自己编好故事奠定基础。

五、动笔创编童话，互相交流评议

（1）出示习作要求：选择一个小动物（可以选择书上的四个，也可以自己重新选择其他动作）作为主角，大胆想象，创编一个童话故事。

（2）学生写作，教师巡视指导。

（3）出示评改提示：①动物主角特征相反；②要突出动物生活的变化；③要有新颖的、奇异的经历。

（4）星级评价。围绕上面的评改提示，师生共同评改一篇习作，根据评改提示为其打星，并提出修改意见。

（5）学生根据评改提示，与同桌交换习作进行互相评改。

设计意图　提供评价标准，学习如何评价习作，采用师生合作和小组合作的方式，可以让学生扩充知识面，在学习中进一步体验有趣的想象，加深想象方法的理解，提高想象力。

六、总结本课收获，提升习作素养

（1）今天这节课你有哪些收获（可以是思想上的，可以是写作方法上的，等等）？

（2）师总结：今天同学们运用想象创编的童话故事都很有趣，如果把它们集中在一起就可以编成一本书，书名就叫《这样想象真有趣》。

[**板书设计**]

这样想象真有趣

主要特征消失（相反）

生活变化

经历奇特

[**教学后记**]

展开想象翅膀，筑基童话习作

童话是学生喜闻乐见的文学体裁，富有想象力是它的重要特征。如何引导学生打开思路、展开想象，是本次习作教学的重点。

这篇教学设计的特点：

（1）抓"想象有物"。什么是想象？想象离不开实际生活，这篇想象习作，虽然强调经历的奇特，但也是以生活为基础的。

（2）抓支架的搭建。本节课，老师借助课文中的插图打开学生想象，在绘本故事《爱笑的鲨鱼》中抽取支架，让学生感受童话创编的方式；学生在接力编故事中继续运用支架，熟悉童话创编的要求和感受趣味性，同时在交流中互相启发，取长补短，不断丰富自己的故事。

3　我的奇思妙想

邵阳市大祥区城南学校　屈立平

[**教学目标**]

（1）从生活实际出发展开想象，写出要发明的事物。

（2）能够借助图示，清楚地介绍自己要发明的东西。

（3）写完后和同学交换阅读，能够根据别人的建议修改习作。

[**教学重难点**]

（1）激发学生的想象，让学生敢想，给予学生想象方法的点拨。

（2）指导学生把所想的事物写清楚。

[教学分析]

关于"想象"类的习作，在二年级和三年级已经有了四次训练，本次习作训练是四年级下册第 2 单元的教学内容。本单元提出的"奇思妙想"与"想象"是有一定区别的，"我的奇思妙想"非常符合四年级学生的心理特点，他们对此类习作很感兴趣，想到自己想发明的东西并不难，但是要把脑中所想落到笔头上，把想发明的东西写清楚，就存在一定难度了。因此教师要通过教材，引导学生先借助思维导图，用画图的方式对想要发明的东西从外观、功能等不同方面进行设计，再根据思维导图或图画，把自己想要发明的东西用语言描述清楚。

[教学过程]

一、趣味导入，引出"想象"

师：同学们，今天我们上一堂有趣的习作指导课。首先，我来考考大家！

出示几组发明人和发明物，学生根据发明人说出对应的发明物，或者根据发明物说出对应的发明人：

（　　　　）——地动仪

蔡伦——（　　　　）

（　　　　）——飞机

（　　　　）——汽车

师：你还知道哪些发明人和他的发明物，选一个简单介绍他的发明过程吧。

师：这些不同的发明，它们的诞生都有一个共同的特点，那就是发明人曾经都有过大胆的想象。（板书：大胆想象）

学生观看小视频《未来出行》，观看后说说自己的感受。

设计意图 通过生活中熟悉的事物，激发学生的学习兴趣、创作欲望和写作热情。

二、出示提示，明确要点

师：今天我们就来写一写《我的奇思妙想》。请同学们快速读写作提示——生活中，我们常常会有一些奇思妙想，想发明一些神奇的东西。你想发明什么？它是什么样子的？有哪些功能？让我们把它写出来吧！

师：这次习作要我们写的是什么？（板书：神奇的东西）主要从哪两个方面来写？（板书：样子、功能）

设计意图　读写作提示，明确写作内容和写作角度。

三、点拨方法，大胆想象

（一）欣赏"神奇的东西"

师：我们先来欣赏几个同学的奇思妙想（依次出现会飞的汽车、水上行走鞋、会变大变小的书包）。

教师口述每件发明物的发明动机。

师：这些奇思妙想都是从生活实际出发，展开想象，你知道如何运用想象吗？（板书：生活实际）刚才我们欣赏的三件神奇的东西，就告诉了我们想象的方法。

（二）学会大胆地想象

1. 从中心词展开想象

师：每次堵车时，我们都会有这样的想法：要是车子"会飞"该多好！我们以"会飞的"为修饰词，还可以想到哪些神奇的东西呢？（会飞的课桌、会飞的大树、会飞的书包）

找一小组说说自己在生活中想到了哪些会飞的东西。

更换修饰词说说自己想象到的东西，比如"会跳的""会跑的""会唱歌的"……

2. 把事物的功能组合

师：比如"水上行走鞋"，就是把船的功能和鞋子的功能组合起来。

师：外出旅游时，拖着行李箱，我就在想，要是行李箱有洗衣机的功能该多好啊，我想发明"洗衣行李箱"。同学们在生活中一定也有类似的奇思妙想，分享一下吧！

学生运用功能组合的方法说说自己想发明的东西，比如"导航眼镜""空调黑板"。

3. 给事物加上变化的本领

教师示范：山区的一些孩子想发明会变大变小的衣服，衣服随着身子变大，他们可以穿好几年，不穿了衣服可以变小，给弟弟妹妹穿，这样节省了一笔大开支。夏天阳光很强烈，车窗玻璃挡不住阳光，开车时很刺眼，晚上或者阴雨天，视线不好，所以我想发明会变明变暗的玻璃。

学生自由说说：在生活中，你曾经想到哪些东西要是能根据需要变化该多好！

设计意图 列举具体的发明物让学生脑洞大开，让学生口头描述事物的功能和特质，为接下来的"写"做好内容铺垫和思维储备。

四、借助图示，清楚表达

过渡语：同学们通过大胆地想象，都有自己喜爱的目标了。我们怎样去介绍这些神奇的东西呢？

（一）思维导图——以"会飞的木屋"为例

（1）配上语音、动画分步展示下图。

思维导图

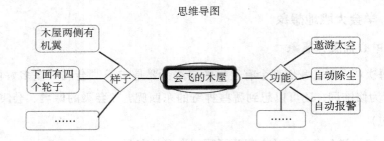

（2）学生补充说说"会飞的木屋"还会是什么样的？还有哪些功能？

（3）教师明示：这种展示思考过程的图称为思维导图，借助思维导图，我们可以确定从哪些方面、哪些角度去介绍自己的"奇思妙想"？

（4）教师再出示"病毒检测棒"的思维导图，学生先认真看一看，再指名上台读出思维导图的内容。

（二）写作提纲——以《奇特的房子》为例

（1）配上语音、动画分步展示下图。

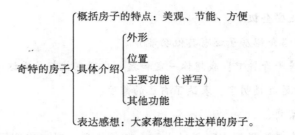

（2）欣赏例文。

奇特的房子

我想发明一种奇特的房子，这种房子美观、节能又方便。

（段评：开头直接点明要发明的东西和特点，引出下文）

奇特房子的外形各不相同。每个人都可以根据自己的想法选择自己喜欢的房子。有的选择花朵城堡，有的选择飞船宫殿，有的把房子建成云朵形状，还有的要求建成雄鹰形状。最为奇特的是有的要求把房子设计成自己喜欢的东西的形状，如南瓜状、靴子状……

（段评：用"有的……有的……有的……还有的"的排比句式，把"房子的外形各不相同"写得全面而具体）

奇特的房子建的地方也各不相同。有的建在地面上，有的建在大树上，有的飘在空中，还有的建在地下和海底呢。地面上高楼林立的景象不见了，放眼望去，眼里看到的到处是奇形怪状的艺术品一样的房子，但它们谁也不挨着谁，各自独立，因为他们都巧妙地避开对方，方便从大自然中获取需要的能量。

（段评：排比句写出了奇特的房子建的位置多）

奇特的房子的功能超级齐全。人们的学习、生活、工作、娱乐、旅游，一套房子全能解决。比如你想学习，可以看书或视频，还可以通过视频和有关专家互动。最为神奇的学习是你可以亲身体验：做饭、开车、演讲，都有专用的材料和场景供你实际操练。再比如你想外出旅游，开启旅游功能，房子就能或跑或飞，随你心意，很快就把你送到想去的地方。

（段评：先概括说房子的功能有哪些，这是略写；再具体写在"学习"和"旅游"两个方面的功能，这是详写。全段详略得当）

奇特的房子还可以变大变小，移动更是随心所欲。对了，房子还会隐身！住在我发明的房子里安全极了。

（段评：简略介绍房子还有其他功能）

我发明的房子奇特吧！我想你一定和我一样现在就想住进这样的房子吧！

（段评：结尾直接明了，表达了自己的想法）

（3）教师点评。

本文中小作者能联系实际通过大胆合理的想象，对未来房子的形状、位置、功能、大小等奇特之处分段进行具体介绍，思路清晰，内容丰富，中心明确。用"有的……有的……有的……还有的……"的句式形成排比修辞，把奇特的房子的外形特点，写得全面又具体。全文行文流畅、简洁，充分发挥了自己的想象力，是一篇不错的习作。

（4）总结。

欣赏了这篇例文，同学们更加明白了怎样去介绍自己的"奇思妙想"了吧！我们不仅仅可以从样子和功能两个方面介绍；还可以从发明原因、材质、操作注意事项等方面介绍；写样子时，可以从大小、形状、颜色、布局等方面介绍；写功能时，重点介绍几个主要功能。

（三）动手画画，直观有趣

（1）师：除了运用思维导图和列写提纲，我们还可以把想象的事物画出来。

（2）欣赏学生的几幅作品，感受画画的直观。

（3）指名口头介绍自己的画。提示：可以从名称、发明的原因、样子和功能等方面介绍。

（4）小结：这些画想象丰富有趣、具体形象，看着画，我们可以更加有条理地介绍自己的奇思妙想了。

设计意图 细致指导，学生有法可循，有话可说。其中，以思维导图和列提纲作为思维支架，既是这一环节的主要内容，又是今后习作教学的重要方式。

五、认真构思，愉快写作

（1）师：现在，同学们应该都知道怎样介绍自己心爱的发明了，下面我们开始写作。写作前我们再看一看本次习作的要求：

①从生活实际出发展开想象，写出要发明的事物。

②能够借助图示，清楚地介绍自己要发明的东西。

③写完后和同学交换阅读，能够根据别人的建议修改习作。

（2）出示具体的评价细则。

六、课堂小结

由于时间的关系，我们下节课再进行自主写作。习作指导到此结束了，想象的力量是无穷无尽的，希望同学们能多动脑筋、积极思考、努力学习，争取早日把自己的奇思妙想发明出来。

[**板书设计**]

我的奇思妙想

	生活实际	大胆想象
神奇的东西	样子：大小 形状 材质 颜色……	按顺序
	功能：主要功能写清楚	写清楚

[**教学后记**]

"教扶放创"结合 敢想能说会写

——《我的奇思妙想》教学反思

本堂课主要由以下五个环节组成：趣味导入，引出想象；出示提示，明确要点；点拨方法，大胆想象；借助图示，清楚表达；认真构思，愉快写作。每个环节环环相扣，层层深入，课堂结构合理，重难点突出。

教学中本着由浅入深、循序渐进的原则进行教学，创设了"教—扶—放—创"的教学模式。教是引导学生总结方法，揭示规律；扶是强化规律；放是运用规律；创是启发学生创造性地想象。教学中，教师先引导学生观看图片，发现"想象都是从生活需求出发"这一规律，再引导学生从自己生活实际出发，运用想象技巧说说自己的奇思妙想，最后学生展示自己创作的奇特的画，分享自己的创作动机并解说奇特之处。

④ 二十年后的家乡

邵阳市大祥区祥凤实验学校　李优

[教学目标]

（1）创设情境，激发学生大胆想象。

（2）学习列习作提纲，把想象的内容具体地表达出来。

（3）能根据同学的建议修改习作。

[教学重难点]

学习列习作提纲，把想象的内容具体地表达出来。

[教学分析]

《二十年后的家乡》是五年级上册第四单元的习作内容。本单元的习作以"爱国情怀"为主题，要求是"学习列提纲，分段叙述"，话题是"二十年后的家乡"。这是学生第一次学习列提纲的方式，先进行整体构思再习作。

[教学过程]

一、谈话激趣

师：同学们，第一次给你们上课，打个招呼。同学们好，老师姓李，你们可以称呼我为李老师。现在你们认识了李老师，想要更加了解我，请来到我的家乡。

观看家乡过去与现在的对比图。（课件出示图片）

师：这是二十年前我的家乡，一座小镇，一个普通的小村庄。那时，我还是一名小学生，跟现在的你们年龄相仿，在这所学校学习。这是二十年前我的母校，教学楼是两层楼的瓦房，下雨天，教室很灰暗，甚至还会漏雨。一眨眼二十年过去了，我的母校通过改建也越来越美了。我也成了人类灵魂的工程师——老师，此刻正给你们上课。

提问：从这些图片中你看出了哪些变化？

师：二十年了，我的家乡变化如此之大，这是曾经年少的我从没想到的。所以，面对未来我们要大胆想象。

设计意图　良好的开端是成功的一半，以轻松愉快的谈话方式切入课题，能够有效地激发学生学习的兴趣。通过展示过去家乡图片和现在家乡图片来进行对比，观看对比图片，直观地让学生感受到二十年间家乡的变化，从而唤起学生的思考，引出习作主题，激发学生的写作兴趣。

二、拟列提纲

过渡语：同学们，时代在进步，随着科技迅速发展，我们的家乡发生翻天覆地的变化。

视频展示邵阳变化（资江河上飞彩虹，体育新城展新貌，火车南站正改建，吊车在工地穿梭，农耕机在地里忙碌，西苑公园踏春赏花）。

提问：照这样的发展速度，我们二十年后的家乡又是什么模样？请同学们大胆想象，你希望家乡有哪些变化？

学生自由交流。

师：同学们畅想了家乡这么多方面的变化，那要你把想象到的这些变化介绍给别人，你会怎么介绍呢？打算从哪几个方面来介绍二十年后的家乡呢？我们语文书上有一位同学他把自己的想象梳理了一下，列了一个习作提纲，大家一起看一看，（课件出示书上习作提纲范例）这个习作提纲分为几个部分？我们可以从哪些方面来写二十年后家乡变化？

预设：这个提纲一共有四个部分，分别是题目、开头、中间和结尾，中间部分从环境、工作和生活这三个方面写二十年后家乡的变化。

师：大家把自己对家乡的畅想，列一个提纲，中间部分用关键词或中心句进行概括。这样一来，习作的中间部分会更加饱满、更加有条理。

学生拟列习作提纲。

师：停笔，你打算从哪几个方面来介绍呢？请你先来分享。

预设：我打算从工作变化和环境变化来介绍。具体说一说，环境可以更优美，马路两边会有扫地机器人。工作变化是人人可以在家里办公。生活变化是有更智能的机器人去帮我们做家务。

设计意图 始终贯彻"情思教学"理念，通过图片、音乐、文字等手段，为学生创设与习作内容相关的情境，把学生带到生活的真实情境中去，方便学生更好地感受家乡已经发生的巨大变化，激发内心对家乡的热爱。通过学习书上的范例，帮助学生了解列提纲的写作方法。

三、范文引路

师：关于未来有很多想象，让我们看看这位同学笔下二十年后的家乡饭店变化片段。

范文：

这是我们的"湘香"饭店。当你一进入大门，一个圆头大脑的智能机器人出来迎接。咦？怎么只有餐桌？没有椅子？没事，只要你坐下，透明椅子会迅速伸出让你就座。点完餐，如果你想先休息一会，那就点击计时器，食物可以随叫随到。你还可以自己选择就餐场景，比如田园小憩，晚风拂过你的面颊，夕阳映在你的身上，雁阵点点。饭后，你还可以和长耳兔在山坡上惬意地读书。

师：这个片段写了什么？哪些地方让你觉得很奇妙？

师：请同学们把最想分享的二十年后家乡某一个变化写一个具体片段。

设计意图 "纸上得来终觉浅，绝知此事要躬行。"习作学习的重点在于让学生练习写，把课堂上习得的写作方法在实践上运用才是关键。

四、评改片段

1. 配乐写片段

2. 同桌互改

课件出示要求：①语句通顺；②大胆想象；③描写具体。

师：写完后和同桌交换看，觉得哪些地方写得好，用横线标记出来。

3. 片段讲评

师：谁来推荐一下有意思的片段，让大家一起欣赏。

4. 小结方法

师：今天我们大胆想象了二十年后的家乡的模样，学习了列提纲。列提纲能帮助我们梳理素材、理清思路。课后，大家要根据自己的提纲把这篇作文写完整，和同学交换修改，作文才会有进步。

设计意图 互评的方式能够让学生学习、借鉴其他同学文章中的优点，认识到自身的不足。同学之间的交流，可以碰撞出思想的火花，能提供更多的借鉴范例。

五、展望未来

师：回眸历史，家乡人用自己的智慧和汗水创造了新时代。如果说过去的家乡是陈旧的，现在的家乡是进步的，那么未来的家乡必定是科技化的。只要你们现在好好学习，跟上时代前进的步伐，相信通过你们的建设，家乡会更加美好。

[板书设计]

二十年后的家乡

环境

大胆想象　生活

工作

[教学后记]

建构微系列，畅想家乡未来

家乡是孩子们很熟悉的地方，孩子们对于家乡的生活和环境有着独特的见解和感受。那么怎样畅想二十年后的家乡？怎样激发孩子的思维和想象？在《二十年后的家乡》教学中我建构"微"系列情境，助力习作的表达。

通过观"时光变迁"导入主题"家乡"，运用图片、微视频搭建情境支架，从而激发学生的想象兴趣。看老师家乡的变化，看老师的身份转变，从贴合生活的视角去体会二十年的巨变。学生发言很活跃，但我点评比较平淡，还需丰富课堂评价语。"亲其师，信其道"，灵动又激励性的评价语，更能拉近老师和学生的距离。

"授人以鱼不如授人以渔"。学生互评，老师讲评，才能提高学生的习作能力。

5　变形记

邵阳市大祥区西苑小学　银小凤

[教学目标]

（1）发挥想象，把变形后的经历写下来。

（2）注意把重点部分写详细一些。

（3）能根据同学的意见修改自己的习作。

[教学重难点]

能把重点部分写详细一些。

[教学分析]

本次习作训练是部编版教材六年级上册第一单元的教学内容，写作以"变形记"为话题，要求学生发挥想象，把变形后的经历写下来。此次想象作文与之前的想象习作不同之处在于需要转变视角，把自己想象成另一种事物，既要做到合情合理、符合物性，又要奇异有趣。学生在天马行空的想象中容易出现记流水账、主次不明的情况，因此教学时需要引导学生在关键处多想一想，把重点部分写详细。根据学情来看，孩子们变形后的身份大多是来自自己熟悉的动画片或童话故事中自己喜欢的人物，因此，在习作指导时要尽可能地解决"想象无物"和"主次不明"这两个问题，以达到把重点部分写详细的目标。

本单元的略读课文《花之歌》可以作为本次习作的资源之一，它积极的立意和奇妙的想象对学生创作自己的《变形记》会有不少的启发。

[教学过程]

一、巧创情境，明确要求

师：（出示课件）同学们，上节课，我们学习了《花之歌》，作者把自己变成了花，以花的口吻完成了一次奇妙的变形之旅，请诵读《花之歌》中的下列诗句。

我是星星，从苍穹坠落在绿茵中。

我是诸元素之女：冬将我孕育，春使我开放，夏让我成长，秋令我昏昏睡去。

我是亲友之间交往的礼品，我是婚礼的冠冕，我是生者赠予死者最后的祭献。

师：这节课，我们来一次变形之旅，记下你的神奇经历，请同学们默读习作要求。

学生概括习作要求，教师相机引导。

师：如果你能有一次机会把自己变成一种事物，你会变成什么呢？

预设：小鸟、大树、蚂蚁……

师：同学们说得很好，要想把想象故事写得吸引人，首先变成什么很重要，谁能把这些事物分一下类别？

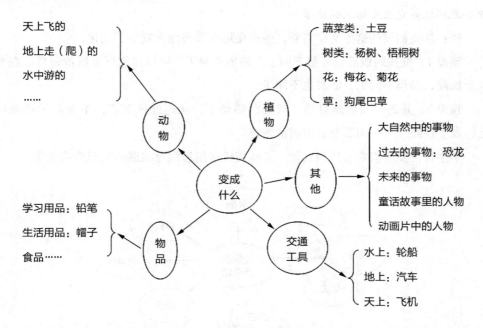

师：这样看来，同学们变形后的选择是不是特别多了？但我们还要注意什么呢？

学生思考、交流。

师总结以下几点：

①最好写自己熟悉的事物。

②可以关注别人没有关注到的。

③如果别人关注到了，可以换一换视角想开去。

设计意图　搭建文本支架，通过朗诵诗歌，打开学生的思路；搭建思维支架，默读习作要求并运用思维导图给事物分类别，让学生头脑中变形后的事物明朗起来，以解决"想象无物"的问题。

二、搭建支架，巧妙构思

师：变形后，你生活的世界将随之发生改变，请同学们读读下面的语句。

如果你变成一只蚂蚁，可以在笔杆上散步，可以在书桌上探险，可能会结交几位蚂蚁朋友，可能会跟着哪只小昆虫去探索一个全新的世界……

如果你变成一盏路灯，你将无法移动，每天都有形形色色的人从你面前走过，你会看到很多发生在路上的故事……

师：从我们读的这些文字来看，想想变形后哪些地方发生了变化。

预设 1：变成蚂蚁后，外形不同了，环境不同了，可以在笔杆上散步，可以在书桌上探险，动作不同了，朋友也不同了。

预设 2：是的，变成路灯后，就无法移动了，从高处往下看，不管白天还是晚上，发生在路上的一切都会看得清清楚楚。

学生自由发言谈变形后的变化，老师相机运用思维导图展示变形后的变化。

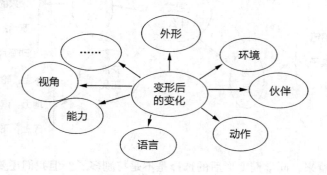

师：通过思维导图，你发现了什么？

小结：变形记说到底就是站到对方的角度换位生活，要了解对方的生活环境、生活习性等，同时还要使故事奇特有趣、有吸引力，你觉得上面的两段文字，奇特之处在哪呢？

预设 1：爬来爬去是蚂蚁的生活习性，这里的蚂蚁行走在笔杆上、书桌上，在笔杆上散步、在书桌上探险很有趣。

预设2：路灯是在夜晚给行人照明的，而在这里，路灯多了一个用处，可以看到很多发生在路上的故事，这些故事很有吸引力。

师：谁能试着说一说自己变形后的情景，让自己的变形自然、有趣、有吸引力而又不突兀呢？

预设1：一觉醒来，我环顾四周，神奇地发现这熟悉的床、衣柜、书架……所有房间里的一切在我的视角里变得比平时大了几百倍，原来我变成了一只蚂蚁。

预设2：我变成了一只蝴蝶，清晨，在和煦的阳光下，在含苞待放的花骨朵儿上慢慢地伸个懒腰，扑展扑展翅膀，开始了我一天的生活。

师：同学们说得真好。为了让本次想象习作既合情合理，又奇特有趣，谁能来试着总结一下写作方法？

预设1：应该要用第一人称的方式展开叙述。

预设2：变形后应该要转换视角换位思考。

师：是的，变形后还可以通过改变行为的地点或目的展开想象。

（出示课件）师相机总结写作策略。

设计意图　进一步搭建文本思维支架，让学生明白，变形后一切都变了，外形变了、环境变了、所拥有的能力变了，观察的视角也变了。

三、畅谈经历，体验乐趣

师：同学们，你们觉得这次的习作重点部分应该写什么呢？怎样才能把重点部分写具体呢？

预设1：变形后奇妙有趣的经历要重点写。

预设2：为了写详细，可以有意识地运用语言、动作、心理描写。

预设3：变形后的经历不能平铺直叙，要设置悬念，情节上要一波三折。

师：谁能来说说变形后奇妙有趣的经历？

学生试着说变形后的经历。

发挥想象，自由习作。

设计意图　设计这一环节的目的是解决孩子们在习作中出现记流水账、主次不分的问题，引导学生有意识地运用语言、动作、神态、心理等描写，有目的地设置悬念，让情节一波三折，从而增强文章的吸引力。

四、互说互评，加深感受

根据下列构思框架，小组之间互相说说自己的变形记。

（1）首先，给习作拟一个有创意的题目。

（2）然后，大胆想象自己可以变成什么。

（3）接着，把变形后的经历写详细、写具体。

（4）最后，谈谈变形后的感受。

出示星级评价标准，指导学生互说互评。

评价内容	星级标准
能转换视角，第一人称展开叙述。	
从生活实际出发展开合理想象，情节生动。	
能运用比喻、拟人、排比等修辞方法进行生动细致的描述，至少使用 3 种修辞方法。	
有意识地运用语言、动作、心理、神态等描写，至少使用 3 种描写方法。	
语句通顺，条理清晰。	

设计意图 搭建交流平台，让学生更深刻地感受变形记带来的快乐；提供评价标准，采用星级评价，在互说互评中让学生的写作思路更加清晰。

[**板书设计**]

变形记

变成什么　　　　　　　　（变后情景）

变后经历（详）　　　　　（语言、动作、神态、心理……）

变后感受　　　　　　　　（体会、感悟……）

[**教学后记**]

巧创交流平台　妙搭思维支架

本节课做到了以下三点：

创设情境，明确"变"之要求。学生只有明白了习作要求，才能做到有的放矢。因此在教学的第一环节，我通过引导学生诵读《花之歌》，让学生体会想象的神奇，激发学生想象的兴趣。在学生的创作欲望被点燃之时，再让学生默读习作要求，让学生明白本次习作需要转换视角，并用第一人称的方式展开叙述、描述经历。

妙搭支架，落实"变"之内容。要想把文章写得有吸引力，"变成什么"非常重要，而学生们头脑中"变的事物"并不多，如果启发不到位，容易造成习作千篇一律的问题，因此通过引导学生给事物分类别，学生的思路也随之打开了。那么运用什么方法能让这一环节更深入人心呢？我想到了运用思维导图展示这一交流过程，我发现思维导图激活了学生的思维，在这一交流过程中，学生始终是积极的、兴奋的。在彻底激活学生思维的同时，我适时抛出下一个问题："要想把变形后的经历写具体、写得富有吸引力应该注意什么呢？"引导学生进入新一轮思考和交流。在进一步的交流中，学生头脑中变形后的事物愈加明朗起来，真正解决了"想象无物"的问题。

巧创平台，交流"变"之乐趣。为了引导学生在关键处多想一想，把重点部分写详细，我设计了"互说互评"这一环节，并设计星级评价标准，引导学生运用比喻、拟人、排比等修辞手法进行生动细致的描述，从语言、动作、神态、心理等方面来描述自己变形后的经历，真正解决了"主次不明"这一习作难题。

后记

教学相依　情思和鸣

——小学语文习作任务群"情思课堂"教学研究[①]

一、紧扣"情"突破"教"的困难

工作室课题组围绕着"情"和"思"展开习作教学研究，"情思课堂"受李吉林老师的"情境教学"和孙双金老师的"情智课堂"的影响，在教学过程中，教师有目的地引入或者创设以形象为主体的生动具体场景，引起学生的态度体验，帮助学生理解文本内容，做到准确审题，并激发学习心理。

在实际教学中，如何达到以情入境的目的？在任务群教学中以写活动类作文为例，首先看教师要怎么教。

从下表中不难发现，习作教学形成的一般教学模式为四个板块：审题选材、习作指导、片段练习、星级评价。落实到课堂中，其实也就是一些常规操作，在常规操作的基础上，讲究落实"讲习评改"完整的教学环节，并在各教学环节中突出情境的创设和支架的使用，让学生在课堂中能"多感官"行动，达到启思和思维流动的目的。

确定了教学框架，再看：教师要怎么教好？首先目标定位要准。

要做好一件事，首先是目标定位要准。如果你认真学习了课程标准，通读了小学全十二册教材，不难发现教科书有它的系统特点：有横向联系，也有纵向联系。

---

① 此文章为首届湖南省基础教育教学改革研究项目课题"基于问题的小学习作'情思课堂'教学策略研究"（项目编号：Y20230673）的研究成果。

横向联系体现了单元内部的板块合力，每个单元形成一个系统，在不同的"人文主题"中落实"语文要素"。有导语，明确语文要素；单元课文，落实语文要素，贯穿方法的学习与运用；语文园地交流平台强化语文要素，梳理、总结、提炼学习方法；"语句段运用"和"口语交际""习作"引导学生实践运用本单元学习的方法。除了横向联系，还有纵向联系：体现在不同年段、不同册次之间的梯度衔接。习作教学虽只是众多板块中的一小块，但和"口语交际""语句段应用"相互呼应，又融于阅读教学中，如很多课文后设计了小练笔。教材中集中体现习作能力的单元习作训练，见下表（表1）。课题组根据表格梳理出了七个习作教学任务群，分别为写人、写景、记事、想象文、应用文、写活动、状物。

表1 部编教材单元习作列表

年级	写人	写景	记事	想象文	应用文	写活动	状物
三年级上册	猜猜他是谁	这儿真美	那次玩得真高兴		写日记 我来编童话 续编故事		我眼中的缤纷世界 我家的小狗
三年级下册	身边那些有特点的人		中华传统节日	看图画，写一写 奇妙的想象 这样想象真有趣		我做了一项小实验	我的植物朋友 国宝大熊猫
四年级上册	我和____过一天	推荐一个好地方	生活万花筒 我的心儿怦怦跳		写观察日记 写信	记一次游戏	小小动物园

续表

年级	写人	写景	记事	想象文	应用文	写活动	状物
四年级下册	我的"自画像"	游＿＿	我学会了＿＿	我的奇思妙想	编小诗集 故事新编		我的乐园 我的动物朋友
五年级上册	"漫画"老师	＿＿即景	我想对您说	二十年后的家乡	缩写故事 推荐一本好书		我的心爱之物 介绍一种事物
五年级下册	形形色色的人	中国的世界文化遗产	那一刻，我长大了 他＿＿了		写读后感 遨游汉字王国 神奇的探险之旅 漫画的启示		
六年级上册	笔尖流出的故事		围绕中心意思写 有你，真好	变形记 我的拿手好戏	学写倡议书	多彩的活动 ＿＿让生活更美好	
六年级下册	心愿		让真情自然流露 家乡的风俗	插上科学的翅膀飞	写作品梗概 策划简单的校园活动，学写策划书		

先横向看表，再纵向看表。我们能注意到每类习作的训练有它的梯度性与衔接性。

课题组有针对性地对任务群开展研课磨课活动，从最初的"一课三人行"到后来的"案例分析三人行"，试图找到每类习作训练最好的教学方法，试着推出比较成熟的教学课例。

好课的标准怎么确定？根据教学需要，我们从教学目标、教学内容和教学效果三方面制订习作教学评价定等表，见表2。

表2 习作教学评价定等表

教学指标	教学评价	教学意见及定等
教学目标	熟悉教材，清楚学情，审题准确，目标明确。	
习作指导	内容呈现恰当，情境氛围适宜，策略支架实用；语言表达精准。	
教学效果	学生学习兴趣浓厚，构思独特，有一定的想象力、表达力；教学模式清晰，具有可操作性。	

表中的"教学目标"首先体现在教学设计方面，要求做到"熟悉教材、清楚学情"，要有学情分析。只有分析透彻了才能更好明确教学目标。

表中的"习作指导"，涵盖了两个方面内容，一是教学内容，二是教学的方式方法，即教学策略。

教学内容：《课标》指出，教学中，每一次练习活动不只是简单提出一个学习要求，而是引导学生运用某种方法完成学习任务。那么，课堂中如何清楚地呈现教学内容，呈现什么样的教学内容至关重要。《课标》要求引导学生联系生活，在生活情境中运用语文。所以习作教学提倡就地取材，从观察身边的事物开始。何梦霞的《游》，就是指导写我们周边的景色；吴佳蓉的《有你，真好！》，就是指导写身边的事情。

我们提倡教学要善于构架课堂，搭建习作与表达的支架，开展学习活动，学习的过程就是方法运用的过程。列举写景作文支架：情境支架、文本支架、思维支架、图表支架等等。这些练习活动蕴含的学习方法，都可以举一反三地迁移运用于今后的阅读和表达实践。

表中的教学效果体现在学习兴趣上。学生兴趣浓，思维就会活跃，在迁移和运用的过程中就会有思维碰撞，也就有机会偶遇"课堂生成"。为什么说是"偶遇"？因为可遇不可求。"精彩的课堂生成"那就要教师和学生之间达到那种"情思和鸣"的状态，这种状态不是不可能的，一切机遇都是给有准备的人的。我认为只有教师先动情，才会有和学生"和鸣"的时机，只有教师自己先思考，才会有碰撞火花的可能。所以我们提倡教师写下水作文，因为只有自己写了，才会知道怎么打开思维，才能知道怎么丰富语言，才能知道怎么准确表达，也才会知道文章到底难不难写，难又难在哪里，该怎么突破，在突破的过程中思考是不是拔高了教学目标。比如我们在研讨《二十年后的家乡》时，执教教师第一次课堂导入用到了一个方框，学生可以把它想象成那是一扇窗，由窗可以生发很多的奇思妙想，一节课下来，趣味无穷。但在写下水文后发现，在三年级下册《奇妙的想象》、四年级下册的《我的奇思妙想》中用这个非常好，五年级上册的这节课重点在训练列提纲，要求要在"奇思妙想"的基础上指导学生让想象落地，也就是怎么做到"想象有物""想象有序"。于是，在第二次研讨中还是采用了二十年前后对比照导入课题，在前后对比中让学生发现，原来要写好想象作文，也就是要在原有生活基础上大胆想象，写自己看到的、想到的。再如研讨《我眼中的缤纷世界》的板书设计，这是三年级上册的习作题，教材说可引导学生从不同角度观察，可以用眼看、用耳闻、用手摸等等，目的是为三年级下册出现的"多种感官"这个概念做准备。这节课板书时，如用多种"感官"这个词就有点超前，还是按照系统性原则，板书用"看到、听到、闻到"这几个词，就能清楚呈现具体怎么做，以后就会明白"多感官"到底指的是什么？老师通过写下水作文，还是选择从基础开始，先呈现感官的内容，为三年级下册的习作教学做好积累。

回过头一想，就会想到不管是哪类作文教学，它们都有相通的地方，那就是千教万教，就是要教学生写看到的、听到的、嗅到的、闻到的、摸到的、感受到的、联想到的、想象到的。其实习作教学也并不是想象中的那么难，关键是教师要做有心人。

二、围绕"思"激发"学"的动力

习作任务群教学很重视"思"的落实。我们一直在思考，教学中学生会有哪些

"思"。深入研究后明确"思"的源头还是在于教师，教师在教学前后都有教学思考了，才会在课堂中激发学生的学习思维，包括活动思维、语言思维，也包括要达到的表达力、想象力的培养等方面。

教学中要向四十分钟要质量，讲究"一课一得"，我们最要思考的是一节课中，我们要教给孩子什么？即孩子到底要学什么？学生在习作课中要学什么？归纳起来无外乎就是学交流，口头表达；学作文，书面表达；学做人，养成好习惯。语文课程应培育学生热爱祖国语文的思想感情，指导学生正确地理解和运用祖国语文，丰富语言积累，习作是集中训练学生语言思维的，"思"是学的源头。仍以活动类作文指导为例。如果达到了师生情感共鸣效果，学生的表现为"心随眼动""笔随心动"，眼睛看到什么，心里会想到什么，心里想到了，我手写我心，最后也有话可说，自然会写到什么说什么，真心实意，真情自然流露。因为是写活动的作文，所以要体现"动"的目的，看看这里写到了几"动"？细细想来，这与状物类作文是相通的，也是用到多种感官，与想象作文也是相通的，"想象有物""想象有序"，也是要按顺序指导学生用眼看，用耳听，用嘴尝，用手摸，用心感受，用脑想象。与其他写人、记事、写景的作文也是相通的，都要留心观察身边的事物，用眼看，感受深刻的地方多感悟、多体验，等等之类，做到多感官行动了，学生习作也并不难，关键是学生能学到怎么思维与表达。

与观课议课表相呼应，要落实"讲习评改"完整的教学环节，一节课突破一个重点，然后评价一个片段，练习写一个片段。对于小学生而言，提倡评价方法生动有趣，我们多用星级评价。比如四年级上册《生活万花筒》，按照单元训练目标，要求"把一件事情写清楚。"我们有老师在设计时，根据这个题材，设定了如下教学目标：

（1）回忆印象深刻的活动，寻找写作素材。

（2）回顾课文，弄清作者如何把一件事情写清楚、写具体的。

（3）学习作者的写作手法，按一定的顺序把一个活动写清楚、写具体。

（4）学会互相修改习作。

看这个目标的设定，你能判断这是哪一类作文的教学设计吗？其实是写活动。所以围绕教学目标，她评价的内容选取了"选手和观众的反应"。你能想到她就地取材，在教室里开展什么活动？活动有教育活动、科技活动、公益活动、读书活动、演讲活动、文娱活动、体育活动。"做一项小实验"，例如掰手腕。她充分利用教师现有条件，开展了掰手腕比赛。课堂生动活泼，教学精彩纷呈。学生自然能描述好精彩画面，她的星级评价相应地有了改变。见下表。

评价内容	星级	互评	自评
语句通顺			
选手和观众的反应			
精彩画面			

三、寻找理论依据，达成教学效果

王崧舟老师在观课评课中说道："好的习作课是知识逻辑和心理逻辑的统一。"他认为："生活犹如源泉，写作犹如溪水，源泉丰盛而不枯竭，溪水自然活泼流个不停。"教师如果能寻找来自生活当中的素材，让习作回归学生常态的生活，就更真实了。建构主义教学模式概括为"以学生为中心，在整个教学过程中由教师起组织者、指导者、帮助者和促进者的作用，利用情境、协作、会话等学习环境要素充分发挥学生的主动性、积极性和首创精神，最终达到使学生有效地实现对当前所学知识意义建构的目的"。本课题学习成功经验，以案例研究法为主，发现教学问题，在教学智力活动中，寻找所要解决问题和学生已有能力之间存在的差异，创造"最邻近发展区"，采用"支架式"教学方式，把复杂的学习任务分解成连贯的几个教学环节，创设教学情境，把学生带入真实的情感体验中，激活创作思维，达到了情思和鸣的作文教学效果。